# इम्प्रूव योर इनर पर्सनैलिटी

## व्यक्तित्व विकास हेतु आधुनिक कोर्स

अरुण सागर 'आनन्द'

वी एण्ड एस पब्लिशर्स

प्रकाशक

वी एण्ड एस पब्लिशर्स
F-2/16, अंसारी रोड, दरियागंज, नई दिल्ली-110002
☎ 23240026, 23240027 • फैक्स: 011-23240028
*E-mail:* info@vspublishers.com • *Website:* www.vspublishers.com

**क्षेत्रीय कार्यालय : हैदराबाद**
5-1-707/1, ब्रिज भवन (सेन्ट्रल बैंक ऑफ इण्डिया लेन के पास)
बैंक स्ट्रीट, कोटी, हैदराबाद-500 095
☎ 040-24737290
*E-mail:* vspublishershyd@gmail.com

**शाखा : मुम्बई**
जयवंत इंडस्ट्रिअल इस्टेट, 2nd फ्लोर - 222,
तारदेव रोड अपोजिट सोबो सेन्ट्रल मॉल, मुम्बई - 400 034
☎ 022-23510736
*E-mail:* vspublishersmum@gmail.com

फ़ॉलो करें:   

हमारी सभी पुस्तकें **www.vspublishers.com** पर उपलब्ध हैं


**संस्करण: 2017**



*मुद्रक:* रेप्रो नॉलेजकास्ट लिमीटेड, ठाणे

# प्रकाशकीय

प्रत्येक प्रकाशक की इच्छा होती है कि अधिक से अधिक पाठक उनकी पुस्तकों को पढ़ें। वी एण्ड एस पब्लिशर्स अधिक टाइटल्स छापने की प्रतिस्पर्धा में शामिल होना नहीं चाहता। कारण यह है कि किसी भी पुस्तक को छापने से पहले हम काफी विचार–विमर्श करते हैं तथा यह अवश्य निश्चित करना चाहते है कि पुस्तक समाज में प्रेरणा का आधार बने।

हमारी अधिकांश पुस्तकें जनरुचि और समय की माँग के अनुरूप होती हैं। शोध के आधार पर हमने महसूस किया कि आवश्यकता है सरल एवं सटीक पुस्तकों की जो सही जानकारी से परिपूर्ण हो। किन्तु दुःखद पहलू यह है कि राष्ट्रभाषा हिन्दी में ऐसी पुस्तकों का प्रायः अभाव है। जीवनोपयोगी पुस्तकें प्रायः अंग्रेजी भाषा में ही उपलब्ध हैं, जिससे आबादी का बहुत बड़ा भाग इस प्रकार की पुस्तकें पढ़ने से वंचित रह जाता है और इससे वंचित हो जाना उनके जीवन में कठिनाई का कारण बन जाता है। प्रत्येक व्यक्ति की अपने व्यक्तित्व को निखारने की लालसा व बाजार में इस विषय पर उत्कृष्ठ पुस्तकों के अभाव ने हमें **इम्प्रूव योर इनर पर्सनैलिटी** पुस्तक को प्रकाशित करने के लिए प्रेरित किया।

प्रस्तुत पुस्तक पाठक/पाठिकाओं के आन्तरिक व्यक्तित्व के विकास में सहायक एवं एक सरल आधुनिक कोर्स है। पुस्तक का प्रत्येक भाग का लेखन सामान्य व्यक्ति के सामर्थ्य और समय के अनुसार किया गया है जिससे मस्तिष्क में स्थायी छवि बन सके और सम्पूर्ण आत्मविकास में सहायक हो सके। यह पुस्तक आपको समाज में परिपक्व पहचान बनाने में पूर्णरूप से सहयोग करेगी।

इस पुस्तक का लेखन व सम्पादन इस विषय के जानकार विशेषज्ञों द्वारा किया गया है। यथा सम्भव प्रयास किया गया है कि पुस्तक में कहीं कोई गलती न रह गयी हो, फिर भी यदि कोई त्रुटि रह गयी हो तो अपने सुझाव सहित उससे अवगत अवश्य कराएँ।

# सूचना

सभी पाठकों को विनम्र रूप से यह सूचित किया जा रहा है कि पुस्तक में दी गयी विषय–वस्तु को शत्–प्रतिशत पत्थर की लकीर की भाँति न मानें। लेखक एवं प्रकाशक के सम्पूर्ण प्रयासों एवं विशेषज्ञों के सलाह के अनुसार पुस्तक का लेखन किया गया है, परन्तु पुस्तक में दी गयी सूचना के गलत प्रयोग या व्याख्या के लिए पाठक स्वयं ही जिम्मेदार होंगे।

पाठकों से एक विनम्र निवेदन यह है कि पुस्तक में दिये गये सलाह या उपाय लेखक के अपने व्यक्तिगत अनुभव एवं विचार हैं। इसके लिए न तो लेखक, और न तो प्रकाशक को जिम्मेदार ठहराया जाये। पुस्तक आपके व्यक्तित्व विकास में सहयोग अवश्य करेगी किन्तु इसे रामबाण न समझें। यह एक मनोवैज्ञानिक पहलू है जो अलग–अलग लोगों पर अलग–अलग ढंग से प्रभाव डालेगा। आवश्यकतानुसार किसी व्यावसायिक विशेषज्ञ से परामर्श अवश्य लें।

**–प्रकाशक**

# विषय-सूची

# आपका आन्तरिक व्यक्तित्व

*(Your Inner Personality)*

# 1

## दूसरों को दोषी न ठहराएँ

यह बात सच है कि हम अपनी ज़िन्दगी अकेले नहीं जीते। हमारे आसपास बहुत से लोग होते हैं, जो कभी हमारा सहारा बनते हैं, कभी हम उनका। ज़िन्दगी इसी तरह एक–दूसरे के सहारे आगे बढ़ती है। अपने दायरे में हमारे बीच जो लोग होते हैं, इनमें कुछ निकट के सम्बन्धी होते हैं, कुछ दूर के। कुछ ऐसे भी परिचित होते हैं, जिनसे कभी–कभार वास्ता पड़ता है। अपनी इस छोटी–सी दुनिया में हम लोगों से उम्मीदें भी रखते हैं। इनमें से कुछ बहुत अच्छे मददगार भी साबित होते हैं, तो कुछ नहीं भी। यह सब परिस्थितियों पर निर्भर करता है। दिक़्क़त तब आती है, जब हम लोगों पर ज़रूरत से ज़्यादा डिपेंड (निर्भर) हो जाते हैं या विश्वास करने लगते हैं। किसी काम के न होने पर उन्हें दोषी मानने लगते हैं। ऐसा अगर कभी–कभी हो तो बात नज़र अन्दाज़ कर दी जा सकती है। लेकिन यह बात अकसर ही हो तो ग़ौरतलब हो जाती है। इसका मतलब है दूसरों को दोष देना हमारी आदत में शुमार हो रहा है।

**यह आदत अच्छी नहीं –** अपने किसी काम को लेकर लोगों से उम्मीद करना कोई ग़लत बात नहीं है। लेकिन काम न होने की स्थिति में दूसरे को दोषी ठहराना ग़लत है। किसी बात को ढंग से जाने बिना दूसरे को ज़िम्मेदार मान लेना, अपनी कमी को दर्शाता है। बहुत जरूरी है कि हम अपनी इस कमी को समझें। अपने सोचने का नजरिया बदलें। समय रहते अगर हम यह बदलाव नहीं लाते हैं तो अपनी तमाम खुशियाँ हम मारते हैं। आप अपने आपको कैसे बदलें, इसके लिए आपको कुछ ख़ास करने की ज़रूरत नहीं है। बस, ज़िन्दगी को देखने का नजरिया बदलना होगा।

**कैसे बदलें अपने आपको –** शुरुआत आपको छोटी–छोटी बातों से करनी होगी। यह छोटी–छोटी बातें आपका नजरिया बदल देंगी। मान लीजिए, आपको कोई चीज़ जगह पर नहीं मिलती। झट से आपके दिमाग़ में आता है, ज़रूर किसी ने उठाया होगा। आप कहीं जा रहे होते हैं, चलते–चलते आपकी कार एकाएक रुक जाती है, तो आपके दिमाग़ में तुरन्त आता है कि ज़रूर मेकैनिक ने कार ठीक से रिपेयर नहीं की होगी। घर का ख़र्च यदि बजट से अधिक होने लगे तो तुरन्त पत्नी पर शक़ जाता है कि उसने ज़रूर फ़िज़ूलख़र्ची की होगी। यदि आपके सोचने की आदत ऐसी हो गयी है, तो शांत मन से सोचिए और चीज़ों को सही रूप में देखने की कोशिश कीजिए। आपको अपने आप सही कारण समझ में आने लगेंगे।

**आप स्वयं ज़िम्मेदार हैं –** अगर आपने अपनी आदतें नहीं बदलीं तो दूसरों को दोषी ठहराते–ठहराते आपकी ज़िन्दगी उलझकर रह जायेगी। आपके सम्बन्ध सबसे बिगड़ जायेंगे। ऐसे में आप एकदम अकेले हो सकते हैं। ज़िन्दगी नीरस–ऊबाऊ होने लगती है। आप फ्रस्टेशन–डिप्रेशन (कुंठा–निराशा) का भी शिकार हो सकते हैं।

इस बात को हमेशा ध्यान रखें, दूसरों को ज़िम्मेदार ठहराकर आप शान्ति नहीं पा सकते। आपकी बेचैनी आपको परेशान करती रहेगी। यह सही है कि कई बार किसी ख़ास व्यक्ति या हालात के कारण आपकी समस्या बढ़ जाती है, लेकिन इस स्थिति के लिए आप स्वयं भी ज़िम्मेदार होते हैं। यह बात आपको ज़रूर समझनी चाहिए।

**आज़मा कर देखें –** ऐसा ज़रूर आज़मा कर देखें तब क्या होता है, जब आप अपनी किसी बात के लिए दूसरों पर अँगुली उठाना बन्द कर देते हैं। कहने का यह मतलब नहीं है कि आप बिगड़े कामों के लिए दूसरों को दोषी बिलकुल न ठहराएं। लेकिन उन्हें दोषी मानने से पहले अपने आपको दोषी ज़्यादा मानें। जब माह के आपके ख़र्चे बजट से अधिक हो जायें तो इस पर ध्यान दीजिए कि कैसे आपके हाथ से होने वाले ख़र्चे कम हो सकते हैं।

ऑफ़िस में किसी प्रोजेक्ट के समय पर पूरा न होने पर अपने सहकर्मियों को दोषी मानने से पहले यह सोचिए कि कहीं आपके स्तर पर तो कोई कमी नहीं रही है। प्रमोशन न हो तो बॉस पर पक्षपात का इलज़ाम लगाने से पहले अपने भीतर झाँककर देखिए कि आप स्वयं कितने परफ़ैक्ट हैं। जब आप दुःखी हों तो इस दुःख का कारण किसी और पर थोपकर हमेशा दुःखी मत रहिए। अपने भीतर नई खुशियाँ लाकर यह सिद्ध कीजिए कि स्वयं को खुश करना भी आपको आता है। आप इसके लिए किसी दूसरे पर निर्भर नहीं हैं। ऐसी सोच से आपके बिगड़े काम आपकी ज़रा सी होशियारी से बन सकते हैं।

अपनी कमी छिपाकर दूसरों को दोषी ठहराते रहने से दिमाग़ थकता है, क्योंकि इसमें काफ़ी मेंटल एनर्ज़ी (मस्तिष्क–ऊर्जा) ख़र्च होती है। आप लगातार तनाव में रहने लगते हैं। आप खुद को निरीह समझने लगते हैं। आपको ऐसा लगने लगता है कि अपनी खुशियों के लिए आप दूसरों पर निर्भर है। इस भावना के रहते आप कभी खुश रह ही नहीं सकते।

**सकारात्मक (Positive) सोच रखें –** अपनी खुशी के लिए स्वयं को ज़िम्मेदार मानकर देखिए, आपको अपने भीतर एक ताक़त–सी महसूस होगी। ऐसे में आप ज़िन्दगी की हर समस्या का बेहतर ढंग से सामना कर सकेंगे। इन समस्याओं का अन्त करना भी आपको आ जायेगा। अपनी खुशियों के पीछे खुद को देखने से मन में ज़िन्दगी को संवारने की इच्छा मज़बूत होगी।

इस बदले हुए रूप में जब आप उदास होंगे तब आप अच्छी तरह से समझ जायेंगे कि आप कितने ज़िम्मेदार हैं। ऐसे समय में आपके लिए अपनी उदासी को दूर करना भी आसान हो जायेगा। अपनी पॉजेटिव सोच से आपको दूसरों को दोष दिये बिना जीना आ जायेगा। आप यह देखकर हैरत में पड़ जायेंगे कि इससे कितना फ़र्क़ आ गया है। ज़िन्दगी में खुशियाँ बढ़ गयी हैं, मुश्किल स्थितियों को सुलझाना करना आपके लिए कितना आसान हो गया है।

## मित्र बनाना ज़रूरी है

कहते हैं जिनके दोस्त नहीं होते, वे हमेशा तनाव में रहते हैं। वास्तव में दोस्ती एक ऐसा रिश्ता है, जिसमें कोई बन्दिश नहीं होती। लेकिन कुछ लोग नये दोस्त बनाने में हिचकते हैं। इस बारे में निदा फ़ाजली की दो पंक्तियाँ 'उसके दुश्मन है बहुत, आदमी अच्छा होगा, वो मेरी ही तरह शहर में तन्हा होगा'। ऐसे लोग इन्ट्रोवर्ट (अन्तर्मुखी) होते हैं, अपनी भावनाओं को दबाते रहते हैं, उन्हें प्रकट नहीं करते, नतीजा वे डिप्रेशन का शिकार हो जाते हैं। मनोवैज्ञानिकों के अनुसार इन्ट्रोवर्ट लोग दूसरों से मिलने–जुलने में कठिनाई महसूस करते हैं। लेकिन अगर उन्हें मित्रता करने का सही तरीक़ा पता चल जाये तो वे दोस्ती बखूबी निभाते हैं। अगर आपके दोस्त नहीं हैं तो जाने दोस्त बनाने के कुछ तरीक़े–

**लोगों को जानें –** सबसे पहले लोगों को जानें और पहचानें। उनका स्वभाव कैसा है, क्या पसन्द है, क्या नहीं? उनके विचार आपसे कितने मिलते हैं, यह बस जानें। बाहर कितने लोग ऐसे हैं, जो आपको जानते हैं, आपसे पहचान बढ़ाना चाहते हैं, और आपको पसन्द करते हैं, यह जानें। वेबसाइट पर सोशल नेटवर्किंग जॉइन करें। सोशल एक्टिविटी या क्लब में जायें। नये–नये लोगों से मिलें। उन्हें जानने की कोशिश करें। क्या पता उस भीड़ में कोई आपका दोस्त बन जाये, जो आपको समझ सके और जिसे आप समझ सकें।

**अच्छे श्रोता बनें –** कई बार बोलने से भला सुनने में होता है। अच्छे सम्बन्ध बनाने के लिए अच्छा श्रोता होना ज़रूरी है। एक अच्छा श्रोता दूसरे के जीवन के बारे में गहराई से जान सकता है। दूसरों के जीवन में रुचि दिखा सकता है। कितनी बार ऐसा होता कि आप दूसरे की बात समझ पाते हैं? दूसरे की बात को ध्यान से सुनते हैं? दूसरे को सुनना, समझना और भावनाओं को महसूस करना कम ही लोग कर पाते हैं। अगर आप यह गुण

विकसित कर लें, तो आपसे सभी के अच्छे सम्बन्ध हो सकते हैं। अगर आप दूसरे की बात ध्यान से सुनते हैं, तो आप सच्चे मन से अपनी भावनाओं को उसके प्रति व्यक्त कर सकते हैं।

**जो हैं वही नज़र आयें –** अगर आप दिखावा करते हैं, यानी जो आप नहीं हैं, वह बनने की कोशिश करेंगे, तो कभी खुश नहीं रह पायेंगे। नये सम्बन्ध बनाने का सबसे बढ़िया मूलमन्त्र यही है कि आप जो हैं, वही रहें। किसी के साथ छल या दिखावा न करें। जिस दिन आप खुद के बारे में सच–सच बताना सीख लेंगे, उस दिन आप हर सम्बन्ध में सफल हो जायेंगे। क्या आप किसी मूवी को देखने के लिए इसलिए राज़ी होते हैं, क्योंकि आपका दोस्त उसे देखना चाहता है? या फिर वास्तव में आपको भी फ़िल्म देखने में रुचि है? कुछ काम दूसरों की खुशी के लिए भी करने चाहिए। अगर आपको मूवी देखना पसन्द नहीं है तो अपने दोस्त को यह बताने में हिचक महसूस न करें कि आप अपने दोस्त की पसन्द की खातिर फ़िल्म देखने के लिए राज़ी हुए हैं।

**बिना सोचे-समझे रिश्ते न बनायें –** आप अकेलेपन से बोर हो चुके हैं? क्या आप बॉयफ्रेंड या गर्लफ्रेंड बनाना चाहते हैं? या फिर आप किसी ऐसी गर्ल फ्रेंड के इन्तज़ार में हैं, जिसे आप अपनी बाइक पर पीछे बैठाना चाहते हैं? आप खुद से पूछें कि आप किसी से सम्बन्ध या रिश्ते क्यों बनाना चाहते हैं? उस रिश्ते में क्या खोजना चाहते हैं? क्या हासिल करना चाहते हैं? क्या आप सम्बन्ध बनाने के लिए तैयार हैं? इन बातों पर विचार करने के बाद ही किसी से सम्बन्ध जोड़ने में ही समझदारी है। आप अकेले हैं और बस दोस्ती या सम्बन्ध बनाना चाहते है, इस चक्कर में बिना सोचे–समझे सम्बन्ध न बनायें। इस बारे में निम्न दो पंक्तियाँ हमेशा पढ़नी चाहिए।

*दुश्मनी एक पल में होती है।*
*दोस्ती को जमाने लगते है।।*

**नई जगह तलाश करें –** नये लोगों से मिलने के लिए नई जगह तलाश करें। शॉपिंग मॉल, म्यूज़ियम, बुक क्लब, हेल्थ क्लब या जिम जायें। सोशल क्लब जॉइन करें, जहाँ आप दूसरों को जान सकें, मिल सकें और उनके शौक़ को जान सकें। किसी आमन्त्रण को टालें नहीं, ज़रूर जायें। सामाजिक दायरा बढ़ाने से नये–नये लोगों से परिचय होगा और आपकी मित्रता भी बढ़ेगी। योग क्लासेज़ जायें, वहाँ लोगों से मिलें–जुलें।

**अच्छे दिखें, अच्छा महसूस करें –** खूबसूरती हर किसी को अपनी ओर आकर्षित करती है। इसलिए खुद को प्यार करें और अच्छा महसूस करें। अच्छे और स्मार्ट बनने की कोशिश करें। आपको अपने–आप खुशी महसूस होगी। अगर आपका वज़न अधिक है तो उसे सन्तुलित करने की कोशिश करें। अपने चेहरे पर अच्छा दिखायी देने वाला हेयरकट करवाएं। कपड़ों का अच्छा कलेक्शन पसन्द करें और जो आप पर अच्छा लगे, वही पहनें। अच्छी चीज़ से सभी लोग प्रभावित होते हैं खुद में अच्छा महसूस करने पर आप में आत्मविश्वास भी झलकने लगेगा।

मदर टेरेसा ने ठीक ही कहा था कि एक–दूसरे के लिए मुस्कराएँ। अपनी पत्नी, पति और बच्चों के लिए मुस्कराएँ, अपने बच्चों के लिए मुस्कराएँ। यह न देखें कि वह कौन है, बस मुस्कराते रहें, फिर देखें कि आपके चाहने वालों की क़तार लग जायेगी। दूसरों से बहुत अपेक्षाएँ न रखें, बस खुद से कोई ग़लती न होने पाये, इस बात का पूरा ख़्याल रखें। छल–कपट के बिना आप दूसरों की मदद करें, सम्मान करें और मुस्कराएँ, आपके सम्बन्ध मज़बूत होते जायेंगे।

## ज़रूरी है चिन्ता की चिता को जलाना

रहीम जी कहते हैं–

*रहिमन कठिन चिताहु से, चिन्ता कहँ चित चेत।*
*चिता दहति निर्जीव कहँ, चिन्ता जीव समेत।।*

अर्थात् चिन्ता चिता से भी भयंकर होती है, क्योंकि चिता तो निर्जीव लाश को जलाती है, परन्तु चिन्ता सजीव शरीर को जला देती है।

अगर हम अपने जीते जी चिन्ता में अपने शरीर को जलाने के लिए सौंप देंगे तो हम अपने जीवन में कभी कामयाब नहीं हो पायेंगे। चूँकि हमने मन ही मन प्रण किया हुआ है कि अपने व्यक्तित्व को प्रभावशाली बनाने के लिए इसकी राह में आये हर रोड़े को हटा कर ही दम लेंगे, इसलिए आज हमने अपनी चिन्ताओं पर विजय प्राप्त करना सीखना है। यानी कि हमने अपनी चिन्ताओं की चिता को कैस राहत में तब्दील करना है सीखना है। ये काम कैसे हो सकते है, इसके लिए हमें सबसे पहले ये बात याद रखनी होगी कि चिन्ता एक काली दीवार की तरह हमें चारों ओर से घेरे से रहती है, जिससे बाहर निकलने का कोई रास्ता नहीं सूझता। लेकिन हमें अपनी सूझ–बूझ से कोई न कोई तो रास्ता निकालना ही है। यह रास्ता कैसे निकलेगा, इसके लिए हमें चिन्ता को जीतने के व्यावहारिक उपायों को सीखना पड़ेगा।

**अपने आपको ज़्यादा से ज़्यादा व्यस्त रखें –** सबसे सफल उपाय तो यह है कि चिन्ता के लिए आप समय ही न छोड़ें। कहते हैं कि द्वितीय विश्व महायुद्ध में हिटलर ने इंग्लैंड पर तबाही मचा रखी थी, तब इंग्लैंड के प्रधानमन्त्री चर्चिल पर सब ओर से कठिनाइयों के पहाड़ टूट रहे थे और वह तहख़ाने में लगभग 18 घंटे रोज़ काम करते थे। जब उनसे पूछा गया कि इतनी ज़िम्मेदारियों से उनको कितनी चिन्ता रहती है, तो वह बोले–"भई, मेरे पास आगे ही समय कम है, मैं चिन्ता के लिए समय कहाँ से लाऊँ?"

**एक ही विषय पर ध्यान केन्द्रित कीजिए –** एक और मनोवैज्ञानिक तथ्य पर हम विचार करते हैं–जब हम ताजमहल के दृश्य को मन से देख रहे होते हैं तब अपने सामने की पुस्तक पर दृष्टि नहीं जमती। हमारा मन एक समय पर एक ही काम कर सकता है। जब हम किसी काम में व्यस्त हैं, तो दूसरी कोई चिन्ता हमारे पास आ ही कैसे सकती है। ज़ाहिर है कि आप एक साथ दो विषयों पर विचार नहीं कर सकते हैं। आप चाहे तों कोशिश करके देख लीजिए।

आपने देखा होगा कि दुःखी लोग, वृद्ध, रोगी आदि हमारे देश में दूर–दूर तीर्थ–स्थानों पर जाते हैं। यह इसलिए कि उनके विचार अपने क्लेशों से हटकर दूसरी तरफ़ तीर्थ–यात्रा में व्यस्त रहें। आजकल के युग में लोगों को व्यस्त रखने के लिए चित्रकारी करना, सैर को जाना, बाग़वानी करना, खेल खेलना, सिनेमा जाना, लोक–कल्याण के काम करना, धर्म–कर्म के काम करना आदि सिखलाए जाते हैं। चिन्ता से बचने का उपाय यही है कि अपने दिमाग़ को कभी अवकाश न दिया जाये और उसको किसी रचनात्मक कार्य में पूर्णतया तल्लीन कर दिया जायें। इस उपाय से हज़ारों लोगों ने चिन्ता से पीछा छुड़ाया है।

**छोड़िए भविष्य की चिन्ता –** चिन्ता का एक अन्य कारण भविष्य की चिन्ता होता है। हमारे देश में सरकार और जीवन बीमा वाले, समाज में पंडित–पुरोहित इहलोक और परलोक और घर में बीवी–बच्चे और बच्चों के बच्चे हमें

चैन से नहीं बैठने देते। सब भविष्य की चिन्ता में जकड़े रहते हैं और हम लोग भविष्य की चिन्ता करते–करते अपने वर्तमान को भी दुःखी कर देते हैं।

बुद्धिमान के लिए हर नई सुबह एक नया जीवन लेकर आती है। बीते समय का उपयोग केवल उससे शिक्षा ग्रहण करने में ही है। बीते समय के कष्टों, ग़लतियों, त्रुटियों को बार–बार याद करके अपने वर्तमान को विषमय बनाना अपने पाँव पर स्वयं कुल्हाड़ी मारने जैसा है। गड़े हुए मुर्दे उखाड़ने वाले दुर्गन्ध ही सूँघते हैं। पुरानी यादों में जो की हुई मूर्खताएँ, किये हुए पाप, दोष, दुर्व्यवहार, दूसरों का अहित, बदले की भावना, ईर्ष्या, मनमुटाव, गन्दी वासनाओं के प्रसंग आदि बातें होती हैं, उनको क़ब्र में दफ़नाकर भुला दीजिए, इसी में आपके मानसिक स्वास्थ्य का भला है, नहीं तो यह पुरानी कड़वाहटें आपके वर्तमान मधुर जीवन को भी कड़वा बना देंगी।

मनोविज्ञान यह साबित कर चुका है कि अतीत के दुःखों को याद करने वाले व्यक्ति के मन में एक गुपचुप भय, शंका, वेदना सदा बनी रहती, जिससे वह व्यक्ति मिथ्या भय, जलन, क्रोध, बैर, वासना आदि की मानसिक दलदल में फँसा रहता है। इसलिए परम सत्य यही है कि दूर की अस्पष्ट बातों को छोड़कर, आज की निश्चित बात को हाथ में लेना ही हमारा मुख्य ध्येय होना चाहिए। जीवन आज है, आज है और आज ही है। कल था, गुज़र गया। आने वाला कल....है नहीं, आयेगा और आने वाला कल आज में समाया हुआ है। अंग्रेज़ी में कहावत है 'टुमारो नेवर कम्ज़' यानी कल कभी नहीं आता, क्योंकि कल आते–आते आज बन जाता है।

**केवल आज में जीयें –** जो आज है वह निश्चित है। जो कल होगा वह अनिश्चित है। आज का स्वागत करो। महाकवि कालिदास ने आज की महिमा को अपनी अमर कविता 'उषा अभिनन्दन' में यों वर्णन किया है कि आज का जीवन ही जीवन है और जीवन का सार है। आज के दिन में ही हमारे जीवन की सभी वास्तविकताएँ छिपी हुई है। भूतकाल स्वप्न था, जो चला गया, भविष्यकाल एक कल्पना है, परन्तु आज के सुख और किये जाने वाले कार्य ही भूतकाल के सुखद स्वप्न बनते हैं और भविष्य के आशामय दिन रात हो जाते हैं। आज के अन्दर ही विकास का वरदान है, कर्म का गौरव है, सफलता का धन है। आओ हम आज की उषा को प्रसन्नचित होकर नमस्कार करें। आओ, आज की ईश्वरीय सृष्टि का भोग करें और प्रसन्न रहें। समय कभी नहीं रुकता, आज फिर नहीं आयेगा, आज को हाथ से न जाने दो, आज का पूरा उपभोग करो।

सोचिए, क्या आप भूतकाल या भविष्य की अनिश्चित बातों में तो नहीं उलझे हुए? सोचिए, क्या आप रोज़ सुबह आज को सार्थक बनाने और पूर्ण उपभोग करने का निश्चय करते हैं? यदि नहीं तो आज से ही अपना यह कार्यक्रम बना लीजिए और इसका अभी से दृढ़ संकल्प कर लीजिए। आज का जो शेष भाग बचा हुआ है, इसी पल से उसका पूर्ण उपभोग शुरू कर दीजिए।

## चिन्ता का मूल कारण जानिए

चिन्ता को जीतने का एक अन्य उपाय यह है कि चिन्ता के कारण की वास्तविकता को परखा जायें, अब हम एक मुश्किल विषय के बारे में सोच–विचार करते हैं। यह विषय मुश्किल भी है और अति अप्रिय भी, परन्तु परम सत्य है। विषय है मानव भी मृत्यु। मैं एक इनसान हूँ। माफ़ कीजिए, आप ही एक इनसान है। हम सब जानते हैं कि मृत्यु की चिन्ता कितनी भयावह होती है। किन्तु, क्या करें, मृत्यु तो अटल सत्य है। ऐसे ही अन्य कई विषय होते हैं, जिनकी भयंकर चिन्ता हमें तोड़ देती है। ऐसी अज्ञात, अनिश्चित एवं अनहोनी बातों की चिन्ता से बचने का उपाय तो यही है कि अपनी स्थिति को जैसी है वैसी ही अपनी इच्छा से स्वीकार कर लें, क्योंकि होनी को स्वीकार करना दुर्भाग्य पर विजय पाने का पहला क़दम है। जो होना है, सो होना

ही है, उस अनिष्ट को स्वीकार करने से मन को सच्ची शान्ति प्राप्त होती है। और, फिर देखिए, एक बार अनिष्ट को स्वीकार कर लेने पर अधिक कुछ खोने को रह ही नहीं जाता है। उसके बाद तो मन को पुनः शान्ति तथा स्वस्थता का अनुभव होने लगता है।

यह बात तो आप जानते ही होंगे कि रण में वीर योद्धा अपना बलिदान पहले ही स्वीकार करके अभिमान से वीरतापूर्वक आगे बढ़ते हैं। उनमें साहस, वीरता, शक्ति कहाँ से आती है? केवल होनी को स्वीकार करने से। जब हम एक बार अनिष्ट को स्वीकार कर लेते हैं तो हममें एक नई शक्ति का संचार होता है और उसके बाद हम उस अनिष्ट से धैर्यपूर्वक निपटने के लिए आगे बढ़ते हैं।

मृत्यु की चिन्ता के बारे में इसलिए कहा गया है कि मृत्यु भय से अधिक भय कम ही होते हैं। परन्तु यह उपाय तो आप किसी भी सम्भावित अनिष्ट के बारे में उपयोग में ला सकते हैं। कैसी भी परिस्थितियों हो, व्यापार में नुक़सान की चिन्ता, नौकरी छूट जाने की चिन्ता, स्वास्थ्य बिगड़ जाने की चिन्ता, प्रियजनों के अनिष्ट की चिन्ता, इत्यादि।

आप होने वाले अनिष्ट की मात्रा को नापिए और यदि उसके टलने का उपाय न हो तो उसे मन–ही–मन स्वीकार कर लीजिए। उसके बाद आपमें नवीन धैर्य तथ बल का संचार होगा, जिससे आप स्थिति को चिन्ता रहित होकर सुधारने की कोशिश कर सकेंगे।

चिन्ता से छुटकारा पाना कोई खेल या मज़ाक़ नहीं है। वैसे तो सभी उपदेश देते हैं कि चिन्ता से छूटने के लिए ईश्वर में श्रद्धा रखिए, गहरी नींद सोइए, मधुर संगीत में रुचि लीजिए, जीवन में सुखद रूप का ही विचार कीजिए इत्यादि इत्यादि, परन्तु केवल उपदेश सुनने से ही चिन्ता नहीं मिटती। हमें दृढ़ निश्चय से प्रयत्न करना पड़ता है। एक बार निश्चय पर पहुँचकर तुरन्त, उसी समय कार्य आरम्भ कर दीजिए और फिर मुड़कर मत देखिए, नहीं तो आप फिर से दुविधा मे पड़ जायेंगे। आपने तो आत्म–विश्लेषण करके यह समझ लेना है कि आपकी चिन्ता का कारण क्या है, उसका उपाय क्या है, आप क्या कुछ क्या कर सकते हैं और कब। बस, फिर सोचना छोड़कर आचरण शुरू कर दीजिए।

**सिर धुनना बिलकुल छोड़ दीजिए –** भारत के दूसरे प्रधानमन्त्री स्वर्गीय श्री लाल बहादुर शास्त्री बहुत छोटे क़द के थे। एक बार किसी पत्रकार ने उनसे पूछा कि उनके छोटे क़द के कारण उनको चिन्ता नहीं होती, तो शास्त्री जी ने अपने छोटे क़द के हक़ में यह दोहा कह दिया–

*"नानक नन्हें भये रहो जैसे नन्हीं दूब।*
*बड़े–बड़े तो ढह गये, दूब खूब की खूब।।"*

जी हाँ, यह भी एक नज़रिया था कि जिस बात का इलाज नहीं, फिर उसकी फ़िक्र क्यों? चिन्ता क्यों?

वेद मन्त्र है 'महः पुनातु हृदये' अर्थात् हमारा हृदय महान हो। महान हृदय वाले छोटी–छोटी बातों को लेकर अपने जीवन का सुख नष्ट नहीं होने देते। आप भी छोटी–छोटी बातों को भुलाकर देखिए, आपको सच में कितनी शान्ति, राहत और चैन मिलेगा।

मनोवैज्ञानिकों के अनुसार हमारा जीवन वैसा ही होता है, जैसा हमारे विचार उसे बनाते हैं, यदि हम सुखद विचार करेंगे तो सुखी रहेंगे और यदि दुखःद विचार पालेंगे, तो दुःखी ही रहेंगे, भय के विचार पालेंगे तो भयभीत बन जायेंगे, निराशा के विचार हमें असफल बनायेंगे। याद रखिए, आप वैसे नहीं है, जैसे आप अपने को गिनते हैं, बल्कि आप वैसे हैं, जैसे विचार आप पालते हैं। आप यह बात ज़रूर याद रखिए कि जब कभी आपके जीवन में अशान्त पलना शुरू करें, जैसा कि सबके जीवन में आमतौर पर होता है, अपने विचार और दृष्टिकोण उसी समय बदल लेने चाहिए जिससे आपके मस्तिष्क और शरीर पर स्वस्थ विचारों का तुरन्त प्रभाव शुरू हो जाये आपकी चिन्ता घटते–घटते ख़त्म ही हो जाये। ये आपका मन ही है, जो स्वर्ग को नर्क़ और नर्क़ को स्वर्ग बना डालता है; और मन क्या है–आपके विचार ही तो हैं। इसलिए आप दृढ़ प्रतिज्ञा कीजिए कि आज आप प्रसन्न रहेंगे। अपने आप से कहिए, 'आज मैं खुश रहूँगा। किसी भी प्रकार की कोई चिन्ता नहीं करूँगा'। एक बार फिर आप अपने आप से कहिए, 'दुनिया इधर से उधर हो जाये, मैं किसी भी चीज़ की चिन्ता नहीं करूँगा। मैं हमेशा खुश रहूँगा।' कुछ दिनों बाद आप देखेंगे कि आपके इन विचारों से आपकी चिन्ता कैसे दूर भाग जायेगी।

**अपने दुश्मनों को भी दोस्त बनाइए –** मेरा आपसे एक सवाल है कि आपके जीवन में कोई आपका दुश्मन हैं?

आप यही कहेंगे कि जनाब, हमारे जीवन में एक नहीं कई दुश्मन हैं, और दुश्मन भी ऐसे हैं जो आस्तीन के साँप हैं, यानी जिन्होंने दोस्ती का लबादा ओढा हुआ है और उसी लबादे की आड़ में आपको यदा–कदा नुक़सान भी पहुँचाते हैं।

ऐसे लोगों से आपको नफ़रत होती होगी और आपको उन पर कई बार ज़बरदस्त गुस्सा भी आता होगा। वैसे गुस्सा आना भी स्वाभाविक है। आस्तीन के साँप को कौन बरदाश्त कर सकता है। कोई नहीं। यहाँ मैं आपको एक ख़ास बात और बताना चाहूँगा कि जिस व्यक्ति को गुस्सा नहीं आता वह जड़ बुद्धि है, मूर्ख है। आप एक इनसान है और गुस्सा करना, नफ़रत करना और नीच लोगों से घृणा आपकी फ़ितरत (आदत) में शुमार होना ही चाहिए। क्योंकि ये बातें मानसिक तौर पर हर स्वस्थ इनसान में पायी जाती हैं।

लेकिन आपको एक बात का ध्यान और रखना चाहिए कि जब आप गुस्सा और नफ़रत करते हैं तो आप अपनी ही नींद, भूख़, ब्लड–प्रेशर (रक्त–चाप), उदर, हृदय आदि को अस्वस्थ करते हैं। यदि आपके शत्रुओं को पता लग जाये कि उनके प्रति आपकी नफ़रत और गुस्से से आपका अपना ही मन और शरीर दुःखी हो रहा है तो वे यक़ीनन घी के दीए जलाएंगे यानी कि वे बहुत खुश होंगे। इस प्रकार आप अपने शत्रुओं से न मिलते हुए भी अपने आपको हराते हैं। गुस्सा और नफ़रत से तो आपकी अपनी शक्ल ही कठोर, तनाव वाली हो जायेगी। जबकि ये बात तो आप जानते ही होंगे कि शांत मन वालों की मुखमुद्रा शान्त तथा प्रसन्नता से परिपूर्ण होती है।

दूसरों की बातों को बुरा मानकर आप अपने दिल को चोट पहुँचाते हैं। सच तो यह है कि दूसरे लोग जिस विरासत से आये हैं, जैसे उनके संस्कार रहे, जैसा उनका जीवन गुज़रा, ठीक उसी प्रकार वह आपके प्रति रवैया रखते हैं। इसमें उनका कोई दोष नहीं। आप और मैं उन लोगों के हालात में पलते तो वैसे ही निकलते, इसलिए हम ईश्वर को धन्यवाद दें कि उसने हमें उन व्यक्तियों की तरह नहीं बनाया। अब हमारा परम कर्त्तव्य हो जाता है कि अपने शत्रु की निन्दा न करके, उसके प्रति विरोध या बदले की भावना न रखकर हम उसे क्षमा, सहानुभूति तथा सहयोग देकर उसके भी कल्याण का पुण्य कमाएं। अतः आप अपने भले के लिए ही कभी 'जैसे को तैसा' करने का विचार मत पालिए। हो सके तो अपने शत्रु को अथवा जो आपको पसन्द नहीं, उन्हें अपने विचारों में स्थान ही मत दीजिए, उनके बारे में सोचिए ही नहीं। ऐसा करने पर देख लेना आपकी कई बेकार की चिन्ताएँ अपने आप मिट जायेंगी और आपका क़ीमती समय नष्ट होने से बच जायेगा।

बेकार की चिन्ताओं से बचने के लिए एक उपाय यह भी है कि आप उस कहानी से सबक लें, जिसमें एक आदमी दुःखी था, क्योंकि उसके पास पहनने के लिए जूते नहीं थे। किन्तु उस आदमी ने एक दिन सड़क पर एक दूसरे आदमी को देखा, जिसके हाथ–पाँव नहीं थे, और वो बड़े आराम से एक गिलास से जूस पी रहा था। तब बिना जूते वाले आदमी को शर्म आयी और उसने ईश्वर को लाख धन्यवाद दिया कि उसके पाँव सही सलामत हैं। तब से उसने यह सोचना छोड़ दिया कि उसके पास क्या नहीं है और यह सोचना शुरू कर दिया कि उसके पास क्या–क्या है और ईश्वर को धन्यवाद देना शुरू किया।

आप भी ज़रा सोचिए और सन्तोष कीजिए और प्रभु को धन्यवाद दीजिए उस सबके लिए जो आपके पास है। यदि आप दुःखी रहे हैं या दुःखी हैं तो आप और भी प्रभु का धन्यवाद कीजिए, क्योंकि दुःख भोगने के बाद सुख बहुत अच्छा लगता है।

*''सुखं हि दुःखान्यनुभूय शोभते धनान्धकारेष्विव दीपदर्शनम।*
*सुखात्तु यो याति नरो दरिद्रता धृतः शरीरेण मृतः स जीवित।।''*

अर्थात् 'घोर अन्धकार के बाद दीपक के दर्शन की भाँति, दुःखों को अनुभव करके सुख का मिलना अति आनन्दकारी होता है। जो नर सुखों को लगातार भोगता हुआ दरिद्रता को प्राप्त होता है वह शरीर से जीवित भी मृत–समान हो जाता है। इसलिए आपको इस बात पर भी खुश होना चाहिए कि आप दुःखी रहे। अब से आप अपनी पायी हुई नियामतों, वरदानों, समद्धियों, सफलताओं, तथा अन्य सौभाग्य की निशानियों का ध्यान करके प्रभु का धन्यवाद कीजिए न कि उन चीज़ों की चिन्ता जिनके बिना आपका काम चल जाता है।

**दोस्त बनाइए, चिन्ता दूर भगाइए –** अब मैं आपको अपने दिल की एक ख़्वाहिश से वाकिफ़ कराता हूँ। मैं चाहता हूँ कि दूसरे लोग मेरी तारीफ़ करें, मेरे साथ सहयोग करें, मेरी बुरे वक़्त में सहायता करें, मुझे सुखी रखें, मुझ पर उपकार करें, मुझे प्रेम से अपनाएँ।

क्या आप भी ऐसा दूसरों से चाहते हैं?

ज़ाहिर है हर इनसान ऐसा चाहता है, क्योंकि दूसरों को उसे सुख देना बहुत अच्छा लगता है, लेकिन ऐसा तभी हो सकता है, जब हम दूसरों को सुख पहुँचाएँ। क्या आपने दूसरों को सुख पहुँचाने का कभी प्रयास किया है, यदि किया है तो आपने देखा होगा कि किसी अन्य व्यक्ति के चेहरे पर आनन्द की मुस्कान लाकर आप अपने भीतर एक सुख की लहर महसूस करते हैं। दूसरों को सुख पहुँचाने में यदि आप अपने को भुला दें, तो आप देवता तुल्य हो जायेंगे। आप चाहे देवता न बनना चाहें, पर अपने सुख के लिए ही ऐसी आदतें बनाइए कि आप हर समय दूसरों की भलाई की बातें सोचें और करें। लेकिन यह सब आप कब करना चाहेंगे?

क्या कहा! कल से। आज से क्यों नहीं, बल्कि अभी से क्यों नहीं? आप ये बात तो अच्छी तरह से जानते हैं कि जीवन निकलता जा रहा है। इसलिए यदि आपने दूसरों का भला करने की ठान ही ली है तो अभी से कीजिए, इसी में आपका भला है। वास्तव में दूसरों को खुश करने की कोशिश में आदमी को अपने स्वार्थ के बारे में सोचना छोड़ देता है और स्वार्थ का विचार ही मनुष्य में चिन्ता और भय पैदा करता है। इसलिए आज से ही आप दूसरों में रुचि लीजिए, दूसरों को अपना दोस्त बनाइए। दूसरों को दोस्त बनाना ही अपनी चिन्ताओं को एक तरह से अग्नि दिखाना है।

**अपने काम को भी अपना दोस्त बनाइए –** दूसरों को दोस्त बनाने के अलावा अपने कार्य को भी अपना दोस्त बनाना है, क्योंकि कई चिन्ताओं का मूल कारण आपकी अपने काम की ओर अरुचि ही होता है। यदि आप नवयुवक हैं और आपने अभी अपना व्यवसाय/नौकरी और पत्नी का चुनाव नहीं किया है तो धैर्य से काम लें और अच्छी तरह से सोच–विचार करके उस कार्य और उस लड़की को अपनाएँ जो आपको पसन्द हो। कार्य बदलना बहुत ही महँगा काम है। क्योंकि बाद में आपकी आयु और परिस्थितियाँ आपको ऐसा नहीं करने देतीं। इसलिए आप वो ही काम अपनाइए, जिसे आप मन से कर सकें।

यह बात अटल सत्य है कि जहाँ आदमी को लगता है कि उसका काम उसकी रुचि का नहीं है, वह समझता है कि उसे ग़लत जगह पर रखा गया है, जहाँ उसके काम की कोई प्रशंसा नहीं मिलती, वहाँ आदमी को बोरियत होने लगती है और यही बोरियत बाद में उसके स्नायु रोग (मनोरोग) का कारण भी बन जाती है।

मनोविज्ञान के अनुसार आदमी के लिए अनुकूल कार्य उसकी लम्बी आयु के लिए बेहद ज़रूरी है। जिसे अपने मनमाफ़िक कार्य मिल जाता है, वह उसके लिए किसी वरदान से कम नहीं होता। उदाहरण के लिए अमेरिका के सबसे बड़े वैज्ञानिक एडिसन, जो अपनी लैब (प्रयोगशाला) में हर रोज़ 18 घंटे काम करता था, जिसने बिजली के बल्ब, ग्रामोफ़ोन आदि कई आविष्कार किये। वह अपनी लैब में ही खाता, पीता और सोता था। उससे जब यह पूछा गया कि वह इतना काम कैसे करता है, तो उसने मुस्कराकर जवाब दिया–"कैसा काम? मैंने जीवन में कभी कोई काम नहीं किया, जिसे आप काम समझ रहे हैं, वह तो मेरा मनोरंजन है।"

**आलोचना भी आपका व्यक्तित्व निखारती है –** अब हम आते हैं उस चिन्ता पर, जो आपको किसी अन्य के द्वारा अपनी कटु आलोचना करने पर हो जाती है। देखा जाता है कि कोई हमारी ज़रा भी आलोचना कर देना है, हम बुरी तरह से दुःखी व चिन्तित हो जाते हैं। हमारा चिन्तित होना लाजिमी है, क्योंकि हम इनसान ही हैं और हर इनसान अपनी आलोचना पर दुःखी हो ही जाता है। एक धोबी ने राजा राम की आलोचना ही की थी, जिसकी वजह से वे बहुत दुःखी हो गये थे, सीता को वन में भिजवा दिया था।

लेकिन आप राजा राम की इस बात में बराबरी मत कीजिए, क्योंकि राजा राम में दूसरे इतने ईश्वरीय गुण थे जो कि आपमें नहीं हैं। आप अपनी शान्ति और सुख के लिए आलोचना की तरफ़दारी करेंगे तो आप अपने आपको बेकार में परेशान और दुःखी करेंगे। एक बात हमेशा याद रखिए कि कुत्ते भौंकते रहते हैं, लेकिन कारवाँ चलता रहता है। वैसे एक तरह से देखा जाये तो आपके आलोचक ने आपकी आलोचना करके आपका अप्रत्यक्ष रूप से सम्मान ही किया है। इस बात को आप यों भी समझ सकते हैं कि यदि दूसरा कोई आपसे ईर्ष्या करता है तो इसीलिए करता है, क्योंकि आपमें ईर्ष्या करने लायक़ गुण हैं।

सच बात तो यह भी है कि आपकी आलोचना तो आपका एक तरह से मार्ग दर्शन है कि आपकी कोई भूल आपके सामने रख दी गयी है, जिससे आप अपनी भूलों को सुधारकर तरक़्क़ी कर सकें। क़ायदे से देखा जाये तो हमें स्वयं अपनी आलोचना करनी चाहिए, ताकि हमें अपनी कमियों ओर भूलों के बारे में पता चल सके ओर वक़्त रहते हम उनमें सुधार कर सकें। इसलिए आलोचना से आप कभी चिन्तित मत होइए, बल्कि उसका स्वागत कीजिए। अगर आपने महान व्यक्तियों की जीवनियों को पढ़ा होगा तो आपको पता ही होगा कि उनकी सफलता का यह भी एक रहस्य रहा है उन्होंने अपनी आलोचनाओं को हमेशा स्वागत किया था। साहित्य में अलोचकों का एक प्रमुख स्थान होता है जब कवि या लेखक कुछ लिखता है तो आलोचक इसकी कमियों को दर्शाता है, लेखक इसे सकारात्मक स्वीकार कर लेता है।

**नींद की चिन्ता बेकार है –** कई बार ऐसा भी होता है कि जब किसी चिन्ता की वजह से हमें नींद नहीं आती, तो हमें नींद न आने की चिन्ता हो जाती है। आपको नींद न आने की चिन्ता तो नहीं है? यदि है तो याद रखिए कि नींद न आने की वजह से लोग कभी नहीं मरते, परन्तु नींद आने की चिन्ता से लोग मर जाते हैं।

जब आपको कभी नींद न आये तो बिस्तर से उठ बैठिए और जब तक नींद न आये कोई काम अथवा मनोरंजन करते रहिए पर नींद न आने की चिन्ता कभी मत कीजिए। हो सकता है कि आप इतना आराम करते हों कि आपके शरीर को नींद की ज़रूरत ही नहीं होती हो। ऐसी स्थिति में व्यायाम कीजिए ताकि शरीर थककर सो जाने के लिए मजबूर करे। फ़ौजी लोग चलती गोलियों में, गिरते बमों के निकट अपने थके शरीर के कारण सुख से सो जाते हैं। आप भी श्रम करके देखिए, नींद अपने–आप आ जायेगी।

अगर तब भी नींद न आये, तो मनोविज्ञान से मान्य यह विधि अपनाएँ। शांत वातावरण में अंधेरा करके बिस्तर पर छोटे तकिये और एक चादर लेकर लेटें। कपड़े एकदम ढीले पहनें ताकि वे न तो शरीर को कहीं से दबाएं और न ही साँस लेने में कोई रुकावट हो। एक छोटा तकिया सिर के नीचे रखें जो कन्धों से ऊपर को ही रहे। उस पर अपनी गर्दन की पीठ रखें और सिर को पीछे की ओर आराम से लुढ़कने दें। इस प्रकार सिर और गर्दन को पूरा आराम देकर ही आगे बढ़ें।

दूसरा तकिया अपनी टाँगों के घुटनों के नीचे रखें, जिससे कि घुटने थोड़े उठें और दोनों तरफ़ को बाहरी तरफ़ झुके हों। पैर फैले हों। बाक़ी दोनों तकिये छाती के दोनों ओर रखें जिन पर दोनों बाजू यों फैलाकर रखें कि कुहनी शरीर से बीस सेंटीमीटर हो और हथेलियों तकियों के अगले किनारों पर टिकी हुई हों।

अब शान्ति से लेटे रहकर सबसे पहले अपनी मुखमुद्रा ढीली छोड़िए, आपका जबड़ा ढीला हो जायें ज़बान मुँह के भीतर ढीली छोड़िए। अब आँखें बन्द कीजिए, हल्के से ही। अब अपने शरीर के थके हुए भाग से कहिए, जैसे कि टाँगों को, 'आराम करो', 'जाने दो', 'ओम् शांति'। यह शब्द धीरे से कहने हैं। केवल इतना कहने से दस सेकण्ड लगे 'आराम करो'। फिर पाँच सेकण्ड में 'जाने दो'। फिर पाँच सेकण्ड में 'ओम शान्ति'। इस प्रकार बीच में साँस को पाँच–पाँच सेकण्ड को समय और दें।

पैंतीस सेकण्ड में आप एक बार दोहराएँगे 'आराम करो', 'जाने दो', 'ओम् शान्ति'। इस क्रम को धीमें–घीमें सारे शरीर को ढीला छोड़े हुए आप दस बार दोहराएँ। उसके बाद आप मन में नींद का विचार लाइए और अपने आप से कहिए और महसूस कीजिए, "अब मैं सुख से, शान्ति से, सुबह तक सो रहा हूँ।"

इसे आप धीरे–घीरे दस–पंद्रह बार दोहराइए और दुनिया को भूल जाइए। आपकी नींद आपको आराम से सुला देगी। याद रहे कि हर रात आप सोते वक़्त मन में सुख, शान्ति, आराम से विचार भरकर और महसूस करके अपने आपसे मन ही मन कहेंगे, धीरे–धीरे, 'मैं अब, सुख से, शांति से, सुबह तक सो रहा हूँ। ऐसे नींद को महसूस करते–करते और अपने–आपको दस बार कहने से पहले ही आप सो जायेंगे। और यदि आप फिर भी न सो पायें, तो आपने अपने शरीर को कहीं न कहीं तनाव से भरा रखा है, उसे ढूंढ़िए कि तनाव कहाँ है, और वहाँ शरीर ढीला कीजिए ऐसे जैसे कि जुराब उतारने के बाद नस ढीली पड़ जाती है।

**ईश्वर पर विश्वास कीजिए –** क्या आप जानते हैं कि आजकल मनोवैज्ञानिक चिन्ता को दूर भगाने के लिए सबसे बेहतर उपाय क्या बताते हैं? भगवान में विश्वास। जी हाँ, आधुनिक मनोवैज्ञानिक धर्म–पालन और प्रभु भक्ति को ही सर्वश्रेष्ठ उपाय मानता है। धार्मिक श्रद्धा ही चिन्ता को रोकने और मिटाने की रामबाण औषधि है।

यह सच है कि भगवान को पूरी तरह से कोई नहीं जान पाया। सृष्टि का आदि और अन्त एक पहेली ही है, जीवन के रहस्य को कोई विरला ही समझ पाया। हमारा शरीर एक घोर रहस्य है। बीज से पेड़ क्योंकर उगता

है, गुलाब से सुगन्ध क्यों आती है, आग में गर्मी क्यों होती है, घास हरी क्यों होती है। यह सब रहस्य हैं, जिन्हें कोई नहीं जान पाया। इनसान जीता है, क्योंकि जीवन जीने के लिए है। आपकी सबसे प्यारी और सबसे नज़दीक चीज़ आपका शरीर है। जानते हैं उसे कौन चलाता है—ईश्वर, न कि डॉक्टर। यह सारा ब्रह्माण्ड जिसके हम भी अंश है ईश्वर ही चलाता है और याद रखिए ईश्वर को हमारी सलाह की आवश्यकता नहीं है कि संसार को वह कैसे चलाये वह बड़े पेड़ पर छोटा—सा बेर लगाता है और छोटी बेल पर बड़ा तरबूज़ लगाता है। ईश्वर के विधान के अनुसार चलना सुख की सीधी राह है और उसके विरुद्ध चला अपने—आपको चिन्ता, आकुलता, बोझ, भय, स्नायु रोग इत्यादि संकटों में फँसाना है।

ईश्वर के प्रति भक्ति और उसक बनाये हुए मनुष्यों के प्रति सद्भावना ही सत्य धर्म है और यह ही सुख की खान है। ज्यों—ज्यों मनुष्य की उम्र बढ़ती जाती है, वह समझना शुरू करता है कि ईश्वर की कृपा के बिना जीवन का बेड़ा पार लगाना मुश्किल है। दरअसल, जितने भी व्यक्ति 35 वर्ष से ऊपर की आयु के मनोरोग से दुःखी हो जाते हैं, उनमें से 95 प्रतिशत सिर्फ़ इसीलिए हो जाते हैं कि उन्होंने अपना धार्मिक अथवा आध्यात्मिक दृष्टिकोण अपने जीवन के प्रति नहीं बनाया या बनाकर बिगाड़ दिया। इसीलिए दुनिया के विभिन्न धर्म सदियों से लोगों को धर्म पर चलने का और ईश्वर में विश्वास रखने का उपदेश देते हैं। याद रखिए, यदि आप अपना आध्यात्मिक दृष्टिकोण सही नहीं बनायेंगे, तो स्वस्थ होना और रहना मुश्किल हो जायेगा। दृष्टिकोण से ही मनुष्य की आदतें बनती है।

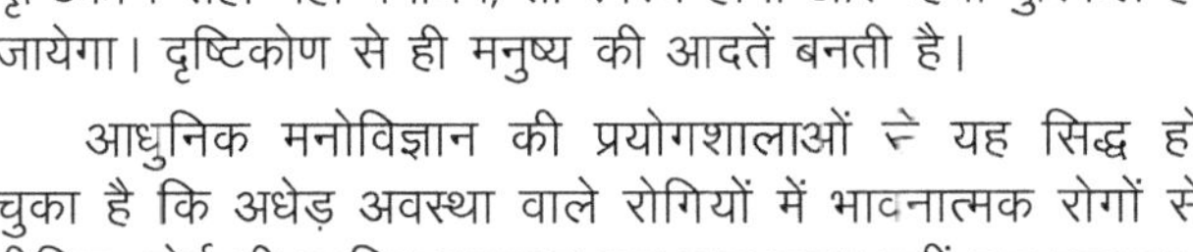

आधुनिक मनोविज्ञान की प्रयोगशालाओं ने यह सिद्ध हो चुका है कि अधेड़ अवस्था वाले रोगियों में भावनात्मक रोगों से पीड़ित कोई भी व्यक्ति स्वास्थ्य तब तक लाभ नहीं कर सकता, जब तक उसने स्वस्थ आध्यात्मिक दृष्टिकोण नहीं अपनाया। सदियों से यह कहावत चरितार्थ होती आ रही है कि 'धर्म के सहारे ही मनुष्य जीता है और धर्म के नितान्त अभाव का नाम ही मृत्यु है।' महात्मा गाँधी प्रत्येक शाम को प्रार्थना सभा लगाकर प्रार्थना किया करते थे जिनसे उनके मन को शान्ति और सुखी जीवन के लिए मार्गदर्शन मिलता था। महात्मा जी ने लिखा है कि ईश्वर में अगाध विश्वास के बिना और प्रार्थना की शान्ति के अभाव में मैं अवश्य पागल हो गया होता।

इस बारे में स्वामी शंकराचार्य का निम्न श्लोक बहुत व्यावहारिक है—

*''योगरतो वा भोगरतो वा, संगरतो वा संगविहीनः।*
*यस्य ब्रह्मणि रमते चित्तम्, नन्दति नन्दति नन्दत्येव।।''*

अर्थात् योग में रत रहे या भोग में रत रहे, सांसारिक जीवन व्यतीत करे या त्यागी—बैरागी बनकर रहें, जिसका मन सदैव परब्रह्म में लीन हो, वही नित्य परमानन्द पाता है। इसके अनुरूप आप योग करें या भोग करें, संसारी रहें या वैरागी, सुख—शान्ति के लिए परमात्मा मे विश्वास और प्रार्थना आवश्यक है।

महात्मा गाँधी ने लिखा है कि 'पूजा पैर से हो सकती है, हाथ से हो सकती है और जिव्हा से हो सकती है। केवल पूजा सच्ची होनी चाहिए।' आप सच्चे मन से प्रार्थना करके तो देखिए, आपकी सारी चिन्ताएँ दूर हो जायेंगी। संसार में हज़ारों नहीं लाखों उदाहरण है कि दुःखी लोगों ने केवल प्रार्थना से ही मन की शान्ति को पाया। प्रार्थना से एक शक्तिपूर्ण भावना का संचार होता है। यदि आपने अपनी निष्ठा और विश्वास खो दिया है, तो एक बार ही सही, प्रार्थना कीजिए कि वह आपको पुनः प्राप्त हो जायें सच्चे मन से आरती का यह दोहा ही अपने हृदय में प्रेम और विश्वास से कहिए—

*'मात पिता तुम मेरे शरण गहूँ किसकी।*
*तुम बिन और न दूजा आस करूँ किसकी।।*
*ओम् जय जगदीश हरे, स्वामी जय जगदीश हरे '*

## यह भी याद रखें

*चिन्ता मनुष्य की शक्तियों को शून्य कर देती है, इसलिए उससे छुटकारा पा लेना पहला कर्त्तव्य है।*

*–महात्मा गाँधी*

*चिन्ता वह राक्षस है, जो मन में स्थाई रूप से डेरा डालकर अन्दर–ही–अन्दर शरीर को खा जाती है। वे लोग सदैव चिन्तित रहते हैं, वे न तो कोई कार्य आरम्भ कर सकते हैं और न ही सफलता प्राप्त कर सकते हैं।*

*–स्वेट मार्टेन*

*जितना समय हम किसी कार्य की चिन्ता में लगाते हैं, यदि उतना ही समय हम उस कार्य में लगायें, तो चिन्ता जैसी कोई चीज़ ही नहीं रह जायेगी।*

*–वेरयल फिजर*

# 2

## तन से नहीं... मन से होती है उद्देश्य की प्राप्ति

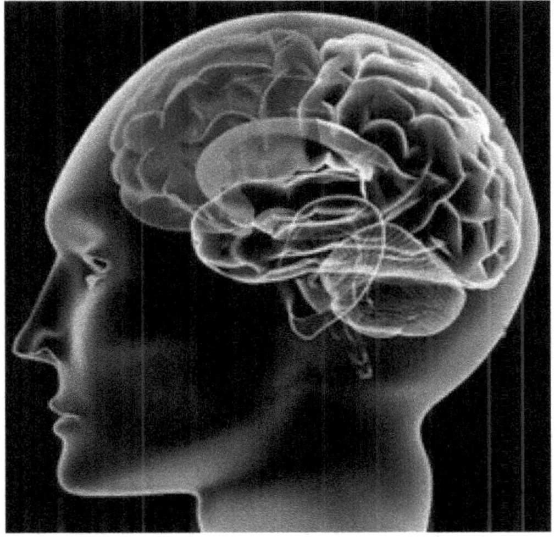

एक बात आप हमेशा याद रखें–'अपने मन को जीतना कठिन है, लेकिन जिसने मन को जीत लिया तो जीवन में शिखर पर पहुँच जायेगा, यह सत्य है। यही मन हमें हमारे जीवन के पथ पर बिना किसी रुकावट के आगे बढ़ाता है और फिर हम इसी के सहारे एक दिन अपनी मंज़िल तक पहुँच जाते हैं। इसलिए आगे बढ़ने के लिए हमें अपने तन का नहीं मन का इस्तेमाल करना चाहिए।

आज हम मन के द्वारा आगे बढ़ने के तौर–तरीक़ों पर चर्चा करेंगे।

शुरुआत हम एक छोटे से क़िस्से से करते हैं–

बादशाह अकबर का बहुत ही विश्वासपात्र अंगरक्षक था मुहम्मद हुसैन। उसने कई बार अकबर के लिए अपनी जान की बाज़ी भी लगाई थी। उस ज़माने में गेहूँ की बोरी एक रुपये में मिला करती थी।

एक दिन मुहम्मद हुसैन को पता चला कि बादशाह के गोदाम में जो मुनीम कार्य करता है उसे 50 रुपये तन्ख़्वाह मिलती है। चूँकि मुहम्मद हुसैन को सिर्फ़ 5 रुपये तन्ख़ाह मिलती थी, इसलिए वह मन ही मन यह बात बरदाश्त नहीं कर पाया और अकबर से पूछने के लिए बेचैन हो गया। एक दिन मौक़ा मिलते ही वह बादशाह से पूछ ही बैठा कि उसकी नौकरी मेहनत, वफ़ादारी और कुरबानी की है, जिसके फलस्वरूप उसे सिर्फ़ 5 रुपये मिलते हैं, जबकि मुनीम को सारे आराम के साथ 50 रुपये महीना मिलता है। यह पाँच और पचास रुपये का फ़र्क़ क्यों?

मुहम्मद हुसैन की इस बात पर बादशाह अकबर मुस्कुराकर रह गये।

अगले दिन बादशाह अकबर ने हुसैन को अपने दरबार में बुलाया और कहा–"हुसैन, सुना है कि यमुना पर कुछ व्यापारी अपना माल लेकर आये हैं, तुम वहाँ जाकर पता करो कि वहाँ कितनी किशतियाँ हैं?"

"जो हुक्म, आलीजाह!"

मुहम्मद हुसैन किशतियों के बारे में पता लगाने के लिए वहाँ से चला गया।

थोड़ी देर बाद वह हाँफते हुए वहाँ आया और अपनी उखड़ती साँसों पर क़ाबू पाते हुए बोला–"जहाँपनाह! दस किशतियाँ आयी हैं।"

"उन किशतियों में क्या है?" बादशाह अकबर ने पूछा।

"आलमपनाह! ये बात तो मैंने पता ही नहीं की।" हुसैन बोला।

"तो पता करके आओ।" बादशाह अकबर ने हुक्म दिया।

मुहम्मद हुसैन फ़ौरन वहाँ से इस बात का पता लगाने के लिए रुख़सत हो गया।

थोड़ी देर बाद वह फिर हाँफता–काँपता वहाँ आया और बोला–"जहाँपनाह, उन किश्तियों में बोरियाँ आयी हैं।"

"उन बोरियों में क्या है?" अकबर ने पूछा।

हुसैन अचकचाकर बोला–"जिल्लेइलाही! ये बात तो मैंने पता ही नहीं की।"

"तो जाकर पता करो।" बादशाह अकबर ने एक बार फिर हुक्म दनदनाया।

मुहम्मद हुसैन उल्टे पाँव वहाँ से चला गया।

थोड़ी देर बाद वह फिर से हाँफता–काँपता आया और बोला–"हुजूर! उन बोरियों में गेहूँ है।"

"क्या वो गेहूँ बेचने के लिए हैं?" बादशाह अकबर ने एक सवाल और दनदना दिया।

"मुहम्मद हुसैन फिर गड़बड़ाते हुए बोला–"जहाँपनाह, ये बात तो मैंने पता ही नहीं की।"

"तो जाकर पता करो।" अकबर ने एक बार फिर से हुक्म दिया।

मुहम्मद हुसैन तेज़ी से वहाँ से गया और थोड़ी देर आकर बोला–"हुजूर, वह गेहूँ कुछ व्यापारियों के द्वारा यहाँ बेचने के लिए ही लाया गया हैं।"

"तुमने ये पता किया," बादशाह अकबर एक रहस्यमयी मुस्कान अपने होंठों पर सजाते हुए बोले–"कि वे गेहूँ किस भाव पर बेचेंगे?"

"नहीं आलमपनाह! "मुहम्मद हुसैन पस्त होकर बोला–"ये बात तो मैंने पता ही नहीं की। आप कहें तो पता करके आऊं?"

"नहीं, इसकी कोई ज़रूरत नहीं।"बादशाह अकबर रहस्यमय अन्दाज़ से मुस्कुराते हुए बोले–"अब तुम मुनीम जी को हमारे दरबार में पेश करो।"

थोड़ी देर बाद मुनीम जी बादशाह अकबर के दरबार में उपस्थित हुए।

बादशाह अकबर ने मुनीम जी से सवाल किया–"मुनीम जी, सुना है यमुना किनारे कुछ किश्तियाँ आयी हैं। क्या तुम उनके बारे में कुछ बता सकते हो?"

"क्यों नहीं आलमपनाह, बिलकुल बता सकता हूँ।" मुनीम तत्परता से बोला–"हुजूर, यमुना किनारे पूरी दस किश्तियाँ आयी हैं, जिनमें दूसरे पार के कुछ किसान व्यापारी नया गेहूँ भरकर यहाँ बेचने के लिए लाए हैं, जो एक रुपये की दो बोरी बेचते हैं। गेहूँ नया और बढ़िया क़िस्म का है। मैंने पाँच रुपये की बारह बोरी के हिसाब से साठ बोरी गेहूँ ख़रीद लिया है, जो कि गोदाम में भरवाया जा रहा है। ये किश्तियाँ कल यहाँ से चली जायेंगी।"

बाादशाह अकबर ने मुनीम जी को जाने को कहा और उनके जाने के बाद मुहम्मद हुसैन से बोले–"ये है पाँच रुपये और पचास रुपये का फ़र्क।"

मुहम्मद हुसैन सारी बात समझ गया। इसके बाद उसने बादशाह अकबर से इस बारे में कोई सवाल नहीं किया।

इसी बात को महाभारत में कुछ यों लिखा है–

*'बुद्धिश्रेष्ठानि कर्माणि बाहु मध्यानि भारत।*
*तनि जंघाजघन्यानि भारप्रत्वंराणि च।।*

अर्थात्, बद्धि से सोच–विचार कर किये जाने वाले कार्य उत्तम, बाहुबल से किये जाने वाले कार्य मध्य श्रेणी के और जंघा से होने वाले कार्य अधम तथा भार ढोने वाले काम बहुत ही नीच हैं।

वास्तव में बुद्धि के कार्य को सर्वोत्तम माना गया है। बुद्धि के अर्थ संस्कृत के शब्दकोष में कुछ यों दिये हैं–ज्ञान, विवेक, बोध, चित्त, समझ, मन, विश्वास, राय, अभिप्राय, सचेतत, चैतन्य, विचार, कल्पना, इरादा, तथा 'हम भक्ति'।

साधारण भाषा में बुद्धि का अर्थ मस्तिष्क की योग्यता ही समझा जाता है। अकसर लोगों के मन में यही सवाल यदा–कदा आता है कि क्या ऐसी कोई तरक़ीब और उपाय है, जिससे बुद्धि में बढ़ोतरी की जा सके? इसका जवाब यही है कि जी, हाँ। बुद्धि में कभी भी बढ़ोतरी की जा सकती है। यहाँ तक कि जन्मजात बुद्धि की मात्रा में भी वृद्धि की जा सकती है।

आज हम इसी विषय पर चर्चा करेंगे। आज मैं आपको व्यावहारिक मनोविज्ञान की बतायी हुई शिक्षाओं को, जो प्रयोग तथा अनुभव द्वारा सिद्ध की जा चुकी है, विस्तार से बताऊँगा, जो आपके व्यक्तित्व में चार चांद लगाने में अहम भूमिका निभाएंगी।

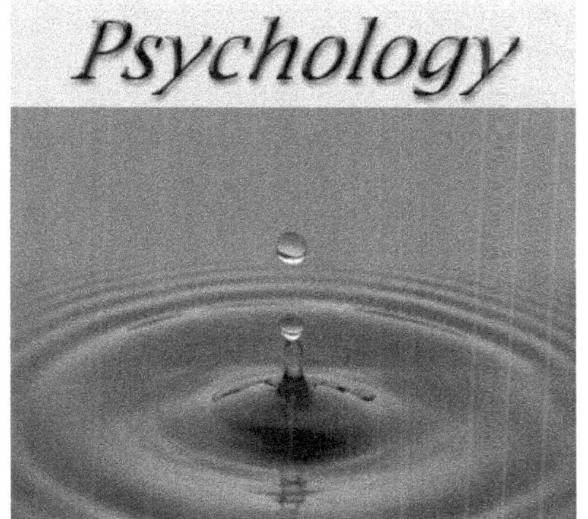


प्रत्येक नर–नारी का परम कर्त्तव्य है कि वह अपनी मस्तिष्क की शक्तियों का उचित विकास करे। पश्चिमी देशों में इस बात की तरफ़ लोगों की बहुत रुचि है और इस विषय पर अंग्रेज़ी भाषा में बहुत किताबें भी आ चुकी हैं। आर्थिक, व्यावसायिक तथा वैज्ञानिक क्षेत्रों में उन्नति उन्हीं लोगों ने की है जिन्होंने मनोविज्ञान विषय की ख़ास–ख़ास बातों को समझकर उन पर अमल किया है।

इसलिए यह बेहद ज़रूरी है कि आप जो कुछ भी सीखें, जहाँ तक हो सके, उसे पूरा सीखें। किसी एक बात, विषय विद्या और यन्त्र को पूरा सीख लेना अच्छा है बजाय इसके कि आपको बहुत–सी बातें आती हैं, परन्तु आप उपयोग किसी एक का भी न कर सकें।

यह बात हमेशा याद रखिए कि मानसिक निपुणता ही दुनिया में सबसे उपयोगी धन है। आज के दौर में इस दुनिया का भगवान बनी दौलत भी दिमाग़ का मुक़ाबला नहीं करती, बल्कि दौलत दिमाग़ पर ही निर्भर करती है। मानसिक दक्षता सभी प्रकार की सफलताओं की एक ख़ूबसूरत चाबी है। याद रखिए, यदि इनसान में किसी भी क़िस्म की मानसिक कमज़ोरी होगी तो उसके शरीर में विकार भी हो जाता है और इसके विपरीत इनसान की दिमाग़ी ताक़त मज़बूत है तो वह बड़े आराम से लम्बी उम्र जी सकता है।

एक और बात मैं आपके सामने रखता हूँ। किसी मनुष्य की मानसिक शक्ति कुछ भी हो, उसकी व्यावहारिक उपयोगिता अथवा उसके कार्य करने के ढंग में आश्चर्यजनक रूप से वृद्धि की जा सकती है, बशर्ते उस मानसिक शक्ति को अच्छी तरह से शिक्षित करके उन तरीक़ों को इस्तेमाल में ले जिन्हें मनोविज्ञान स्वीकार करता है। हममें ज़्यादातर लोग यह बात नहीं जानते कि हम अपनी मानसिक शक्ति का दसवां हिस्सा भी उपयोग में नहीं लाते और शेष 90 प्रतिशत हिस्से को सुप्त (सोया) रहने देते है। अपने व्यक्तित्व को प्रभावशाली बनाने के लिए हमें अपने मन के उसी 90 प्रतिशत हिस्से को जगाकर उसे मनोवैज्ञानिक तरीक़ों से इस्तेमाल में लाना है।

यहाँ एक बात उन पाठकों से कहना बहुत ज़रूरी है, जिनकी उम्र 40 साल को पार कर गयी है। ऐसे लोग अकसर यह सोचते हैं कि अब उनके कुछ सीखने की उम्र नहीं रही। अब उनको कुछ भी सीखने से कोई लाभ नहीं होगा, क्योंकि वे धीरे–धीरे बुढ़ापे की ओर अग्रसर हो रहे हैं। यहाँ मैं एक मूल मन्त्र ऐसे पाठकों को बताना चाहूँगा कि मनोविज्ञान कहता है कि शरीर युवावस्था के बाद भले ही बूढ़ा होने लगता है, लेकिन उसके मन और दिमाग़ की योग्यता तब भी बरक़रार रहती है और वृद्धावस्था तक बढ़ती ही रहती है, बशर्ते कि दृढ़ता से मनोविज्ञान द्वारा सुझाए गये तरीक़ों पर अमल किया जायें।

यदि आप मानसिक कार्यों को दक्षता से करने में पारंगत हो जायेंगे तो आप अपने जीवन में न केवल सफलता, सम्मान, सुख–शान्ति हासिल कर लेंगे, बल्कि आपकी वृद्धावस्था भी आपसे दूर होती चली जायेगी। इससे पहले आप मुझसे मानसिक दक्षता के बारे में पूछें, मैं आपको इसके बारे में बता देता हूँ। मानसिक दक्षता का अर्थ है, कोई भी ऐसा काम, जिसे आप कम से कम समय और कम से कम परिश्रम से करें। जब वह काम अच्छा हो जायेगा तो उस काम को मानसिक दक्षता से किया हुआ कार्य कहा जायेगा। वास्तव में इन तीनों गुणों के मिलन

को एक साथ कार्य में लगाना मनोवैज्ञानिक उद्देश्य है। हमें जो दिमाग़ मिला है उसके साथ हमें काम करने की लगन और निर्दिष्ट दिशा का संगठन करके दृढ़ संकल्प उद्देश्य की प्राप्ति की ओर बढ़ना है।

पंचतन्त्र में एक कहानी काफ़ी लोकप्रिय है, उस कहानी को मैं यहाँ संक्षेप में लिख देता हूँ–

एक नगर में चार मित्र थे, जिनमें तीन महान वैज्ञानिक थे और चौथा अनपढ़ परन्तु बुद्धिमान था। वैज्ञानिक उस अनपढ़ को बहुत हीन समझते थे। एक दिन चारों जंगल में जा रहे थे कि वहाँ उन्हें एक शेर का मृत शरीर मिला, जिसके अंग–प्रत्यंग बिखरे पड़े थे। तीनों विद्याभिमानी वैज्ञानिकों ने विज्ञान के प्रभाव से शेर को ज़िंदा करने की ठानी।

एक उसकी हड्डियाँ बटोरने लगा, दूसरे ने बिखरे हुए अंगों को मिलाना शुरू कर दिया, तीसरे ने चर्म, माँस, रक्त आदि इकट्ठा कर दिया और शेर में प्राणों के संचार की क्रिया शुरू की। चौथा अनपढ़ यह देखकर बोला कि यदि यह शेर जीवित हो गया तो उन सबकों खा जायेगा, परन्तु वैज्ञानिक उसकी नादानी पर हँसने लगे। चौथे ने जब देखा कि वैज्ञानिकों ने विज्ञान के आधार पर शेर में प्राणशक्ति पैदा कर दी है तो वह झट से एक पेड़ पर चढ़ गया। इतने में वैज्ञानिकों ने शेर को ज़िंदा कर दिया। शेर ने जीवित होते ही ज़ोर की एक दहाड़ मारी और उन तीनों वैज्ञानिकों को मारकर खाने लगा। अतः विज्ञान में कुशल होना ही पर्याप्त नहीं है, बल्कि लोक–व्यवहार को समझना और लोकाचार के हिसाब से कार्य करने की बुद्धि होना आवश्यक है नहीं तो वैज्ञानिक भी मूर्खों की तरह नष्ट हो जाते हैं।

कुछ भी सीखते हुए हमें लोकाचार को ध्यान में रखना चाहिए, जिससे हम जो भी सीखते हैं उसका सही उपयोग कर सकें। यदि हमारे अन्दर कोई भी काम सीखने की प्रबल इच्छा हो, यदि हम उसको ललकार या चुनौती समझें तो हम अपनी बुद्धि को अच्छे ढंग से और नियमों के अनुसार करें तो हमें उस काम में सफलता प्राप्त करने से कोई भी नहीं रोक सकता। अब यह कहने की बिलकुल ज़रूरत नहीं है कि मन द्वारा उददेश्य की प्राप्ति तभी हो सकती है, जब कि उद्देश्य पक्का कर लिया जायें

हर व्यक्ति को उसी तरह अपने उद्देश्य का ज्ञान होना चाहिए जैसे किसी भी समुद्री जहाज़ को होता है। जब वह बन्दरगाह से रवाना होता है। उद्देश्य के बिना तो दोनों ही भटककर, समय तथा शक्ति बरबाद करके शायद वहाँ वापस आ पहुँचे, जहाँ से रवाना हुए थे। जहाँ भी उन्नति का प्रश्न है वहाँ उद्देश्य का होना सर्वप्रथम है। हम अकसर सुनते हैं कि ज़िंदगी एक सफ़र है, यात्रा है, तो क्या बिना मंज़िल के ज़िंदगी आगे बढ़ सकती है? शायद नहीं। वह रुक जाती है और सड़ने लगती है या भटक कर बरबाद होने लगती है।

उद्देश्य निश्चित करने से मन को दिशा मिल जाती है और मानसिक शक्तियाँ इकट्ठा होकर उस दिशा की ओर प्रेरणा दिलवाती हैं। जब आप कार में या बस में बैठकर मील के पत्थरों को पीछे छूटते हुए देखते हैं तो आपको अपनी प्रगति का अनुमान हो जाता है और साथ ही साथ उत्साह भी बढ़ने लगता है।

यह बात बिलकुल सच है कि दृश्य संसार में प्रकट होने से पहले हर चीज़ अदृश्य संसार अथवा मन के परदे पर प्रकट होती है।

*''स मनसा ध्यायेद्ध यद्धा अहं किंचन मनसा ध्यास्यामि*
*तथैव तह भविष्यति तद्ध रूप तथैव भवति।''*

अर्थात्, 'यदि मनुष्य किसी काम को करना चाहे तो उसे मन से, ध्यान से करना चाहिए–''मैं जिसका मन से ध्यान करूँगा वह अवश्य होगा ही। सो निश्चय रूप से वैसा ही होता है।' इस प्रकार पहले मन में उद्देश्य साफ़ होने के बाद आप अपने उस इष्ट उद्देश्य के साथ मानसिक सम्बन्ध जोड़ लेतें। उद्देश्य तय हो जाने पर मन स्वयं ही आपका भावनाओं को और विचारों को आपके कर्मों के साथ इस रह से जोड़ देता है जैसे कि तीनों एक ही हों और फिर सफलता आपकी तरफ़ खिंची चली आती है। इसलिए आपके लिए ज़रूरी है कि आप एक अपने जीवन

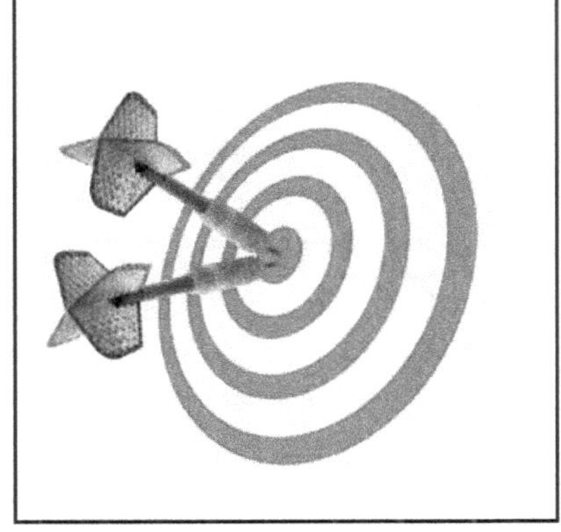

का उद्देश्य बनायें चाहे वह कला, विज्ञान, दर्शनशास्त्र, ईश्वर–भक्ति, लोकसेवा आदि कुछ भी हो। सोचिए, आपका उद्देश्य क्या है।

यदि आप बिना उद्देश्य के जी रहे हैं तो आप केवल भटक रहे हैं। यहाँ रुक जाइए कि आपने वह ही उद्देश्य चुनना है जिसमें आपकी लगन, रुचि, अनुराग हो या जिस उद्देश्य में आप अपनी कुदरती ताक़तें अधिक से अधिक इस्तेमाल कर सकें। जैसे एक कलाकार को इतिहास पढ़ाना व्यर्थ है। हो सके तो अपने उद्देश्य में कुछ अंश ऐसा भी रखिए जिससे मानव जाति को भी कुछ लाभ हो। वैसे तो कोई भी काम न्यायसंगत करने से मानव जाति का लाभ होता है। एक मकान बनाने वाला मज़दूर या मिल में काम करने वाला मज़दूर भी अपनी मज़दूरी कमाते हुए मानव जाति को लाभ ही पहुँचाता है। परन्तु आप क्योंकि उच्च स्तर के व्यक्ति हैं, इसलिए आपको अपने उद्देश्य में केवल रोटी ही नहीं कमानी है, क्योंकि पढ़े–लिखे लोग जब बुढ़ापे में आते हैं और पीछे मुड़कर देखते हैं तो उनको तब यह इच्छा होती है कि उन्होंने मानव–जाति अथवा संसार के लिए भी कुछ किया होता।

यदि आपने अपना उद्देश्य तय भी कर लिया, लेकिन आपकी इच्छा कमज़ोर है तो उद्देश्य का होना या न होना बराबर है। यदि आपकी लगन भी अस्थायी है तो भी आपको अपने उद्देश्य की प्राप्ति नहीं होने वाली। आपका उद्देश्य सामान्य न होकर ख़ास होना चाहिए। जैसे, यशस्वी होना, कोई कीर्तिमान स्थापित करना, कोई अद्भुत कार्य करना। और यदि आपके कई उद्देश्य हैं, तो आपको अपने विषय उद्देश्य पर अपना ध्यान केंद्रित करना चाहिए। यह ज़रूरी नहीं कि आप दिन–रात अपने उद्देश्य के लिए ही कार्य करते रहें। यदि आपकी जीविका और आपका उद्देश्य एक ही है तो आप बहुत ही भाग्यशाली हैं। परन्तु ज़्यादातर ऐसा नहीं होता। ज़्यादातर लोगों को अपने हालात के मुताबिक़ ऐसा काम करना पड़ता है, जिसमें उनकी रुचि नहीं होती। यदि आप ऐसे एक व्यक्ति हैं तो ग़ौर से सोचिए के आपका भी जीवन का उद्देश्य हो सकता है, जिसमें आप अपनी ईश्वर की दी हुई शक्तियों को अधिक से अधिक उपयोग में लाकर अपने जीवन को सार्थक बना सकते हैं। कामके बाद फुरसत का समय ही आपके जीवन का सबसे मूल्यवान भाग है–यही वह भाग है जो आपके वश में, जिसे आप अपना कह सकते हैं और अपने चाहे गये उद्देश्य के लिए इस्तेमाल कर सकते हैं। कई महापुरुषों ने अपने ख़ाली समय में ही अपने जीवन के उद्देश्य पूरे किये हैं।

मेरे सामने वाले फ़्लैट में मनीष जी रहते हैं। दिल्ली विश्वविद्यालय से ग्रेजुएशन करने के बाद उन्होंने करोल बाग़ में अपना रेडीमेड वस्त्रों को एक बढ़िया सा शोरूम खोल लिया था। उनके तीन बच्चे थे। तीनों को उन्होंने अच्छी शिक्षा दिलवाई और जब तीनों अपने जीवन में अच्छी तरह से सेट हो गये, तो एक दिन वो मुझसे बोले–"दोस्त, सागर। अपनी ज़िंदगी तो मैंने जी ली। अपने बच्चों की शादी करके उन्हें जीने के क़ाबिल बना दिया, लेकिन कई बार मुझे ऐसा लगता है कि सब कुछ करने के बाद भी मैंने कुछ नहीं किया। दोस्त, सच कहूँ तो मुझे अपना जीवन फीका–फीका–सा लगता है। आज मेरे पास सब कुछ है, लेकिन वो शान्ति नहीं, जो कि मैं चाहता हूँ। समझ में नहीं आता उस ऊपर वाले ने मुझे इस धरती पर भेजा ही क्यों?"

ये तो है, जनाब मनीष जी की दास्तान। अब आप मिस्टर मयंक जी का क़िस्सा भी जान लीजिए। ये मेरे फ़्लैट के बाजू में रहते हैं। ये नंबर एक के पढ़ाकू हैं। ऑफिस हो या घर। इनका सारा समय पुस्तकें पढ़ने में ही गुज़रता है। ये सब तरह की पुस्तकें पढ़ते हैं। उनका कहना है कि उनके जीवन का उद्देश्य ही पढ़ना है, पढ़ने से ज्ञान मिलता है। लेकिन मेरी समझ में आज तक यह नहीं आया कि उनका पढ़ना किस काम का। अगर उन्होंने अपने ज्ञान के आधार पर कोई पुस्तक लिखी होती, तो उनका ज्ञान प्राप्त सार्थक भी होता। खैर! जो कुछ भी हो मयंक जी आज भी उद्देश्य पढ़ना–पढ़ना और पढ़ना ही है।

मयंक के पास श्रीमती डाक्टर अरुणिमा अधिकारी रहती हैं, जिनके पति प्रोफ़ेसर हैं। डाक्टर अरुणिना ने घर में ही क्लीनिक खोल रखा है। लोगों के इलाज के साथ–साथ पत्र–पत्रिकाओं में लेख लिखती भी रहती हैं। इनके दो पुत्र है।

ऊपर बताये गये तीनों महानुभावों का उदाहरण मैंने इसलिए दिया है कि आपको स्पष्ट हो जाये कि उद्देश्य सामान्य जीवन को नहीं कहते, बल्कि विशिष्ट जीवन–यापन को कहते हैं। इनमें जीवन का उद्देश्य और उसकी योजनाबद्ध तो श्रीमती अरुणिमा अधिकारी की ही है। जनाब मनीष तो स्वयं नहीं जानते कि उनका जन्म किसलिए हुआ और वह किसी लक्ष्य की ओर जा रहे हैं। मयंक महाशय का उद्देश्य किताबें पढ़ते रहना है, जिससे उनके ज्ञान की वृद्धि हो, परन्तु सिर्फ़ किताबें पढ़ते रहना, किसी विषय में विशिष्टता प्राप्त न करना और न ही अपने ज्ञान का सद्–उपयोग करना कोई सार्थक उद्देश्य नहीं है।

हर किसी को अपने उद्देश्य की प्राप्ति के लिए प्रबल प्रयत्न करना पड़ता है और यह तभी सम्भव है जब कि मन में अपने उद्देश्य के प्रति महत्त्वाकांक्षा या गहरा शौक़ हो। मनोविज्ञान के अनुसार महत्त्वाकांक्षा मनुष्य में पॉवर हाउस का काम करती है। बुलन्द हौसला ही चोटी पर पहुँचाता है।

यदि आपके घर में 220 वोल्ट की बिजली आये तो आपके बिजली के सारे उपकरण बिलकुल ठीक चलते हैं और जब वोल्टेज़ कम हो जाये तो आपके बिजली के सारे उपकरण मंद पड़ जाते हैं। ऐसे ही आपको अपने कार्य की सिद्धि के लिए प्रबल भावना या उमंग चाहिए, जो कि संचालन शक्ति बनकर आपकी बुद्धि को उत्तेजित करती है, जिससे आपकी स्मरण–शक्ति, कल्पना–शक्ति, विवेकशीलता, व्यावसायिक तन्यमयता आदि मन की सारी क्रियाएं एक साथ मिलकर उद्देश्य की प्राप्ति के लिए कार्य करने लगती है। तब आपका मन निरुद्देश्य नहीं भटकता। ऐसा होने के बाद आप स्वयं देखेंगे कि आपको सब बातें बड़े आराम से याद हो जाती है, आपके मन में नये–नये विचार आते हैं, आपकी सुस्ती और उदासीनता दूर हो जाती है और आपका जीवन प्रकाशित हो जाता है।

वेद वाक्य है–'या दुश्मिन् धायि तमपस्यया विद्धत' (ऋग्वेद)। अर्थात् 'मनुष्य जिस लक्ष्य में मन को लगा देता है, उसे वह श्रम से प्राप्त कर लेता है।

## योजना ज़रूर बनायें

उद्देश्य प्राप्ति के लिए सोच–विचार कर एक योजना बना लेनी चाहिए। भारत सरकार की बार–बार पंचवर्षीय योजनाएँ इसलिए बनाई जाती हैं कि उद्देश्य की प्राप्ति के लिए ध्यान केन्द्रित रहे और योजना की प्रगति पर समय–समय पर विचार करके सफलता की दिशा स्पष्ट होती रहे। हर जीवन में एक तो बड़ी योजना अवश्य होनी चाहिए और उसे छोटी–छोटी योजनाओं में बाँट लेना चाहिए। किसी भी क्षेत्र में योजना उसी प्रकार आवश्यक है जैसे रेलगाड़ी के लिए पटरी अथवा जीने के लिए वायु। वास्तव में योजना में जादू का असर छिपा होता है और उसेसे सफलता खिंची चली आती है। किन्तु, ध्यान रहे कि योजना सही हो, कहीं डचमैन वाली योजना न हो–एक डचमैन ने एक खाई कूदकर पार करनी थी। इसलिए वह तीन मील पीछे गया और दौड़ता हुआ आया जिससे कि खूब दौड़कर अपनी तेज़ दौड़ से लम्बी छलांग लगाकर खाई कूद के पार कर ले। जब वह खाई के पास पहुँचा तो दौड़ते–दौड़ते उसका दम इतना फूल चुका था कि लाचार होकर उसे खाई के इसी ओर आराम करने के लिए बैठना पड़ा। इस क़िस्से के अलावा आपने खरगोश और कछुए की दौड़ की कहानी तो सुन ही रखी होगी, जिसमें तेज़ दौड़नेवाला खरगोश तेज़ी से आधा रास्ता दौड़कर, कछुए को बहुत पीछे छोड़कर, तसल्ली से सो गया और तब वह सोया ही रह गया, कछुआ उस बीच अपनी मंज़िल तक पहुँच गया।

एक चीनी कहावत है–"विद्वान अपने तजुरबों से सीखता है, किन्तु जो ज़्यादा विद्वान होते हैं, वह दूसरों के तजुरबों से सीखते हैं।" आप चाहे विद्वान हों या अधिक विद्वान। तजुरबा ही आपको सिखाएगा। व्यावहारिक प्रयोग से ही सारे आविष्कार हुए है। वह ज्ञान किस काम का जो पुस्तकों में बन्द हो अथवा किसी के मस्तिष्क में ही

छिपा रहे। चीनी माहत्मा कन्फ़्यूशस का कथन है, ''मनुष्य को केवल ज्ञान–प्राप्ति ही के लिए नहीं भटकना चाहिए, उसे जीवन में उतारने का भी अभ्यास करना चाहिए।''

महात्मा गाँधी ने लिखा है, ''मस्तिष्क में भरे ज्ञान का जितना अंश काम में लाया जाये, उतने ही का कुछ मूल्य है, बाक़ी सब व्यर्थ होता है।''

ऋग्वेद में लिखा, ''*अनुश्रुवाणो अध्येति न स्वपन्।*'' अर्थात्, 'अभ्यास से ही मनुष्य सीखता है, न कि सोते हुए।'

जिसने भी अपने उद्देश्य की सिद्धि के लिए जितना भी प्रयत्न किया उसे उतनी ही सिद्धि प्राप्त हो सकी। इसलिए आप अपने आदर्श को सदा प्रकाशमान बनाये रखें, उसे कभी भी धुंधला न होने दें। तब सफलता स्वयं आपके क़दम चूमेगी।

कवि अलमा इक़बाल ने लिखा है–

*''खुदी को कर बुलन्द इतना, कि हर तक़दीर से पहले।*
*खुदा बन्दे से खुद पूछे, बता तेरी रज़ा क्या है?''*

**यह भी याद रखें**

*जिसने मन को जीत लिया, उसने सारे जगत् को जीत लिया।*

*–शंकराचार्य*

*मन सरसों की पोटली की तरह होता है। एक बार गिर गयी तो सारे दानों को बटोर लेना असम्भव–सा हो जाता है।*

*–रामकृष्ण परमहँस*

*मन सफ़ेद कपड़े की तरह होता है, उसे जिस रंग में डुबोओगे, उस पर वही रंग चढ़ जायेगा।*

*–अज्ञात*

## अवचेतन से प्रेरणा लीजिए

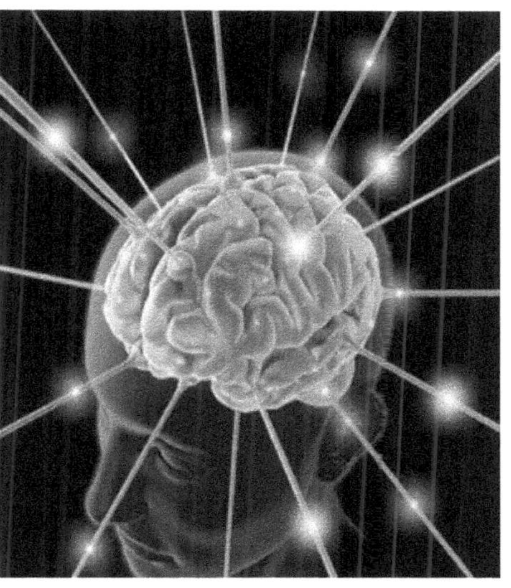

आप मानें या न मानें लेकिन सफल व्यक्ति वह है, जिसने गहन मनोवैज्ञानिक और आध्यात्मिक समझ हासिल कर ली है। आज के कई महान बिज़नेसमैन सफलता के लिए अपने अवचेतन मन के सही उपयोग पर बल देते है। वे किसी आगामी प्रोजेक्ट को इस तरह देखते हैं, जैसे वह पहले ही पूरा हो चुका हो। उसकी साकार तस्वीर देखने और अपनी प्रार्थनाओं के परिणाम को महसूस करने के बाद उनका अवचेतन मन उस प्रोजेक्ट को पूरा कर देता है। अगर आप किसी लक्ष्य की स्पष्टता से कल्पना कर सकें, तो आपको आवश्यक चीज़ें मिल जायेंगी। ये चीज़ें आपको अवचेतन मन की चमत्कारी शक्ति द्वारा ऐसे तरीक़ों से मिलेंगी, जिनके बारे में आप कुछ नहीं जानते हैं।

### तीन पायदान

सफलता की अति महत्त्वूपर्ण पहली पायदान उस काम का पता लगाना और करना है, जिससे आप प्रेम करते हैं। जब तक आप अपने काम से प्रेम नहीं करते हों, तब तक सम्भवतया आप उसमें खुद को सफल नहीं मानेंगे, भले ही दुनिया आपको बहुत सफल कहती रहे। काम से प्रेम होने पर आपके मन में उसे करने की गहरी इच्छा होती है। अगर कोई युवती मनोचिकित्सक बनने की इच्छा रखती हो, तो डिप्लोमा लेकर उसे दीवार पर टाँग लेना ही काफ़ी नहीं है। वह उस क्षेत्र में आगे काम करना चाहेगी, सम्मेलनों में भाग

लेगी और मस्तिष्क तथा इसकी कार्यविधि का अध्ययन करती रहेगी। वह दूसरे क्लीनिकों में जायेगी और नवीनतम वैज्ञानिक जर्नल (पत्र–पत्रिकाएं)। दूसरे शब्दों में, वह इन्सानी कष्ट को कम करने के नवीनतम तरीक़ों के बारे में ज्ञान हासिल करती रहेगी, क्योंकि वह अपने रोगियों के हितों को सर्वोच्च प्राथमिकता देती है, लेकिन हो सकता है, ये शब्द पढ़कर आप यह सोचने लगें, 'मैं पहला क़दम नहीं उठा सकता, क्योंकि मैं यही नहीं जानता हूँ कि मैं क्या करना चाहता हूँ। मुझे यह पता ही नहीं है मैं किस काम से प्रेम करता हूँ। मैं कोई क्षेत्र कैसे चुन सकता हूँ, जिससे प्रेम करूँ।

अगर आपकी स्थिति यह है तो मार्गदर्शन के लिए इस तरह प्रार्थना करें : मेरे अवचेतन मन की असीमित बुद्धिमत्ता जीवन में मेरी सच्ची जगह मेरे सामने प्रकट कर रही है। इस प्रार्थना को धीरे–धीरे, सकारात्मक तरीक़े और प्रेम से अपने अवचेतन मन के सामने दोहराएँ। जब आप आस्था और विश्वास से जुटे रहेंगे, तो आपको भावना, संकेत या किसी निश्चित दिशा में प्रवृति के रूप में जवाब मिलेगा। यह स्पष्टता और शान्ति से तथा आन्तरिक मौन से आपके सामने प्रकट हो जायेगा।

सफलता की दूसरी पायदान काम की किसी विशिष्ट शाखा में विशेषज्ञता हासिल करना और उसमें उत्कृष्ट बनने की इच्छा रखना है। मान लें, कोई विद्यार्थी केमिस्ट्री के क्षेत्र को पेशे के रूप में चुनता है। उसे इस क्षेत्र की किसी एक शाखा पर अपना ध्यान केन्द्रित करना चाहिए और अपना सारा समय तथा ध्यान उसी चुने हुए क्षेत्र पर केन्द्रित करना चाहिए, ताकि वह उसका विशेषज्ञ बन जायें। उसके उत्साह के कारण वह अपने क्षेत्र में ज़्यादा से ज़्यादा जानकारी हासिल करना चाहेगा। अगर सम्भव हो तो वह बाक़ी सबसे ज़्यादा जानने की कोशिश करेगा। उसे अपने काम में बहुत उत्साहपूर्ण दिलचस्पी लेना चाहिए और उसके मन में दुनिया की सेवा करने की इच्छा होनी चाहिए। जो सबसे महान है, उसे सेवक बनना होगा। इस मानसिक नज़रिए और और उस व्यक्ति के नज़रिए में बहुत बड़ा विरोधाभास है, जो जैसे–तैसे आजीविका कमाना चाहता है। 'जैसे–तैसे आजीविका कमाना' सच्ची सफलता नहीं है। आपके लक्ष्य ज़्यादा महान, उदात्त और परोपकारी होने चाहिए।

तीसरा क़दम सबसे महत्त्वपूर्ण है। आपको यह सुनिश्चित करना चाहिए कि आप जो करना चाहते हैं, वह सिर्फ़ आपको ही सफल न बनाये। आपकी इच्छा स्वार्थपूर्ण नहीं होनी चाहिए। इससे मानवता को लाभ होना चाहिए। सक्रिट पूरा होना चाहिए। दूसरे शब्दों में, आपका उद्देश्य दुनिया की सेवा करना या लाभ पहुँचाना होना चाहिए। अगर आप सिर्फ़ अपने ही लाभ के लिए काम करते हैं, तो आप इस अनिवार्य सक्रिट को पूरा नहीं करते हैं। हो सकता है, आप सफल नज़र आयें, लेकिन आपने अपने जीवन में शॉर्ट–सक्रिट किया है, वह आगे चलकर सीमा या बीमारी की ओर ले जा सकता है।

## सच्ची सफलता का पैमाना

आप सोच रहे होगें उस व्यक्ति की कार्यप्रणाली के बारे में जिसने धोखेबाज़ी करके शेयर बाजार से करोड़ो डॉलर कमा लिए हैं। क्या यह सफल व्यक्ति है?

इस तरह के मामले बहुत आम हैं, लेकिन हमें सावधानी से उनकी हक़ीक़त समझनी होगी। हो सकता है कि कोई व्यक्ति कुछ समय के लिए सफल नज़र आ जाये, लेकिन धोखे से हासिल धन अकसर पंख लगाकर उड़ जाता है। इसके अलावा, जब हम किसी दूसरे को लूटते हैं, तो हम खुद को लूटते हैं। जिस कमी और सीमा की मानसिकता से हमने व्यवहार किया है, वह दूसरे तरीक़ों से भी खुद को प्रकट करती हैं, जैसे हमारे शरीर, पारिवारिक जीवन और लोगों के साथ हमारे सम्बन्धों में।

जो भी हम सोचते और महसूस करते हैं, वही होता है। हम जिसमें विश्वास करते हैं, वही होता है। धोखे से दौलत इकट्ठी करने वाले व्यक्ति को सफल नहीं माना जा सकता। मानसिक शान्ति के बिना कोई सफलता नहीं होती है। किसी व्यक्ति की दौलत का क्या फ़ायदा, अगर वह रात को सो नहीं सकता है, बीमार है या उसमें अपराधबोध की ग्रंथि है?

मैं एक बार एक अपराधी से मिला, जिसने मुझे अपने कुछ कारनामें बताये। उसने बहुत सारी दौलत इकट्ठी कर ली थी और वह शहर के बाहरी इलाक़े में अपने फॉर्म हाउस में विलासिता से रहता था। विलासिता से, लेकिन आराम से नहीं। उसे हमेशा डर लगा रहता था कि पुलिस उसे कभी भी गिरफ़्तार कर लेगी। उसे कई आन्तरिक

समस्याएँ थीं, जो निश्चित रूप से उसके सतत डर और अपराध का बोध होता रहता था। वह जानता था कि उसने ग़लत काम किये हैं। अपराध के इस गहरे एहसास ने उसकी ओर बहुत सी मुश्किलों को आकर्षित कर दिया।

बाद में मैंने सुना कि उसने खुद को पुलिस के हवाले कर दिया और जेल चला गया। जेल से छूटने के बाद उसने मनोवैज्ञानिक और आध्यात्मिक सलाह ली, जिससे उसकी कायापलट हो गयी। वह नौकरी करने गया और क़ानून का पालन करने वाला ईमानदार नागरिक बन गया। उसे वह मिल गया, जिसे करने में प्रेम था। अब वह जीवन में पहली बार बहुत खुश था।

## सफलता की तकनीक

कई बड़े बिज़नेस एग्ज़ीक्यूटिव्ज़ दिन में कई बार 'सफलता' शब्द का तब तक इस्तेमाल करते है, जब तक कि उन्हें यह विश्वास नहीं होने लगता है कि उन्हें सफलता मिल गयी है। वे जानते हैं कि सफलता के विचार में सफलता के सभी अनिवार्य तत्व शामिल हैं। इसी तरह, आप भी 'सफलता' शब्द को आस्था और विश्वास के साथ दोहराएँ। आपका अवचेतन मन इसे आपके बारे में सच मान लेगा और आपको सफलता की प्रेरणा देगा। आप अपने कल्पनावादी विश्वासों, छापों और विश्वासों को व्यक्त करने के लिए विवश हैं। सफलता का आपके लिए क्या मतलब है? बेशक़ आप अपने घरेलू जीवन और दूसरों के साथ सम्बन्धों में सफल बनना चाहते हैं। आप अपने चुने हुए काम में उत्कृष्ट बनना चाहते हैं। आप एक सुन्दर घर और दौलत चाहते हैं, ताकि आप आराम और सुख से रह सकें। आप अपने प्रार्थना–जीवन और अपने अवचेतन मन की शक्तियों के सम्पर्क में सफल बनना चाहते हैं।

आप एक बिज़नेस एग्ज़ीक्यूटिव भी हैं, क्योंकि आप जीने के व्यवसाय में हैं। आप जो करना चाहते हैं और जिस वस्तु के मालिक बनना चाहते हैं, उसकी कल्पना करके सफल एग्ज़ीक्यूटिव बनें। कल्पनाशील बनें। मानसिक रूप से सफलता की वास्तविक तस्वीर देखें। इसकी आदत डालें। हर रात को सफल और पूर्ण सन्तुष्टि के एहसास के साथ सोने जायें। अन्ततः आप अपने अवचेतन में सफलता का विचार बोने में कामयाब हो जायेंगे। यक़ीन करें कि आप सफल होने के लिए पैदा हुए हैं और प्रार्थना करने से चमत्कार हो जायेगा। जब आप समझ लेते हैं कि आपके भीतर एक प्रबल शक्ति है, जो आपको आत्मविश्वास और शान्ति का एहसास मिलता है। आप चाहे जो काम करते हों, आपको अपने अवचेतन मन के नियम अवश्य सीखने चाहिए। जब आप जानते हैं कि अपने मन की शक्तियों का कैसे प्रयोग किया जाये, जब आप खुद को पूरी तरह अभिव्यक्त कर रहे हों और अपनी प्रतिभा से दूसरों को लाभ पहुँचा रहे हों, तो आप सच्ची सफलता के अचूक मार्ग पर हैं। अगर आप ईश्वर के काम या इसके किसी हिस्से में जुटे हैं, तो ईश्वर आपके साथ है। ऐसे में कौन आपके ख़िलाफ़ टिक सकता है? धरती या आसमान में ऐसी कोई शक्ति नहीं है, जो आपको सफलता तक पहुँचने से रोक सके।

## कुछ नियम

- सफलता के विचार में सफलता के सभी तत्व शामिल हैं। 'सफलता' शब्द बार–बार आस्था और विश्वास के साथ दोहराएँगे, तो अवचेतन मन आप पर सफल होने के लिए दबाव डालेगा।
- सफलता का मतलब सफल जीवन है। अगर आप शांत, खुश, सुखी हैं और अपना प्रिय कार्य कर रहे हैं, तो आप सफल हैं।
- अपने ख़ास क्षेत्र में विशेषज्ञ बनें और इसके बारे में किसी अन्य व्यक्ति से ज़्यादा जानने की कोशिश करें।
- सफल व्यक्ति स्वार्थी नहीं होते हैं। जीवन में उनकी प्रमुख इच्छा मानवता की सेवा है।
- अगर आप किसी उद्देश्य की स्पष्टता से कल्पना करते हैं तो अवचेतन मन की चमत्कारी शक्ति आपको सारी आवश्यक वस्तुएं प्रदान कर देगी।
- आपका अवचेतन मन यादों का भंडार है। आदर्श याददाश्त के लिए बार–बार सकारात्मक घोषणा करें, 'मेरे अवचेतन मन की असीमित बुद्धिमत्ता मुझे वह हर चीज़ याद दिलाती है, जो मैं कभी भी, कहीं भी याद करना चाहता हूँ।

### यह भी याद रखें

*जब तक मन नहीं जीत लिया जाता और राग द्वेष शान्त नहीं होते, तब तक मनुष्य इन्द्रियों का गुलाम बना रहता है।*

*– विनोबा भावे*

*जिसने मन को जीत लिया उसने जगत् जीत लिया*

*– शंकराचार्य*

*मन की शक्ति अभ्यास है, विश्राम नहीं।*

*पोप*

*मन को कर्तव्य की डोरी से बाँधना पड़ता है, नहीं तो उसकी चंचलता आदमी को न जाने कहाँ लिए–लिए फिरें।*

*– प्रेमचन्द*

## ज़रूरी है आत्मनिरीक्षण

डियर फ्रेण्ड्स! आप कितने भी बुद्धिमान क्यों न हों, यदि आप अपने गुणों और अवगुणों को नहीं नहीं समझते, तो हो सकता है कि आप कोई भी विनाशकारी कार्य कर बैठें।

इसमें कोई दो राय नहीं कि प्रत्येक व्यक्ति, बच्चा, बूढ़ा, स्त्री, पुरुष अपनी समझ को ही सबसे ठीक मानता है और इसमें उसका कोई दोष भी नहीं है।

भगवान ने हर जीव में जो चेतना शक्ति दी है, उसी के अनुरूप ही वह जीव बोध–ज्ञान प्राप्त करता है और उसके लिए वही सत्य है। कहते हैं *"बुद्धया निर्वत्तते स बौद्धः "* अर्थात् जो बात अपनी बुद्धि में आये उसको ही बुद्धिमान मानते हैं, और फिर इसी से अज्ञान फैलता है, क्योंकि हर एक की बुद्धि एक जैसी नहीं हो सकती, परन्तु हर एक अपने बोध को ही पूर्णतः सही समझता है। असल बुद्धिमान तो वही है जो अपने गुण और अवगुणों का अवलोकन करके ठीक–ठीक व्यवहार करे। इसलिए कभी–कभी आप आत्मविश्लेषण (अपने गुण–दोष को जानना) ज़रूर कीजिए।

वीरेन्द्र जी की पत्नी नेहा को दो महीने से बेहोशी के दौरे पड़ने लगे। वीरेन्द्र जी घबरा गये। तीन छोटे–छोटे बच्चे, आठ साल, पाँच साल और एक साल के थे। वीरेन्द्र जी की आयु 32 साल की थी और उनकी पत्नी नेहा 28 साल की थी। अच्छी–भली गृहस्थी चल रही थी। तीसरे बच्चे के जन्म के साथ ही परिवार–नियोजन के लिए नेहा का ऑपरेशन भी हो गया था। परन्तु यह क्या हुआ कि घर में ही नेहा बेहोश हो जाती। बिना किसी कारण के ही पति के सामने देखते ही देखते नेहा की तबीयत ख़राब होनी शुरू हो जाती और वह ज़मीन पर लुढ़क जाती, हाथों की मुट्ठियां कसकर बन्द हो जाती और होश गायब हो जाते।

महीना भर इलाज करवाने के बाद भी जब कभी–कभी नेहा का बेहोश हो जाना जारी रहा तो वीरेन्द्र जी की नींद हराम होने लगी। एक दिन किसी मित्र ने सलाह दी तो वे नेहा को किसी साइकियाट्रिस्ट (दिमागी

रोगों का डॉक्टर) के पास ले गये और अपनी और नेहा की रामकहानी सुनाई। वीरेन्द्र जी का यह कहना था कि परिवार–नियोजन के ऑप्रेशन के कारण ही नेहा का स्वास्थ्य गिर गया है और उसे बेहोशी के दौरे पड़ने लगे हैं। डॉक्टर ने सब कुछ सुनकर वीरेन्द्र जी को कमरे से बाहर बैठने को कहा और अकेले में नेहा से प्रश्न पूछने लगे। नेहा से बातचीत के दौरान यह बात सामने आयी कि ऑप्रेशन के बाद नेहा ने धीरे–धीरे अपने पति के प्रेम में कुछ कमी महसूस की परन्तु समय निकलता रहा, दो महीने की बात है कि नेहा का झगड़ा पड़ोस की शांता से बच्चों की लड़ाई के कारण हो गया। शाम को जब वीरेन्द्र घर आये तो नेहा ने उन्हें कुछ नहीं बताया, परन्तु शांता और उसका पति लड़ने के लिए वीरेन्द्र के घर आ गये और सारा दोष नेहा के सिर ही मढ़ दिया। वीरेन्द्र जी को नेहा पर गुस्सा आ गया और उन्होनें भी नेहा को गुस्से में न जाने क्या से क्या कह दिया। नेहा रूठ के बैठ गयी। उसने दूसरे दिन भी वीरेन्द्र को खिला–पिलाकर ऑफ़िस भेज दिया, लेकिन स्वयं कुछ नहीं खाया। वीरेन्द्र भांप गये कि नेहा ने कुछ भी नहीं खाया पीया। उन्हें और गुस्सा आ गया। उन्होंने गुस्से में नेहा को दो–चार गालियां दीं और झाडू उठाकर मार दिया। नेहा उसी समय 'हाय राम' कहकर ज़ोर से चिल्लाई और बेहोश होकर गिर गयी। वीरेन्द्र घबराए और नेहा के मुँह पर पानी के छींटें डालने लगे। परन्तु जब नेहा को होश नहीं आया तो वह अपने एक मित्र की माता को पड़ोस से बुला लाए, जिसने आकर पहले तो नेहा की नाक के पास जूता सुंघाया और फिर प्याज़ तोड़ कर सुंघाया। तब तक नेहा को होश आने लगा था। उन लोगों ने यह कहना शुरू कर दिया कि मिरगी के दौरे पड़ने शुरू हो गये है। इसके बाद नेहा आठ बार अचानक बेहोश पड़ चुकी थी और वीरेन्द्र जी उसे लेकर डॉक्टरों के चक्कर काट रहे था, परन्तु किसी भी दवा से नेहा ठीक नहीं हो रही थी। अब वह घबराए हुए साइकिऐट्रिक के पास आये थे।

साइकिऐट्रिक ने नेहा की सारी बात सुनकर एक कागज़ के ऊपर दवा लिखी और अपने सामने रख दिया। नेहा को कहा जाओ बाहर से अपने पति को बुला लाओ। जब दोनों आकर बैठ गये तो डॉक्टर ने वीरेन्द्र को कहा,''वीरेन्द्र जी, नेहा ठीक हो सकती है।"

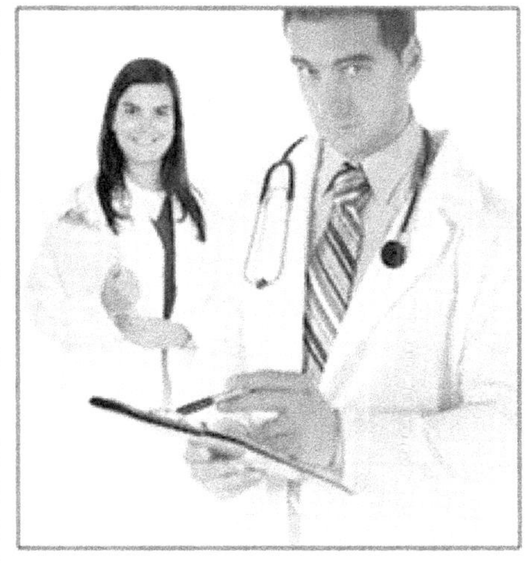

वीरेन्द्र जी हाथ जोड़कर बोले,''डाक्टर साहब, लोग कहते हैं कि कोई भूत–प्रेत चिपट गया है मेरी नेहा को। डॉक्टर साहब, मैं सारी उम्र आपका एहसानमंद रहूँगा। मेरे तीन छोटे–छोटे बच्चे हैं। आप जैसे भी हो, नेहा को ठीक कर दीजिए।"

''वीरेन्द्र जी,'' तब डॉक्टर ने पूछा–"वह दो महीने पहले क्या हुआ था, बच्चों की लड़ाई पर?"

वीरेन्द्र ने फ़ौरन वह बात बतायी और कहा उस दिन वह गुस्से में नेहा को गालियाँ दे रहा था और झाडू भी मार बैठा था। वैसे तो वह नेहा की बहुत ही इज्ज़त करता है। ऐसी सुशील और गुणवती पत्नी तो उसके अड़ोस–पड़ोस में, रिश्तेदारों में, साथियों मित्रों में किसी की भी नहीं। पर न जाने अब उसको यह कैसा भयंकर रोग लग गया है कि समाने ही अचानक घबरा जाती है और बेहोश होकर पड़ जाती है।

डॉक्टर बोला–"इस पर्ची पर मैंने दवा लिख दी है। रोज़ रात को सोते समय एक गोली चार दिन देना और फिर एक दिन छोड़ के चार दिन देना। और रही बीमारी की बात तो दोनों मियां–बीवी ध्यान से सुन लो कि यह तुम दोनों के आपस के प्यार का मामला है। दरअसल नेहा को कोई बीमारी नहीं। आपस में खुद ही समझ लो।"

असल में बात यह थी कि नेहा को जब पति से प्रेम कम मिलने लगा तो वह थोड़ी अशान्त रहने लगी थी और जब वीरेन्द्र ने उसे गालियां दीं और झाडू से मारा तो वह चीखकर बेहोश हो गयी थी। उसके बाद से उसका भूखा हृदय पति का प्यार पाने के लिए दुःखी मन से ही शरीर को बेहोश करने लगा, जिससे पति उसे प्यार करे। इस प्रकार नेहा की आदत बन गयी थी कि वह अनजाने में ही बेहोश हो जाये, जिससे कि उसका प्रति उसके लिए घबराए और उसके आगे–पीछे घूमें।

तो देखा आपने, इस दम्पत्ति में अनेक गुण थे। एक–दूसरे को बहुत प्रेम करते थे, लेकिन अपने गुणों और अवगुणों को जब वह भूलकर बिना सोचे–समझे टकरा गये, तो दोनों दुःखी रहने लगे और न जाने कब तक वह दुःखी रहते यदि उनके गुणों की ओर ध्यान न खींचा जाता।

आवश्यक है कि आप अपने–आपको पहचानें। यदि आप स्वयं को नहीं पहचान पाते तो आपके अवगुण आपके अन्दर छिपे रहेंगे और आप अपनी समस्या का मूल कारण नहीं समझ पायेंगे।

किसी महान व्यक्ति ने अपनी एक मनोविज्ञान की पुस्तक में उपदेश देते हुए यह लिखा है, " जीवन एक खुली पुस्तक जैसा होना चाहिए आप अपने जीवन को दुराव–छिपाव से दूर रखिए। आपका जीवन एक ऐसी खुली पुस्तक होना चाहिए जिसका प्रत्येक पृष्ठ खुला हो, जिसकी प्रत्येक पंक्ति स्पष्ट हो और पढ़ी जा सके। उसका एक–एक शब्द साफ़ हो। जिस व्यक्ति का जीवन स्पष्ट रूप से पढ़ा, समझा और साफ़–साफ़ देखा जा सके, जिसमें छिपाने के लिए कुछ भी न हो, वही अनुकरणीय है।" क्या आप ऐसा कर सकेंगे? कदापि नहीं।

*पर उपदेश कुशल बहुतेरे।*
*जे आचरहिं ते नर न घनेरे।।*

आप मानव ही रहिए, देव तुल्य नहीं। क्योंकि यह मानवों की धरती है और आपका जन्म बीसवीं शताब्दी के कलयुग में हुआ है, भगवान श्रीराम के सतयुग में नहीं। आपमें अवगुण अवश्य हैं और रहेंगे। रहने भी चाहिए क्योंकि यह संसार द्वन्द्व रूप ही है। भगवान के विरुद्ध शैतान, दोनों ही हमारे अन्दर समाए हुए है। देखना इतना ही है कि कही हमारे अन्दर का शैतान हमारे मन को अपने प्रभाव और अधिकार में न ले लें।

महात्मा गाँधी की जीवनी एक दृष्टान्त है, जिसमें मोहनदास कर्मचन्द गाँधी ने अपने अन्दर के शैतान को पहचाना और अपने अवगुणों को दूर करने में ही और अपने गुणों को बढ़ाने में बाक़ी का अपना जीवन व्यतीत किया, जिसमें वह एक सामान्य आत्मा से महात्मा बन गये।

आज हर देश में, हर समाज में एक ऐसी खिचड़ी–सी पक रही है कि यह कहना मुश्किल है कि कौन सच्चा है और कहाँ तक कि क्योंकि "सत्यमेव जयते" का नारा लगाने वाली भारत माता की सरकार तक में सत्य को छिपाया जा रहा है और जहाँ–तहाँ फ़ाइलों पर लेबल लगे रहते हैं 'गोपनीय'। सरकारी गुप्त–विभाग है, और कराड़ों रुपयों का गुप्त व्यय होता है। यदि आपके अन्दर भी गुप्त प्रेरणाएँ हैं या आपके अपने रहस्य हैं तो स्वाभाविक ही है, इसलिए घबराइए नहीं। केवल अपने–आपको समझने की कोशिश कीजिए। कभी–कभी थोड़ा समय अपने मस्तिष्क को बाहर से हटाकर अपने बारे में सोचने पर लगा दीजिए।

किसी दार्शनिक ने कहा है कि अगर आप अपने को जानना चाहते हो, तो आराम से बैठिए, पलकें बन्द कीजिए और मन की आँखें खोलिए। सामने चलचित्र पर जो चित्र चल रहा है वह आप हैं। कुछ देर उसको रोकिये, कुछ देर उससे बात कीजिए। दिल से दिल की बात हो, न लुकाव–छिपाव हो। तब स्वयं को पहचानिये, अपनी हर बात तोलिए। इसकी बड़ी सरल युक्ति तो यह है कि थोड़ी देर के लिए शांत वातावरण में बैठिए, आँखें बन्द कर लीजिए और मन की आँखों से अपने–आपको अपने सामने से पैदल चलता देखिए, अथवा अपने सामने बैठा देखिए और उससे पूछिए कि वह कौन है और कैसा व्यक्ति है? उसके कारनामे कैसे है? उसके क्या गुण हैं, क्या अवगुण हैं? उसने कितने पुण्य किये हैं, कैसे–कैसे पाप किये हैं, दूसरों के साथ उसका आचरण कैसा है? उसकी समस्याएँ क्या हैं, और उनका समाधान क्या है?

इस प्रकार आप जितना चाहें आत्मनिरीक्षण कर सकते हैं। अपने आपको पहचान सकते हैं। तभी आपके अन्दर के रहस्य आप पर प्रकट होंगे और आप अपनी राय सही रख सकेंगे। हो सकता है कि फिर भी आप अपनी राय सही न रख सको, क्योंकि न जाने आप में अपनी ग़लतियों को मानने की रुचि भी है कि नहीं।

ज़्यादातर लोग आने आप को अपनी स्थिति के लिए ज़िम्मेदार नहीं मानते। वे अपने अवगुणों को न तो पहचानते हैं और न ही मानने को तैयार होते हैं। उदाहरण के तौर पर, एक व्यक्ति को डॉक्टर ने कहा कि उसकी सारी मुसीबतों की जड़ शराब ही है, तो वह व्यक्ति बहुत खुश हुआ और डॉक्टर से बोला, ''धन्यवाद डॉक्टर साहब! आप बहुत समझदार हैं। आपने ढूँढ़ ही निकाला कि मेरी मुसीबतों की जड़ शराब ही है। आप यह बात कृपा करके मेरी पत्नी को भी बता दीजिए, क्योंकि वह तो मुझे ही मेरी बरबादी का ज़िम्मेदार ठहराती है।''

वास्तव में यह संसार ऐसे लोगों से भरा पड़ा है, जो अपनी झूठी मान–मर्यादा क़ायम रखने के लिए किसी भी क़िस्म के बहाने बनाने से बाज नहीं आते। कुछ अर्सा मुझे मेरा एक दोस्त मिला, जिसकी शादी चार साल पहले हुई थी। उस वक़्त उसकी हालत देखकर मैं हैरान रह गया। उसका हुलिया बिगड़ा हुआ था, चेहरा बुरी तरह से मुरझाया हुआ था। कपड़े बिना प्रेस के थे और जूतों को देखकर तो ऐसा लग रहा था जैसे उन पर बरसों से पॉलिश न की गयी हो। अपने उस दोस्त को मैं अच्छी तरह से जानता था। साफ़–सफ़ाई और पहनने–ओढ़ने के मामले में वो किसी भी क़िस्म की लापरवाही नहीं करता था। अगर आज मैं उसे इस हाल में देख रहा था, तो इसके पीछे ज़रूर कोई राज़ की बात थी।

थोड़ी देर तक इधर–उधर की बातें करने के बाद मैं मुद्दे पर आते हुए बोला–"दोस्त, मुझसे झूठ मत बोलना। तुम्हारा हुलिया देखकर मुझे ऐसा लग रहा है, जैसे तुम किसी बहुत बड़ी परेशानी से गुजर रहे हो?"

"अरे दोस्त क्या बताऊ," वह एक गहरी साँस छोड़ते हुए बोला–"मेरी ये हालत तुम्हारी भाभी ने की है "

यह सुनकर मुझे तगड़ा झटका लगा–"....लेकिन ऐसा कैसे हो सकता है," मैं ज़रा हकला कर बोला–'भाभी से तो मैं कई बार मिल चुका हूँ। वो तो मुझे समझदार जान पड़ती हैं। मुझे नहीं लगता कि तुम्हारी इस हालत के पीछे वो होंगी। दोस्त, तुम कहीं मुझसे झूठ तो नहीं बोल रहे?"

"अरे, नहीं दोस्त। मैं भला तुझसे क्यों झूठ बोलूँगा। मेरी ऐसी हालत तुम्हारी भाभी की वजह से हुई है।"

मैंने उससे कारण पूछा तो वह बोला–"दोस्त, वो बहुत खूबसूरत है। जब भी मैं उसके साथ कहीं बाहर जाता हूँ, तो लोग मुझ पर व्यंग्य करते हुए यह कहे बिना नहीं रहते कि हमारी जोड़ी हूर और लंगूर की जोड़ी है। यार, सागर तुम ही बताओ कि मैं क्या इतना बुरा हूँ। मैं एक आर्किटैक्ट हूँ। एक मल्टीनैशनल कम्पनी में उच्च पद पर लाखों रुपये प्रतिमाह कमा रहा हूँ। अगर मेरा क़द थोड़ा छोटा और रंग सांवला है, तो इसमें मेरा क्या दोष बस इसी बात ने मुझे कई दिनों से परेशान कर रखा है।"

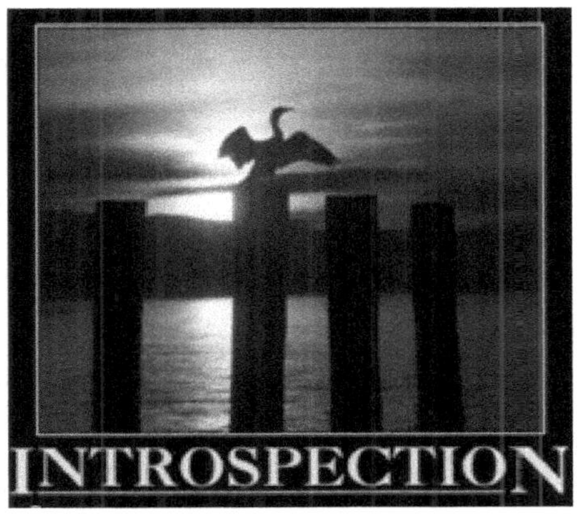


यह सब जानने के बाद मैं मन ही मन हँसे बिना नहीं रह सका, क्योंकि मेरे दोस्त अपना अच्छा–ख़ासा व्यक्तित्व जिस बात की वजह से बुरी तरह बिगाड़ रखा था, वह बहुत मामूली बात थी।

मैं उसे एक रेस्टोरेन्ट में ले गया। वहाँ कॉफी पीने के दौरान मैंने जब उसे आत्मनिरीक्षण का पाठ पढ़ाया तो उसकी हीन भावना फ़ौरन दूर हो गयी। कुछ दिनों बाद जब मेरा किसी काम से उसके ऑफ़िस जाना हुआ था, तो वह मेरा पहले वाला दोस्त था, जिसने अपना आत्मनिरीक्षण करके खुद में बदलाव किया था।

इस कहानी से साफ़ ज़ाहिर होता है कि वह अपने गुणों को पहचानने के बजाय अपने अवगुणों को, जो कि वास्तव में अवगुण भी नहीं थे, उन्हें महत्ता देने लगा था। इसलिए दोस्तों! याद रखो अगर आपको तरक्क़ी के रास्ते पर आगे बढ़ना है, तो अपने अवगुणों को कम करना होगा और गुणों में वृद्धि करनी होगी। आप इसे तप कहें तो मुझे कोई आपत्ति नहीं। तपस्या तो स्वयं ही करनी पड़ती है।

अब देखना यह है कि अगर हमें कोई नई विधा या नया हुनर सीखना है जैसे कि आत्मविश्लेषण की कला तो अपनी इच्छा शक्ति को जागृत कीजिए। किसी भी नई क्रिया में निपुणता प्राप्त करे तथा उसको तुरन्त आरम्भ कर देना चाहिए।

महत्त्वपूर्ण बात तो यह है कि आप हर प्रयत्न को विचारपूर्वक, सिद्धहस्त होने के लिए, दृढ़ इच्छा–शक्ति से कीजिए। हर प्रयत्न के बाद आपको अपनी उन कठिनाइयों और दोषों का पता लगाना चाहिए जो अब तक बाक़ी रह गये हों और उसके बाद के प्रयत्नों में उन दोषों और कठिनाइयों को दूर करने की तरक़ीब ढूँढ़ निकालने की कोशिश करनी चाहिए। यह आपके लिए एक चुनौती है।

मैं आपको एक बार फिर कह दूँ कि आपने अपने गुणों और अवगुणों को सत्य रूप में ही पहचानना है। सामान्य व्यक्ति में अधिकतर अवगुण होते हैं, एवं अवगुण ही जल्दी आँखों के सामने आ जाते हैं, जैसे कि आपके कमरे की दीवार पर कोई छोटा धब्बा भी हो तो वह नज़र में झट से आ जाता है। इसलिए यदि आपको आत्मदर्शन करते समय अवगुण ज़्यादा दिखने लगे तो घबरा कर पीछे मत हटना, क्योंकि मनुष्यों में अनेक अवगुण होते हैं और दूसरा यह कि अपने अवगुण पहचान लेना अपनी महानता का एक प्रतीक है।

उपनिषदों में लिखा है–

*पराचिखानि व्यतृणत्स्वम्भूत्स्मात्पराड पशचित नान्तरात्मन्।*
*कश्चिध्दीरः प्रत्यमात्मानयेश्रदा वृत चक्षुरमृतत्वमिच्छन् ।।*

अर्थात् परमात्मा ने इन्द्रियों का स्वाभावतः बर्हिमुख बनाया है (जैसे कि आँखें बाहर को देखती है अपने आपको नहीं) इसलिए मनुष्य बाहर को देखता है अपने अन्दर को नहीं। कोई विरला धीर पुरुष ही इनिद्रयों का संयम करके अमृतत्व चाहता हुआ आत्मनिरीक्षण करता है।

मनुष्य तीन प्रकार के होते हैं। पहली प्रकार के वे होते हैं, जो अवगुणों से पूर्णतः रहित होते हैं, वे न तो कोई पाप करते हैं और न ही पाप के फल 'दुःख' के भोगी बनते हैं। वे सदा ही सुखमय होते हैं और उनको मनुष्य रूप होते हुए भी 'देव' कहा जाता है। आप इस पहली प्रकार के मनुष्य नहीं हैं और यदि आप इस प्रकार के हैं तो इस पुस्तक को बन्द करके रख दीजिए अथवा किसी और व्यक्ति को दे दीजिए, क्योंकि यह पुस्तक देवता स्वरूप आपके लिए नहीं है। हाँ, दूसरी प्रकार के वे मनुष्य होते हैं जो कुछ पुण्य कर्म करते हैं और कुछ छोटे पाप कार्य भी करते हैं। इस श्रेणी में अधिकतर गुण और न्यून अंश में अवगुण होते हैं। ऐसे प्राणियों को ही मनुष्य कहा जाता है और वे ही समाज का प्रधान अंग हैं। तीसरी प्रकार के लोग पापमय जीवन रखते हैं, इनमें अधिकांश अवगुण होते हैं और न्यून अंश में गुण होते हैं। ऐसी श्रेणी के लोगों को साहित्य में दस्यु, राक्षस, पिशाच आदि कहा जाता है। मैंने ऊपर तीन प्रकार के मनुष्य बताये हैं, परन्तु हमारा काम तो दूसरी और तीसरी प्रकार के मनुष्यों से ही हैः

अब आप आत्मनिरीक्षण करते समय यह ध्यान में रखिएगा कि आप लक्ष्य तक सीधे अचूक तो नहीं जा पहुँचते। होता यह है कि अपने बारे में बहुधा लोग ऊँचे विचार रखते हैं और अपने–आपको हीरो एवं श्रेष्ठ ही समझते हैं। यह भी प्रख्यात है कि लोग जानते ज़्यादा हैं, पर समझते कम है। इसलिए आप आत्मदर्शन करते समय इस बात पर विचार कीजिएगा कि जो आप जानते हैं उसे समझते भी हैं। कहते हैं जो लोग निश्चय से और सन्देहरहित शुरू होते हैं वे आगे चलकर संशय और द्विविधा में फँसते हैं, परन्तु इसके विपरीत जो लोग सतर्कता और संशय से शुरू होते हैं और विवेक से आगे बढ़ते हैं वे ही सत्य और स्थिरता को पाते हैं। अब वह पुराना ज़माना जा चुका हैं, जब यह कहा जाता था कि अविश्वास धर्म का शत्रु है। अब तो स्वयं धर्म को जीवित रहने के लिए लोगों में विश्वास पैदा करना पड़ता है। इसलिए आप विवेकपूर्ण और तर्कयुक्त दृष्टिकोण रखिए।

जब आप आत्मदर्शन करेंगे तो आपके अन्दर कुछ तो स्पष्ट गुण और कुछ निश्चित अवगुण सामने आयेंगे।

निश्चित अवगुण मुख्यतः इस प्रकार के होते हैं, जो आप पहचान सकेंगे–

1) लोभ करना–सामान्य से अधिक लोभ से बुद्धि मारी जाती है।
2) झूठ बोलने की आदत– इससे लोगों का विश्वास उठ जाता है।
3) दूसरों की निन्दा करने की आदत– इससे एक तो आपकी प्रवृति बुराइयों को ढूँढ़ने की होती है और दूसरे द्वेष–वैर बढ़ता है।
4) क्रोध करना– दूसरों को दुःख देने के साथ–साथ क्रोध से आपको रक्तचाप की बीमारी घेर लेती है। अत्यधिक क्रोध तो राक्षसरूपी बना देता है।

5) चिन्ता करना– चिन्ता चिता समान है। केवल एक अक्षर का फ़र्क है।

6) शोक में घिर जाना– इससे मुनष्य कर्त्तव्यशून्य हो जाता है।

7) अहंकार करना–शरीर का अहंकार निर्दयता, धन का अहंकार पाप और शक्ति का अहंकार नाश की ओर ले जाता है।

8) अभिमान रखना–झूठे अभिमान से आप दूसरों का अपमान कर बैठते हैं और कलह–क्लेश ले बैठते हैं

9) मद में रहना–यह एक बुरा नशा होता है जैसे धन–मद, पद–मद, विधा मद, जाति–मद, बुद्धि–मद आदि। इससे मनुष्य का विवेक मारा जाता है।

10) काम वासना की अधिकता– इससे सद्ज्ञान नष्ट होकर पापमय प्रवृति बढ़ती है।

11) इन्द्रियों के वश में फँस जाना–इससे मन और बुद्धि की पवित्रता नष्ट होकर दुष्कर्मों में लगाव हो जाता है

12) प्रमादग्रसित होना–इससे आप करने योग्य कार्य को त्याग कर, न करने योग्य कार्य करने लग जाते हैं।

13) धनोपार्जन में ही लगे रहना– आपके जीवन में धर्म, शान्ति, निर्भयता सुख आदि लोप शुरू हो जाते हैं।

14) तृष्णा में फँसे रहना–तृष्णा सदा नवीन बनी रहकर आपको असन्तोषी रखती है।

15) सन्तोष न करना– असन्तोष सदा मनुष्य को अभाव का अनुभव कराता हुआ दुःखी रहता है।

16) चोरी करना–अपनी आत्मा को बेचना है।

17) दूसरों की चीज़ें चाहना–यह चाह आपको चिन्ताग्रस्त रखती है और इसकी कोई सीमा नहीं।

18) बहुत बोलना–व्यर्थ समय नष्ट होता है और वाणी बल का क्षय होता है।

19) परचर्चा करना– इससे निन्दा–स्तुति की आदत पड़ती है और राग–द्वेष बढ़ता है।

20) हिंसा करना–मारपीट एवं खून–ख़राबे की प्रवृति महापाप है।

21) दया का अभाव–निर्दयता मनुष्य को खूंख़ार पशु तक बना सकती है।

22) बुरे लोगों की संगत करना–कुसंगति से आपका सब ओर से पतन शुरू हो जाता है।

23) मन की गुलामी करना– इससे आप उच्छृंखल, निरंकुश तथा कुमार्गगामी हो जाते हैं, जिससे अशान्ति बढ़ती है।

24) ईश्वर में अविश्वास–इससे आप अपनी सबसे बड़ी मानसिक शक्ति को खो देते हैं।

ऊपर लिखे तो बड़े–बड़े अवगुण है। परन्तु हर एक व्यक्ति के अलग–अलग अवगुण होते हैं और कई अवगुण ऊपर नहीं भी लिखे गये हैं, जैसे कि भयभीत रहना, जुआ खेलना, अधिक शराब पीना, व्यस्नों में फँसे रहना, अपना काम पसन्द न करना, ईर्ष्या करना, चुगली करना, कठोर बोलना, गाली देना, व्यंग्य कसना, ताने मारना, उपहास करना, हमेशा उदास रहना, निराश रहना, होन भावना से पीड़ित रहना, बदले की भावना रखना इत्यादि–इत्यादि।

ऊपर लिखित तो अवगुणों के बारे में था, परन्तु आपने तो अपने व्यक्तित्व को सम्पूर्ण करना है। क्योंकि–

*'अज्ञातस्वस्वरूपेण किम अपि न बुध्यते'*

अर्थात् जिसने अपने स्वरूप को नहीं पहचाना उसने कुछ भी ज्ञान प्राप्त नहीं किया।

अब आप अपने गुणों की ओर ध्यान दीजिए। यहाँ मैं फिर आपसे पूछूँगा कि क्या आपने काग़ज़ और पेन लिया है कि नहीं, क्योंकि जब तक हम अपनी समस्या, अवगुण और गुण अपने समक्ष स्पष्ट रूप से लिखित एकत्रित नहीं करते, तब तक हम कुछ न कुछ इधर–उधर गँवाते ही रहेंगे और पूर्ण स्पष्टीकरण नहीं हो पायेगा।

इसलिए मेरी आपको फिर यही राय है कि आप पढ़ते समय अपने सामने काग़ज़, पेन और लाल पेंसिल या पेन अवश्य रखिए, क्योंकि मुझे यह आशा है कि आप बड़े ध्यान से इस पुस्तक को पढ़ रहे हैं और जहाँ–तहाँ

आपको कोई विचाणीय बात सामने आती है आप उस जगह रुककर विचार करते हैं अथवा उसके नीचे लक़ीर खींचते हैं या उसके पास बोडर लक़ीर खींचते हैं। पढ़ने और सीखने की भी कला होती है जिसका विवरण और विधियाँ इसी पुस्तक में अन्य अध्याय में दी गयी हैं।

यहाँ तो आपको यही करना है कि आत्मदर्शन अथवा आत्मनिरीक्षण के लिए आप यह समझें कि काम आप अपने लिए नहीं परन्तु किसी दूसरे के लिए कर रहे है और आप पूर्णतः निष्पक्ष शान्त और भावनामुक्त है अन्यथा आपको वही बातें अपने में सत्य प्रतीत होगी जो आपकी व्यक्तिगत इच्छाओं के अनुकूल हैं और आपके पूर्व निश्चित विचारों का समर्थन करती हैं। इस प्रकार आपका आत्मनिरीक्षण आपके बारे में पूर्णतः सत्य तथा व्यावहारिक तथ्य नहीं सामने आने देगा। इसलिए आपको अपनी भावनाओं को विचारों से अलग रखकर ही अपने अवगुणों और गुणों को गिनना होगा।

यदि आपने अपने अवगुणों को पहचानकर उनकी लिस्ट बना ली है, तो आइए अब आप अपने गुणों को पहचानें और उनकी भी लिस्ट बनायें, जिससे कि आपका आत्मनिरीक्षण का कार्य पूरा हो।

जैसा कि आपने अवगुणों के बारे में देखा, वैसे ही गुण भी कई प्रकार के होते हैं–बड़े, छोटे, स्पष्ट, अस्पष्ट।

मुख्य गुण निम्नलिखित हैं–

मानसिक दक्षता, शारीरिक स्वास्थ्य, सुन्दर व्यक्तित्व, धन–धान्य, धार्मिक प्रवृति, शुभ संकल्प, परोपकार की भावना, उच्च आदर्श, इन्द्रियों की श्रेष्ठता, एकाग्रता, उत्साह, परिश्रम, विधा, वीरता, चित्त की प्रसन्नता, सभ्य आचरण, परमात्मा में श्रद्धा, आत्मविश्वास, ओजस्वी रूप, निर्भयता, आत्म–संयम, कर्त्तव्य परायणता, क्षमा तथा उदारता की वृति, मानसिक शान्ति इत्यादि।

यह तो मुख्य कारण हैं और एक–एक मुख्य गुण के नीचे अनेक गुण होते हैं। इस प्रकार हर व्यक्ति के गुण अगल–अलग होने से और हर एक गुण की भिन्न–भिन्न स्थिति, भाग, अंश आदि होने से असंख्य गुण हो जाते हैं , जो यहाँ नहीं लिखे जा सकते।

कहने का मतलब यही है कि आप आत्मनिरीक्षण करते समय अपने अवगुणों और गुणों की पहचान करें। ऐसा करने से आपको अपने व्यक्तित्व का एक रूप उभरता हुआ नज़र आयेगा और आगे चलकर आपको समस्याओं का समाधान ढूँढ़ने में और उन्हें हल करने में बहुत आसानी हो जायेगी। गुणों की पहचान और उनके ज्ञान मात्र से ही अवगुणों का प्रकोप कम हो जाता है। जो–जो समस्या जिस–जिस अवगुण से प्रकट होती है, वह–वह समस्या उस अवगुण को छोड़ने से अथवा उसके विपरीत गुण के अधिक वेग से दबाई जा सकती है।

वास्तव में हमारे व्यक्तित्व के तीन अलग–अलग अंग होते हैं। ये तीन अलग अंग समझने के लिए आपको थोड़ा सब्र से काम लेना होगा।

ये तीन है : (1) मैं, (2) मुझ और (3) स्वयं। अंग्रेज़ी में इन्हें कहते हैं :(1) आयी, (2) मी, (3) माईसैल्फ़।

अब मैं आपको एक छोटा सा क़िस्सा सुनाता हूँ। मेरे एक उन्नत और धनी मित्र को अपने–आप पर बहुत विश्वास था। वे जानते हुए भी अनजानी भावना के प्रभाव में अपने आपसे भिड़ जाते थे। एक दिन घूमते हुए वह दिल्ली की जामा–मस्जिद के क़रीब कबाड़ी बाज़ार (पुरानी वस्तुओं के बाज़ार ) में जा पहुँचे। उन्होंने मन ही मन कहा कि मुझे यहाँ से कुछ ख़रीदना नहीं है। सामने पुराने सामान की नीलामी हो रही थी। वह भी उस ओर देखने लगे। नीलामी वाले ने एक पिंजरे में पालतू तोते की नीलामी के लिए सबकी ओर पिंजरा और तोता घुमाया। मित्र को वह तोता भा गया, क्योंकि उन्होंने कभी तोता नहीं पाला था। पिंजरा भी सुन्दर था। बोली शुरू हुई तो उन्होंने बोली बोल दी–''पचास रुपये।'' नीलामी वाले के पास से भीड़ में से हल्की आवाज़ आयी, ''सौ रुपये।'' मित्र जी को यह चुनौती सहन नहीं हुई और उनका स्वाभिमान जगा उठा। वे किसी राजा की तरह अकड़ कर बोले–'डेढ़ सौ रुपये।'' फिर से वही हल्की सी आवाज़ आयी, ''दो सौ रुपये।'' भीड़ में से लोग हँस पड़े। मेरे मित्र को क्रोध आ गया, वे गरज कर बोले,''ढाई सौ रुपये।'' फिर शान्ति हो गयी। नीलामी वाले ने कहा, ''ढाई सौ रुपये एक। ढाई सौ रुपये, दो। ढाई सौ रुपये तीन।''

मेरे मित्र खुश होते हुए आगे बढ़े और उन्होंने ढाई सौ रुपये देकर पिंजरा और तोता ख़रीद लिया। और फिर नीलामी वाले से बोले–''पिंजरा तो बढ़िया है, क्या तोता बोल भी सकता है?''

नीलामी वाला हँसा और बोला–''श्रीमान जी, आप कमाल के आदमी हैं। यह बूढ़ा तोता ही तो आप से बढ़–बढ़ कर बोली बोल रहा था। इसे दो सौ तक की बोली आती है।''

मित्र जी हक्के–बक्के रह गये। तोता बूढ़ा और बीमार था। दो दिनों में ही चल बसा। अब मित्रजी सोचते हैं कि नीलामी के समय लोग क्यों हँसते थे, क्योंकि मित्र जी शान में और क्रोध में अपने विरुद्ध स्वयं ही बोली बोल रहे थे।

याद रखिए, जब भी आप किसी से बात कर रहे होते हैं तो उस समय आपके तीन व्यक्तित्व होते हैं–एक आप, दूसरा आपकी अपने बारे में धारणा और तीसरा अन्य व्यक्ति की आपके बारे में धारणा।

मैं बोलता हूँ। दूसरे सुनते हैं। यह 'मैं' था।

मुझको दूसरे कहते हैं। यह 'मुझ' था।

मैं जब अपने आपको बोलता हूँ तो यह स्वयं होता है। जब हम अपने को देखते हैं और अपने बारे में सोचते हैं तो हम स्वयं दृष्टा और स्वयं दृष्टत्व हो जाते हैं। तभी हमारा सच्चा स्वरूप 'मैं' और 'मुझ' के मिलन से प्रकट होता है। फिर भी हमारे तीनों रूप अलग–अलग हैं। यह बात भेद से भी स्पष्ट हो जाती है, जैसे कि 'मैं' अनन्त भविष्य हूँ, 'मुझ' भूतकाल है और 'स्वयं' वर्तमान है जो भूतकाल को साथ में लेकर आने वाले भविष्य की ओर चेतना से बढ़ता जा रहा है। 'मैं' आत्म रूप है, 'मुझ' मन से बाहर का रूप है और 'स्वयं' प्रतिबिम्ब रूप है। यह तीनों रूप ही मिलकर एक–दूसरे के सुख को बढाते हैं और दुख के समय दुःख को घटाने में सहायक होते हैं। जब हमारे यह तीनों रूप एक रूप होकर रहते हैं, तो जीवन एक मधुर गीत की तरह सुखमय हो उठता है।

क्या आप अपने आपको नियन्त्रण में रख सकते हैं? अवश्य, क्योंकि आप ही अपने स्वामी हैं। आप ही अपने मन की क्रीड़ाओं को देखकर हँस सकते हैं। याद रखिए, शरीर, मन, और आत्मा तीनों अलग–अलग हैं। आप आत्मा हैं। शरीर और मन, दोनों के ही खेल आप देख सकते हैं। शरीर तो एक स्थूल वस्तु है, जिसे आप हर रोज़ देख सकते हैं। मन आपकी आत्मा के निकट होने से आपको भुलावे में रखता है, परन्तु आप जागृत अवस्था में जब भी चाहें अपने मन की अच्छाइयाँ और बुराइयाँ देख सकते हैं।

आप स्वयं चाहे कितने अच्छे हों, यदि आपका मन अच्छा नहीं है, तो आपके अन्दर एक भीषण कलह और मस्तिष्क में तनाव रहता है, जिससे आप अशान्त होते हैं और फिर नाना प्रकार के कष्टों में फँस जाते हैं। इसलिए मन को अवगुणों से दूर करके सद्‌गुणों से भरना ही सन्तुष्ट जीने के लिए आवश्यक है। इसी प्रयत्न का नाम संघर्ष हैं। सही चुनाव हम उसी अवस्था में कर सकते हैं जब हम वस्तुओं और व्यक्तियों को अपने शुद्ध असली रूप में देख पायें। अतएव हमें आत्मज्ञान करके बुराई से अच्छाई, असत्य से सत्य और अंधकार से प्रकाश को पाने का संघर्ष करना ही है। 'तन्मे मनः शिव संकल्पमस्तु'–मेरे मन के संकल्प, शुभ एवं कल्याणकारी हों (यजुर्वेद)।

जब आप अपने गुण और अवगुण पहचान लेंगे तो आपका अपना विवेक ही आपको नया उत्साह और नई राहें दिखाने लगेगा। मैं मानता हूँ कि यह काम आसान नहीं है और इसमें आपको समय लगेगा। यदि आपकी इच्छा बलवती है, संकल्प दृढ़ है तो आप आत्मनिरीक्षण करने में अवश्य सफल होंगे। गुरुदेव रविन्द्रनाथ टैगोर ने कहा है,

''मनुष्य की इच्छा अगर पूरी न हो तो समझना चाहिए कि उसकी इच्छा पूरी नहीं थी।''

## यह भी याद रखें

*देते हो समुपदेश बहुत भोले हो,*
*हर नये दोष देख सदा बोले हो।*
*अपने कभी झाँककर भीतर भी देखो तो,*

*(तुम बहुत भोले बनकर दूसरे लोगों को उपदेश देते हो। दूसरों के नये दोषों को देकर उनकी आलोचना करते हो। जरा भीतर झाँककर देखो कि तुमने अपने मन में कितना विष घोल रखा है।)*

*उदय शंकर भट्ट*

# 3

## मानसिक दु:खों से कैसे छुटकारा पायें?

प्रिय पाठको! हममें से कोई नहीं चाहता कि हमें मानसिक दु:ख मिलें, लेकिन कई बार हालात ऐसे हो जाते हैं कि हम न चाहते हुए अनचाहे दु:खों का सामना करना पड़ जाता है और ऐसे ही वक़्त में मज़बूत व्यक्तित्व की परीक्षा होती है, जो लोग हालात से जूझना बन्द करके रोना–झींकना शुरू कर देते हैं, उनका व्यक्तित्व वास्तव में कमज़ोर होता है, जबकि मज़बूत व्यक्तित्व के मालिक ऐसे हालात का दृढ़तापूर्वक सामना करते हैं। वे ज़रा भी उफ़ नहीं करते और अपनी बुद्धि और साहस से ऐसे हालात पर तुरन्त क़ाबू पा लेते हैं।

मेरा उद्देश्य आपको हालात के ऐसे ढांचे में ढालना है कि आपके सामने किसी भी प्रकार का दु:ख या परेशानी आये, तो आप डटकर उसका मुकाबला करें, न कि उसके सामने अपने घुटने टेक दें।

आज हम मानसिक दु:खों से निजात पाने के लिए कुछ उपायों की चर्चा करेंगे। इसके साथ ही मैं आपसे यह उम्मीद करता हूँ कि आप ने केवल उन उपायों पर अमल करेंगे, बल्कि दु:ख की पीड़ा झेल रहे अपने संगी–साथी या रिश्तेदारों को भी इन उपायों से अवगत कराएंगे।

तो शुरुआत मैं इस बात से कर रहा हूँ कि मैं और आप एक आम इनसान हैं। और इनसानो की तरह हमें भी छह बुनियादी ज़रूरतों की ज़रूरत पड़ती है। इन ज़रूरतों का ज़िक्र आगे किया जायेगा, फिलहाल आप एक कहानी को ध्यानपूर्वक पढ़े।

कई मिलों और संपत्तियों के मालिक सिंहानियाँ साहब के पास सब कुछ था। उन्हें किसी भी चीज़ की कमी नहीं थी। उनका दिल्ली के सबसे महँगे इलाक़े ग्रेटर कैलाश में अपना आलीशान बंगला था, और उस बंगले में सारी सुविधाएँ थीं। सारे ऐशो–आराम थे। लेकिन फिर भी उनकी पीठ में हमेशा दर्द रहता था। अपने इस दर्द से छुटकारा पाने के लिए वे करोड़ों रुपये ख़र्च चुके थे। विदेशों में भी उन्होंने अपने इस दर्द का इलाज करवाया था, लेकिन उन्हें किसी भी इलाज से कोई फ़ायदा नहीं पहुँचा था।

सिंहानियाँ साहब जानते थे कि उनके मिल के मुलाजिम और उनके घर के नौकर–चाकर उनका सम्मान नहीं करते। वे उनसे ऐसे पेश आते थे मानो दुनिया में सिंहानियाँ साहब की परवाह करने वाला उनके अलावा कोई न हो, लेकिन सिंहानियाँ साहब सारी सच्चाई जानते थे। वास्तव में वे अपने इन्हीं हुक्मबरदारों (सेवक) को उनकी पीठ पीछे बुराई करते सुन चुके थे।

उनका अपने कहने को एक लड़का और लड़की थी। लड़की जहाँ होस्टल में पढ़ रही थी, वहीं बेटा विदेश में अपनी मन–पसन्द लड़की से शादी करके अपना घर बसा चुका था। शादी के बाद उसने कभी अपने पिता की कोई ख़ैर–ख़बर नहीं ली थी। उनकी लड़की के उनके पास कभी–कभार भले ही फ़ोन आ जाते थे, लेकिन वो हर बार अपने ख़र्चे के लिए पैसे की डिमांड (माँग) करती थी। उसने आज तक फूटे मुँह से सिंहानियाँ साहब के हालचाल तक नहीं पूछे थे। सिंहानियाँ साहब को अपनी बेटी से कोई ग़िला नहीं था, वे उसकी सारी ज़रूरतों को फ़ौरन पूरा

करते थे। उन्हें गिला था तो बस अपने बेटे से, जो अपनी शादी के बाद उनको पूर्ण रूप से भूला बैठा था।

सिंहानियाँ साहब जब भी दर्द से बिलबिलाते थे, उन्हें अपनी द्विवगत पत्नी की याद आती थी, जो उनकी हर बात पर डाँट खा–खाकर परलोक सिधार गयी थी।

सिंहानियाँ साहब जान चुके थे कि आज की दुनिया में सब पैसे के पुजारी हैं, इसलिए वे सबसे नफ़रत करते थे। वह अपनी दौलत के सहारे सब पर राज़ भले ही करते थे, लेकिन जब उन्हें पीठ का दर्द सताता था, तो वे बिलकुल असहाय हो जाते थे, और ऐसी हालत में वो अकसर अपना सिर दीवारों पर दे मारते थे।

एक दिन एक साधु भगवे वेष में भिक्षा माँगने के लिए उनके द्वार पर आया। सिंहानियाँ साहब ने उसे कुछ पैसे दिये और वहाँ से चलता होने का हुक्म दनदना दिया।

सिंहानियाँ साहब के इस उपेक्षा भरे रवैए से साधु नाराज़गी भरे स्वर में बोला–"सिंहानियाँ जी, अपनी पीठ का दर्द दूर करना चाहते हो तो रुपया देने के बजाए अपनी ज़बान को थोड़ी–सी मिठास दो। आप भले ही अरबों–ख़रबों में खेलते हों, लेकिन मैं भी कुछ कम नहीं हूँ। मैं भी करोड़ों में खेल चुका हूँ और आज मैं लोगों की निगाह में भीख माँगने का जो काम कर रहा हूँ, वो भीख माँगने के लिए नहीं, बल्कि प्यार बाँटने के लिए कर रहा हूँ।"

सिंहानियाँ साहब ने साधु को गौर से देखा तो वे चौंक कर रह गये।

वास्तव में वो साधु कोई और नहीं उनके बचपन का दोस्त अनन्त शाह था, जो कई क्लबों का मालिक था। सिंहानियाँ उसे बड़े आदर–सम्मान के साथ अपने बंगले में ले गये। आज उन्हें ऐसा महसूस हो रहा था जैसे कोई उनका अपना उनके पास है।

साधु की निःस्वार्थ तथा प्रेममय बातों से सिंहानियाँ साहब बेहद प्रसन्न हुए और पूरे दो दिन तक जब तक साधु महाराज वहाँ रहे, सिंहानियाँ साहब की पीठ में दर्द नहीं हुआ। दरअसल सिंहानियाँ साहब को शारीरिक दर्द नहीं था, बल्कि झूठी अकड़ और प्रेम के अभाव के कारण सिंहानियाँ साहब ने दर्द को अपना लिया था, जिससे दूसरें लोगों की सहानुभूति आकर्षित हो। सिंहानियाँ साहब की समझ में यह रहस्य आ गया कि वह प्रेम के अभाव से पीड़ित है और उन्होंने दृढ़ निश्चय कर लिया कि प्रेम पाने के लिए वह दूसरों से प्रेम करेंगे, क्योंकि प्रेम देने से ही प्रेम मिलता है।

वास्तव में हमारे अन्दर कम से कम एक व्यक्ति से, प्रेम पाने की भूख होती है, और यह भूख उस व्यक्ति में भी होती है, जो सबसे घृणा करता है। यदि किसी एक भी दूसरे व्यक्ति से प्रेम न मिल पाये, तो उसके मन के अन्दर एक ऐसा ख़ालीपन बन जाता है, जिसमें फिर क्षोभ, एकाकीपन, लालसा और समाज के प्रति विद्रोह की भावनाएँ भर जाती है, जिनसे अन्दर ही अन्दर मनुष्य दुःख की राहों की ओर भटक जाता है। प्रेम पाने की बुनियादी माँग बचपन से शुरू होती है। प्रेम के अभाव में पले बच्चे अकसर आवारा अथवा असामान्य निकलते हैं। जिन पत्नियों को अपने पति का प्रेम, मानसिक और शारीरिक नहीं मिल पाता उनके लिए जीना दूभर हो जाता है। इसी प्रकार वृद्धावस्था में प्रेम की भूख अधिक होती है, परन्तु अकसर देखा गया है कि बूढ़ों को घर में और समाज में अधिक की बजाय कम प्रेम मिलता है, जिससे वे हताश होकर रोगग्रस्त हो जाते हैं।

महान मनोवैज्ञानिक फ्रॉयड कहता है कि मनुष्य की सबसे बड़ी बुनियादी आवश्यकता प्रेम (काम वासना) होती है। दूसरा मनोवैज्ञानिक एडलर कहता है कि हर इनसान में महत्त्व पाने की भावना पायी जाती है और तीसरा मनोवैज्ञानिक युंग कहता है कि एक इनसान अपने जीवन का सफ़र केवल सुरक्षा की भावना पाने के लिए पूरा करता है। तीनों मनोवैज्ञानिकों का दृष्टिकोण अपने–अपने नज़रिए से बिलकुल ठीक है। आपकी पक्की आमदनी से सुरक्षा की भावना मिलती है, अच्छे स्वास्थ्य से रोगरहित जीवन की सुरक्षा की भावना मिलती है, अच्छी सरकार से सुरक्षा की भावना मिलती है। फिर भी मनुष्य का जीवन ही ऐसा है कि सम्पूर्ण सुरक्षा तो कभी भी मिल ही नहीं सकती। इसलिए जितनी सुरक्षा हो उसको तोलकर देख लें कि काफ़ी है या नहीं।

बेक़ार की चिन्ताओं को मत पालिए। असुरक्षा की भावना तो सैकड़ों रंग–रूप में आपको घेरती है। एक उदाहरण पर ग़ौर करते हैं–सुनील नाम का एक छात्र अपने कॉलेज के हॉस्टल में रहता था और उसे वहाँ अकसर पेट की गड़बड़ सताती थी। जब गर्मियों की लम्बी छुट्टियों में वह हॉस्टल छोड़कर अपने माँ–बाप के घर आता था, तो उसे पेट की ज़रा भी तकलीफ़ नहीं सताती थी। मामले की तह तक जानने पर पता चला कि हॉस्टल में सुनील को हॉस्टल के गुण्डे विद्यार्थियों की टोली का अकसर भय रहता था और यही असुरक्षा की भावना ही उसको पेट की तकलीफ़ पैदा करती थी।

वृद्धावस्था में तो सुरक्षा की और भी अधिक आवश्यकता होती है, क्योंकि मुख्यतः शारीरिक रोग इसी आयु में आते हैं और यदि आमदनी का भी अभाव हो तो मुसीबत पर मुसीबत आती जाती है।

जिन वृद्ध लोगों को सब ओर से सुरक्षा प्राप्त होती है उनका शरीर दूसरों की अपेक्षा सुरक्षित रहता है और वे दीर्घायु प्राप्त करते हैं।

प्रेम की और सुरक्षा की बुनियादी आवश्यकताओं के बाद तीसरी बुनियादी आवश्यकता होती है–रचनात्मक कार्य की। आप जानते हैं कि बच्चे ख़ाली नहीं बैठ सकते, क्योंकि ईश्वरीय नियम है कि जीवात्मा कार्यरत रहे। बच्चे मिट्टी के घरौंदे बनाते हैं, स्त्रियाँ घरों में साफ़–सफ़ाई, कपड़े धोना तथा खाना बनाने आदि में व्यस्त रहती है। पुरुष अपनी जीविका कमाने में आगे–से–आगे बढ़ने की कोशिश करते रहते हैं। कलाकार नई रचनात्मक क्रिया में मग्न होते हैं। यह सब इसलिए कि जीवन ही रचना है और रचना ही जीवन है।

रचनात्मक कार्य (Creative Work) ही व्यक्तित्व को सन्तोष देते हैं कि उसने कुछ किया है, परन्तु जब इस मूल प्रवृति को किसी कार्य क्षेत्र में नहीं लगाया जाता तो व्यक्ति अन्दर ही अन्दर ही खुद को खोखला महसूस करने लगता है और उसे ऐसा लगता कि उसका जीवन बेक़ार है। आपने महसूस किया होगा कि जब आप कोई रचनात्मक कार्य कर पाते हैं, तो उससे आपको अपार मानसिक आनन्द मिलता है। रचनात्मक प्रवृति को कभी नहीं रोकना चाहिए।

प्रेम, सुरक्षा, रचनात्मक प्रवृति की बुनियादी आवश्यकताओं के बाद जो बुनियादी आवश्यकता मनुष्य के सुखी जीवन के लिए अनिवार्य है, वह है–मान्यता, सराहना तथा प्रोत्साहन। हर एक मानव में एक भूख़ होती है कि उसके लिए किये हुए काम की सराहना हो, उसे कुछ मान्यता दी जाये, उसे प्रोत्साहन मिले। जिस दिन दिनेश शर्मा ने 15 हज़ार मासिक वेतन वाली नौकरी से त्यागपत्र दिया तो उसके मैनेजर ने कारण पूछा। दिनेश ने यही जवाब दिया कि उसे ख़ाली वेतन नहीं चाहिए, उसे प्रोत्साहन चाहिए, सराहना चाहिए और यह उसे उस कम्पनी से नहीं मिलती थी, क्योंकि कम्पनी एक एकाधिकार वाली कम्पनी थी, जिसकी हर चीज़ वहाँ बनने से पहले ही बिकी हुई होती थी। इसी तरह हम देखते हैं कि जिस प्यार का काम करने पर घरवाली स्त्री की सराहना नहीं होती, वह स्त्री जल्दी ही थक जाती है। जिस बच्चे के कार्यों की सराहना नहीं होती है, वह अकसर मान्यता पाने के लिए शरारतें और विनाशकारी कार्य करने लगता है।

पाँचवी बुनियादी आवश्यकता है, नवीनता की। मनुष्य को एकस्वरीय नीरसता के लगातार बार–बार, फिर वही, फिर वही, होने वाले कार्यक्रम में लगाए रखने से उसे थकान के साथ मानसिक व्यग्रता उत्पन्न होने वाली व्याधियाँ तंग करेंगी। परन्तु सबसे कठिन और बोर करने वाले काम भी सराहे जा सकते है यदि उसके द्वारा कोई नवीनता प्राप्त होने की आशा हो। विशेषकर घर में रहने वाली गृहिणियों के कष्टों का मुख्य कारण यही होता है कि वह रोज़–रोज़ वही फ़र्नीचर, वही रसोई, वही लोग संभालते–संभालते नीरस, सूखे वातावरण से उकता जाती है।

पुरुष तो फिर भी घर के बाहर जाकर कुछ नवीनता का स्वाद ले लेते हैं, परन्तु घरवाली स्त्री के लिए तो नवीनता का आनन्द लेने के अवसर बहुत कम आते हैं, जिससे कि वह घर में ही ऊबकर बेक़ार की लम्बी साँसें लेते–लेते बीमार हो जाती है। इसके हज़ारों उदाहरण हैं। इसलिए आवश्यक है कि दैनिक व्यस्त जीवन में से कुछ समय निकालकर दूसरों के यहाँ जाना, बाज़ार में या अन्य स्थानों पर घूमना–फिरना, सिनेमा, पिकनिक आदि पर जाकर मूड परिवर्तन करना चाहिए। नई बातों, नये अनुभवों और नये प्रकार से काम करते रहने से जीवन में नवीनता की बुनियादी आवश्यकता पूरी होती रहती है। याद रखिए, ऊबकर लम्बें–लम्बें साँसे लेते रहने से शरीर में से कार्बन डाइऑक्साइड अधिक मात्रा में बाहर फेंकी जाती है, जिससे शरीर में प्रतिक्रियाएं शुरू हो जाती है और कई प्रकार के रोग आने लगते हैं।

छठी बुनियादी आवश्यकता है, मनुष्य के आत्मसम्मान की, उसके स्वाभिमान का मतलब गर्व या घमण्ड नहीं बल्कि अपनी योग्यता में विश्वास और अपनी शक्ति का आदर है। जब कोई मनुष्य अपने–आपको उपयोगी और योग्य समझना बन्द कर दे तो वह हीन भावना से घिर जाता है और आत्मसम्मान खो बैठता है और यह समझ लो कि जिसका आत्मसम्मान खो गया, वह मनुष्य ही समाप्त हो गया।

उसे निराशा के अन्धकार में विषाद की वह भयंकर बीमारी लग जाती है, जिसे वह समझ तो पाता नहीं, परन्तु जो शरीर की चार–चार हड्डियाँ एक साथ टूटने से भी भयंकर होती हैं। क्योंकि हड्डियों तो दो–तीन महीने में जुड़कर ठीक हो जाती हैं, किन्तु इस भयंकर बीमारी का रोगी कब ठीक हो यह कहना बहुत मुश्किल होता है। यह विषाद की बीमारी मानसिक होते हुए भी शरीर को बरबाद कर देती हैं।

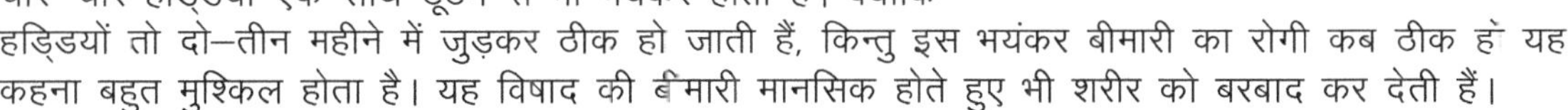

दो प्रकार के व्यक्तियों को यह बीमारी होती है। एक तो वे जो अपने बारे में बहुत ऊँची और घमण्ड युक्त भावना पालते हैं, परन्तु दरअसल उनके अन्दर ऐसी योग्यता नहीं होती, जिससे कि वह घमंड जीवित रखा जा सके और दूसरे वे जो जवानी में हीन भावना में पले होते हैं और आगे चलकर ज़िन्दगी की ठोंकरों को सहने में असमर्थ होने से विषादमय बन जाते हैं। उदासी और विषाद की अंधेरी राहें उनको आख़िर आत्महत्या के द्वार पर पहुँचा देती है।

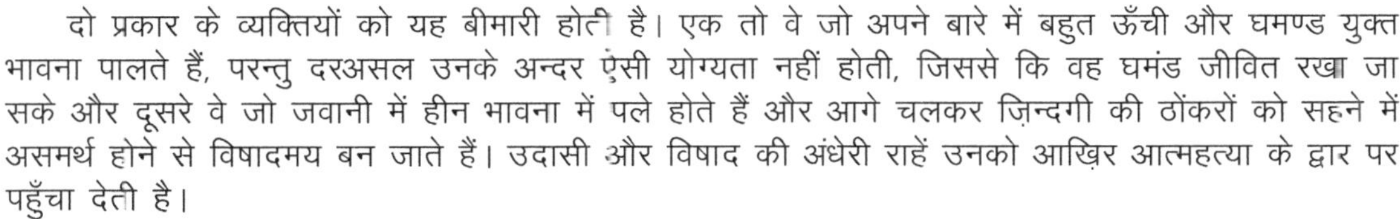

यह विषाद की बीमारी किसी उम्र में भी हो सकती है, किन्तु अधेड़ अवस्था में बहुत अधिक होती है, जब व्यक्ति को यह भान होता है, कि सपने अधूरे रह गये और जवानी चली गयी। इस उम्र में कुछ लोग आपको नाकारा समझकर सब ओर अपने प्रति असफलता ही पाते हैं। वे समझने लगते हैं कि यह संसार अब उनके लिए किसी काम का नहीं, इसमें उनकी कोई जगह नहीं, उनका महत्त्व नहीं, कोई भविष्य नहीं। ऐसी हीनता की भावना में फँसे हुए लोग बहुत दुःखी और दयनीय होते हैं।

नितिन इतना घमंडी था कि उसे शादी के लिए कोई लड़की ही पसन्द नहीं आती थी और इसी तरह वर्ष बीतते गये जबकि नितिन 40 साल का हो गया और उसने पाया कि वह ऊपर से गंजा हो रहा है। एक रोज़ उसकी मोटर साइकिल फिसल गयी और एक टाँग की हड्डी टूटने से आप्रेशन के बाद उसकी टाँग दूसरी टाँग से छोटी हो गयी। तक़दीर की एक ठोकर और लगी, जबकि उसकी विदेशी कम्पनी जिसमें वह मोटी तन्खाह पाता था, भारत से अपना क़ारोबार समेट कर विदेश चली गयी। अब नितिन को दिन–रात डिप्रेशन का सामना करना पड़ता था। कुछ ही महीनों में उसने अपना स्वाभिमान भी खो दिया। वह सनझने लगा कि अब इस संसार में उसकी कोई ज़रूरत नहीं रही अब उसे मर जाना चाहिए। उसकी रही सही भूख़ भी मर गयी और शरीर सूखता चला गया। उसे मानसिक विषाद से निकालने के लिए सप्ताह में दो बार बिजली के शॉक दिमाग़ पर दिये जाने लगे। कई महीनों बाद मनोचिकित्सक उसमें जीने की चाह जगा पाये और उसमें स्वाभिमान वापस ला सके।

जब भी किसी को बढ़ती हुई उदासी से विषाद आने लगे तो उसे अपने को बचाने के लिए अपने विचारों को सही रास्ते पर लाना चाहिए। उसे जाबूझकर सुखद विचारों को मन में बसाना चाहिए और कभी भी आशा का दामन नहीं छोड़ना चाहिए।

इस पुस्तक में बताये गये रास्तों पर चलने से आदमी शीघ्र ही अपने–आपको विषाद के अंधेरे में से निकाल सकता है। केवल समय पर समझने की और संभलने की बात है।

आपने देखा कि ऊपर बतायी गयी छः बुनियादी आवश्यकताओं का पूरा होना कितना ज़रूरी है। कृपया देखिए कि आपके जीवन में यह बुनियादी आवश्यकताएँ पर्याप्त मात्रा में हैं या नहीं–

1) आपको दूसरों से प्रेम मिलता है कि नहीं। क्या आप अकेलापन तो महसूस नहीं करते। क्या आपका अस्वागत तो नहीं होता? समझदारी इसी में हैं कि आप अपनी ओर से दूसरों को प्रेम दीजिए, जिसके बदले में आपको प्रेम मिलेगा। वैसे भी यदि आप दूसरों के प्रति प्रेम–भाव रखेंगे तो आपको आन्तरिक प्रसन्नता मिलेगी। इस मन्त्र को आप एक बार ज़रूर आज़मा कर देखिए।
2) आपको कोई सुरक्षा की कमी तो नहीं जैसे कि धन, काम–धंधा, समाज में आदर, स्वास्थ्य की समस्या इत्यादि। यदि किसी बात की सुरक्षा की कमी है और आप उसके बारे में कुछ नहीं कर सकते तो उसकी चिन्ता मत कीजिए। असुरक्षा ही दुःख देने के लिए काफ़ी है, फिर उसकी चिन्ता पालकर अधिक दुःखी क्यों नहीं होना चाहिए।
3) आप कोई रचनात्मक कार्य करते हैं कि नहीं, जिसके करने में आपको रस मिलता हो। यदि नहीं, तो शुरू हो जाइये। अपनी पसन्द की, अपनी शौक़ की चीज़ें ले आइए और रचनात्मक कार्य में मस्त हो जाइये।
4) क्या आपको दूसरों से सराहना, प्रोत्साहन आदि मिलता है कि नहीं? यदि नहीं तो गीता के उस श्लोक को ध्यान में लाइए, जिसमें श्रीकृष्ण ने कहा है–*''कर्मण्येव अधिकारस्ते, मा फलेषु कदाचन्.....''* यानी कि अपने कार्य में सुखी रहिए, फल की इच्छा मत कीजिए। हाँ, अपनी ओर से दूसरों की सराहना करने की आदत डाल लेना ही श्रेष्ठ है। आप देखेंगे कि शीघ्र ही दूसरे भी आपकी सराहना करना शुरू कर देंगे।
5) क्या आपमें नवीनता की कमी है? यदि आप रोज़–रोज की ज़िन्दगी से ऊब गये हों तो अपने चारों ओर नज़र दौड़ाइए और देखिए कि कहाँ–कहाँ, कैसे–कैसे नये अनुभव आपको मिल सकते हैं। शुरू हो जाइये अभी से। ज़रा–सी देरी मत कीजिए।
6) क्या आपका आत्मसम्मान और स्वाभिमान कम तो नहीं हो रहा? यदि आप समझते हैं कि आपमें हीनता की भावना आ रही है और स्वाभिमान कम हो रहा है, तो सबसे पहले यह तोलिए कि क्या आप पहले बेकार के घमंडी तो नहीं थे। अपने को साधारण व्यक्ति समझिए। दुनिया में एक–से–एक बड़ा व्यक्ति है, परन्तु घमंडी होना बुरा है। महात्मा गाँधी कितने सादे और साधारण थे। इसलिए, खुश रहिए और मुस्कराइए। अपने मन में सुखकारी भावनाएँ भरिए–शान्ति, धैर्य, दृढ़ निश्चय और प्रफुल्लता। फिर देखिए कि निराशा आपसे कैसे दूर भागती है। याद रखिए कि आप उतने ही अच्छे हैं, जितना कि मैं, और आप और मैं उतने ही अच्छे हैं, जितने वे लोग। *सर्वे भवन्तु सुखिनः*–सब सुखी रहें–वे भी, मैं भी, आप भी। साधारण रहने में ही सच्ची सुख–शान्ति है।

## दुःख के समय क्या करें?

युग पुरुष श्रीकृष्ण ने गीता में उपदेश दिया है कि मनुष्य का जीवन एक कर्मक्षेत्र है, एक संघर्ष है, एक संग्राम है, जहाँ आरम्भ से अन्त तक कर्त्तव्य निभाना है–सच्चाई से दूर भागना नहीं, वरन पराक्रम और धैर्य का सन्तुलन रखना है। जब तक हम साहस और धैर्य से कार्य करेंगे हम कठिन से कठिन कार्य भी सिद्ध कर सकते हैं। यह सत्य है कि जीवन की दौड़ में योग्य ही जीत सकता है, कमज़ोर हारता है। यह हम सबको अपने–अपने लिए ही निश्चित करना होता है कि हम जीवन के कुरुक्षेत्र में वीर भावना से आगे बढ़ें या डरकर हथियार डाल दें अथवा भाग निकलें। हममें से कई लोग इसलिए दुःखी रहते है कि वह झट कह देते हैं–''हमसे नहीं होता''। जब हमारे ऊपर मुसीबतों का पहाड़ टूटता है तो स्वाभाविक ही होता है कि हम जैसे–तैसे ही बच के भाग निकलें या हार मान लें, लेकिन ऐसा क्यों होता है, केवल इसीलिए कि उस विकट स्थिति में हमें सुख की राहों पर चलना नहीं आता।

हमें कई लोग घुमा–फिराकर यही कहते हैं–"भाई, खुश रहा करो। जीवन आनन्द के लिए है, जितना आनन्द उठा सकते हो, उठा लो। रोज़ मस्ती करो। स्वयं को बलि मत होने दो–"। लोग उपदेश तो दे देते हैं, पर कोई यह नहीं समझता कि वास्तव में हमारे दुःखी रहने का मूल कारण क्या है। जब तक किसी डॉक्टर को बीमारी का कारण ही पता नहीं लगता तो वह बीमारी की दवा कैसे देगा, हाँ, अन्दाज़े से इलाज शुरू कर देगा, जो अकसर अस्थायी आराम ही दे सकेगा। जो लोग दुःखी रहते हैं, सच मानिये उनका मन विषाक्त होता है। हम मानसिक परेशानियों को ठीक प्रकार से समझकर उनका वैज्ञानिक इलाज कर सकते हैं। कैसे? आइए जानते हैं–

## विष-1 भय

**लक्षण**-घबराहट, अपने में अविश्वास, चिन्ता तथा भय। ध्यान रहे कि धन की हानि, निर्धनता से असुरक्षा, घरेलू झगड़े, अस्वास्थ्य की चिन्ताएँ, धुन की तरह दिमाग़ को चाटना शुरू कर देती है, जिससे कि वहाँ रोग उत्पन्न हो जाता है। चिन्ता और आशंका क्लेश को बढ़ाती है और जीने की चाह को दबाती है।

**विषनाशक**-साहस

**उपाय**–याद रखिए कि हमारी 90 प्रतिशत चिन्ताएँ बेक़ार की होती हैं। वास्तव में 90 प्रतिशत घटनाएँ घटती ही नहीं, जिन्हें सोच–सोच कर हम परेशान रहते हैं। इसलिए चिन्ता की आदत का जड़ से समूल नाश कर दीजिए। मन पर जब भी चिन्ता या भय का आक्रमण हो तो उसे साहस की ढाल से बचाइये। साहस की सुरक्षा–पंक्ति बनाने के लिए धीरे–धीरे मन को साहसिक करते जाइए और पूरे साहस से अपने कल्पित भय पर चोट कीजिए। भय की मनोवृति को केवल समझ लेना ही आपकी आधी जीत है। आपकी कैसी भी समस्या हो उसका सामना कीजिए कि वह कहाँ तक सच्ची है और उसके लिए बुद्धिमत्ता से आपको क्या कुछ करना चाहिए। यदि फिर भी आप समझें कि आपको किसी विशेषज्ञ की सलाह की आवश्यकता है तो झिझकिये नहीं और विश्वासपूर्वक सलाह लीजिए। इस पुस्तक को फिर से दोहराइए। इस प्रकार पुष्ट किया हुआ आपका साहस ही आपका सच्चा साथी है और इसी से आपके लिए सुख की राह बनेगी और आप सफलता प्राप्त करेंगे।

## विष-2 हीनता की भावना

**लक्षण**–कायरपन, अत्यधिक आत्मबोध, आत्म योग्यता में अविश्वास, स्पर्धा के लिए हीन भाव।

**विषनाशक**–आत्मविश्वास

**उपाय**–जीतते वहीं हैं, जो यह विश्वास करते हैं कि वह जीतेंगे। खुद में आत्मविश्वास पैदा किया जा सकता है, क्योंकि यह पैतृक सम्पत्ति नहीं है। अपने आप पर विश्वास करने की इच्छा रखिए और प्रतिदिन आत्मविश्वास को दृढ़ करने के लिए प्रयास कीजिए। याद रखिए कि जैसे आपके फेफड़ों के लिए ऑक्सीजन ज़रूरी है, वैसे ही सफलता तथा व्यक्तित्व विकास के लिए आत्मविश्वास ज़रूरी है। यदि आपका आत्मविश्वास खो चुका है, तो इस महामन्त्र को सुबह, दिन, शाम और रात को सोते समय मन–ही–मन पढ़िए–''मेरी सफलता का रास्ता मेरा आत्मविश्वास ही है। मैं सुयोग्य हूँ और प्रत्येक कार्य को पूरा करने में सक्षम हूँ।

**विष-3 पलायन**

**लक्षण**–जीवन में ज़िम्मेदारियों से भागने का प्रयत्न करना, सहन–शक्ति की कमी, आराम–पसन्दगी, झूठी खुशी, कर्त्तव्यविमूढ़ता, दुःख भूलने के लिए शराब पीना।

**विषनाशक**–यर्थाथवाद

**उपाय**–वास्तविक बनिये और आज से, अभी से, दृढ़ निश्चय कीजिए कि आप वास्तवकिता से मुँह नहीं मोड़ेंगे, हर एक मुश्किल का डटकर सामना करेंगे। याद रखें कि वास्तविकता से दूर भागने की राह पागलख़ाने की ओर जाती है, जहाँ लाखों यों ही पहुँचे हैं। इसलिए, अपनी सब ज़िम्मेदारियों को स्वीकार करके निभाने का प्रयत्न करें। दृढ़ता तथा विश्वास से मुश्किलों का सामना कीजिए। सच्चाई से आप अपने आपको धोखा देते हैं। पलायन से कभी किसी समस्या का समाधान नहीं होता। मुश्किलें सबके सामने आती है–राजा राम, युधिष्ठिर, गुरु गोविन्द सिंह और यहाँ तक कि सारा इतिहास साक्षी है कि मनुष्य का जन्म ही मुश्किलों से लड़ने के लिए होता है। मुश्किलें जीवन की साधारण परिस्थितियों का नाम हैं। आप भी इन्हें साधारण समझिए और अपने आपको भी साधारण मनुष्य की तरह जीवन यापन करने की प्रेरणा देते रहिए।

**विष-4 आलस्य**

**लक्षण**–दिन को सपने देखना, अकेलापन, समय बरबाद करना, बोर होना, व्यापक उदासीनता, रुचि शून्यता।

**विषनाशक**–कार्य

**उपाय**– रात को सोने से पहले अगले दिन का कार्यक्रम बनाइए या सुबह उठते ही दिन–भर के समय का कार्यक्रम तैयार करके बेक़ार समय मत बितायें। अपने जीवन का उद्देश्य सामने रखिए और प्रतिदिन उस उद्देश्य की ओर आगे बढ़ने की चेष्टा करते रहना चाहिए। याद रखें कि जो लोग कार्य करते रहते हैं उनके पास दुःखी होने और आलस्य के लिए समय ही नहीं होता। एक साधारण एवं सामान्य व्यक्ति जिसके पास थकान और आलस्य नहीं और जो बिना किसी झंझट के अपना दिनभर का कार्य करता रहता है, आपके लिए उदाहरण होना चाहिए।

**विष-5 स्वार्थ**

**लक्षण**–लालच, भौतिक सुख, दूसरों से अधिक आशा रखना, अपना मतलब पूरा करने के लिए झगड़ा करना, देने की बजाय दूसरों से लेने की प्रवृति।

**विषनाशक**–अस्वार्थ

**उपाय**– असली खुशी देने में मिलती है, न कि लेने में। त्याग करने में मनुष्य अपनी नज़रों में ऊँचा उठता है। निःस्वार्थ भाव से काम करें, तो कभी निराशा नहीं होती। अपने मित्रों की मित्रता का स्वार्थ के लिए प्रयोग मत कीजिए। अपने स्वार्थ के लिए दूसरों का भला मत कीजिए। यदि आप दूसरों के प्रति मुस्कान देंगे, तो दूसरे आपको मुस्कराकर खुश करेंगे।

SELFISHNESS,
a fantastic way to be miserable!

## विष-6 अहंकार

**लक्षण**–अपने आपको श्रेष्ठ मानना, अत्यधिक स्वाभिमान, झूठा गर्व, अभिमान

**विषनाशक**–नम्रता

**उपाय**–मिथ्या अभिमान जताकर अपने आपको दूसरों की नज़रों में घृणा का पात्र मत बनिये। यह मत समझिए कि आप ही को सब कुछ आता है और दूसरे अनाड़ी हैं। घमंड से मित्रता में कटुता आती है। मित्रता गयी तो समझो हार्दिक प्रसन्नता भी गयी। हर समय अपनी ही मत हाँकते रहो, दूसरों की भी सुनो। विनयशील राहें आडम्बर रहित, आप जिस लायक़ हैं लोग आपको उतना सम्मान देते हैं।

## विष-7 घृणा

**लक्षण**–वैर पालना, निष्ठुरता की भावना, किसी दूसरे के पीछे पड़े रहना, बदला लेने की भावना।

**विषनाशक**–प्रेम

**उपाय**–क्षमा करना सीखिए। प्रयत्न कीजिए कि आपके मन से नफ़रत की भावना साफ़ हो जायें। घृणा करना अपने–आपको दुःखी करना है। बदला लेने की इच्छा तो बचपना है और इससे आपके विरोधी को मान्यता मिलती है कि आप उसे कितना महत्त्व देते हैं। इसलिए घृणा के विष को दूर करने के लिए प्रेमभाव अपनाइए और सुखी रहिए।

## विष-8 असहनशीलता

**लक्षण**–गालियां देना, धार्मिक विरोध भाव, अशिष्ट आचरण करना, ओछापन।

**विषनाशक**– संयम

**उपाय**–याद रखिए कि यह संसार अन्य लोगों का भी उतना ही है, जितना कि हमारा। सबको अपना–अपना जीने का ढंग अपनाने का अधिकार है, चाहे वह आपकी पत्नी हो या कोई आश्रित। दूसरे व्यक्ति की जाति, धर्म और धन के आधार पर परख मत कीजिए, बल्कि उसके गुणों के आधार पर उसे मान्यता दीजिए। संयम के विचार मन में लाइए। बुद्धिमता का दृष्टिकोण अपनाइए।

## विष-9 प्रवाहहीन जीवन

**लक्षण**–नवीनता का अभाव, एकरस जीवनचर्या, उद्देश्यहीन जीवनयापन, रोज़–रोज़, महीनों–महीनों, सालों–सालों तक एक ही ढांचे में रहना, जिससे जीवन चक्र एक ही पहिए की लकीर की तरह हो जाता है।

**विषनाशक**–उमंग

**उपाय**– कुछ करने की उमंग अपने मन में धारण कीजिए। जैसे आप नमक, मसाले और अन्य स्वादिष्ट बनाने वाले पदार्थों से अपने भोजन को आकर्षक बनाते हैं, वैसे ही आनन्ददायक मनोरंजन के साधन अपनाइए। रोज़–रोज़ की

नित्यता से ऊपर उठिए। फलते–फूलते रहिए। अपने लिए लक्ष्य रखिए और उनको प्राप्त करने के प्रयत्न करते रहने चाहिए। जीवन से प्रेम कीजिए। इस सप्ताह जो कार्य आपने करने हैं, उनकी सूची बनाइए, फिर अगले कुछ महीनों के कार्यों की। इसका इन्तज़ार मत कीजिए कि आपके जीवन में अपने आप नवीनता के अवसर आयेंगे, बल्कि अपने अवसर स्वयं बनाइए। उन कायर लोगों की श्रेणी में मत आइए , जो इसलिए दुःखी है कि वे यदि पहले कुछ नहीं कर पाये, तो अब भी कुछ नहीं कर पायेंगे। तो

**विष-10 आत्म-सहानुभूति**

**लक्षण**–अपने लिए दूसरों से सहानुभूति ढूँढ़ते फिरना, यदा–कदा उदास हो जाना, हीनता की भावना, अपने–आपको दोषी ठहनाना, अपने दुःखों को बढ़ा–चढ़ाकर दिखाना, निराश मन हो जाना।

**विषनाशक**–गौरव

**उपाय**–अपने बारे में अधिक मत सोचिए, अपने पर तरस मत खाइए। आप लाखों से उन्नत हैं। अपने पर दया मत कीजिए और उदासी छोड़कर घर के बाहर घूमिए–फिरिए। जीवन की सुन्दरताओं को देखिए और उनका उपभोग कीजिए। अपनी आत्मा को संवारिए, यही सुख की राह है। आत्मग्लानि आपको बरबादी की ओर ले जाती है। मुस्कराना सीखिए और दूसरों को हँसाइए। कुछ अच्छे–अच्छे चुटकुले याद कीजिए, प्रसन्न रहिए और प्रसन्नता फैलाइए। याद रखिए कि आप मानव हैं, जो परमात्मा की सबसे महान रचना है और आपका धर्म है उन्नति करना। अपने लिए अपनी चित्तरंजक क्रीड़ा चुन लीजिए, और शुरू हो जाइए।

कृपा करके जब भी आप अस्वस्थ हों, उदास हों, निराश हों, भयभीत हों, तो ऊपर लिखी बातों को बार–बार पढ़िए। यह आपके दुःख के समय को अतिशीघ्र समाप्त करेंगी और भविष्य के लिए आपको इन विकारों से दूर रखेंगी। हो सकता है कि आप अपने बारे में अन्वेषण करते हुए पायें कि आपके लक्षण ऊपर लिखी एक से अधिक विषों के अन्तर्गत आते हैं। ठीक है, जिस–जिस विष को आप अपने अन्दर ढूँढ़ निकालें उसके विषनाशक और उपाय का प्रयोग भी शुरू कर दें। आपके सब कष्ट दूर होने लगेंगे और यह आप पर निर्भर करेगा कि आप कहाँ तक अपने आपको सुखी बनाते हैं।

जब किसी के शरीर को अचानक चोट लगती है तो फ़ौरन उसका डॉक्टरी इलाज किया जाता है। याद रखिए, ठीक उसी प्रकार मन को भी अचानक चोट लग सकती है, जिसका फ़ौरन उपचार होना चाहिए।

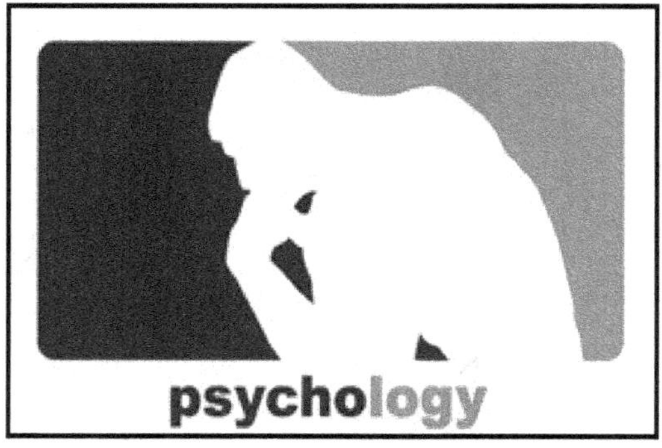


मनोविज्ञान के आधार पर दुःख या शोक के समय निम्न बातों को ध्यानपूर्वक आचरण में लाये –

- किसी प्रियजन की मृत्यु के कारण शोक हो, तो आँसू बहाकर दिल हल्का करना अच्छा है, न कि अन्दर–ही–अन्दर दुःख समेट लेना, क्योकि अन्दर का दुःख आगे चलकर बहुत कष्टकारी हो सकता है।
- यह ठीक है कि ''जिस तन लागे वह तन जाने'', फिर भी विवेकपूर्ण देखने–समझने से हम पाते हैं कि ''नानक दुखिया सब संसार''। इसलिए मन को शान्ति देने वाला दृष्टिकोण अपनाइए कि सुख–दुःख तो आते–जाते रहते हैं और यह सभी के साथ है। समय के साथ चलना ही जीवन है।
- शोक से उत्पन्न भावना को शक्ति और दृढ़–निश्चय की भावना में बदला जा सकता है, जैसे कि कुछ लोग अपने दिवंगत प्रियजनों की याद में कुछ रचनात्मक कार्य करते हैं।
- जैसे बिजली का कारीगर बिजली की तारों को छूने से पहले रबर के दस्ताने पहन लेता है, ताकि वह ख़तरे से बच सके, वैसे ही हमें ख़तरे को पहले ही समझकर 'शॉक' खाने से बचना चाहिए। जीवन एक जुआं है और हमें इसमें हारने के लिए तैयार रहना चाहिए। इसी प्रकार, एक हार हुई तो क्या, कोई दूसरा खेल शुरू करो और उसमें जीतने की कोशिश में अपना मन लगा दो।

- यदि कोई शारीरिक अपंगता आ जाये और उसका कोई इलाज न हो, तो मन में हीनता की भावना लाना व्यर्थ है। इसके विपरीत किसी दूसरे क्षेत्र में आगे बढ़ना चाहिए। असुन्दर लड़की संगीत में श्रेष्ठता प्राप्त कर सकती है, वैसे ही ख़राब टाँग वाला व्यक्ति अच्छा लेखक बन सकता है।

आप कह सकते हैं कि यह कोरी लेक्चरबाज़ी की बातें हैं। इसके उत्तर में मैं केवल यह कह सकता हूँ कि मानसिक कष्ट मानसिक बातों से ही दूर किये जा सकते हैं। अभी तक कोई गोली और इन्जेक्शन ऐसा नहीं बना है, जिनसे ईर्ष्या, घृणा, शोक आदि मानसिक क्लेश दूर किये जा सकें। यह तो दृष्टिकोण और विचार बदलने से ही ठीक किये जा सकते हैं।

**सुखी जीवन की रचनावली**

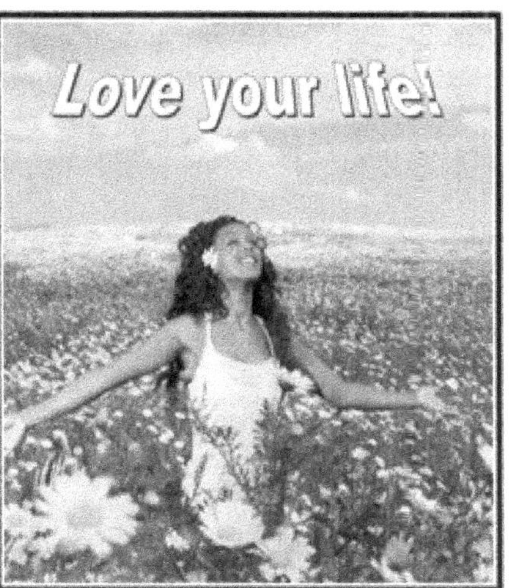


यदि मैं आपसे पूछूँ कि आप जीवन से क्या चाहते हैं, तो शायद आपका उत्तर होगा,"स्वास्थ्य, सफलता और सुख"। सच मानिये, मैं भी अपने जीवन से बस इतना ही चाहता हूँ हम, तुम और सभी चाहते तो यही है, परन्तु इसके लिए सचमुच प्रयत्न कौन–कौन करता है?

जीवन एक पहिए की लकीर बन गयी है–उठे, खाया–पीया, कुछ कार्य किया, सो गये। न कोई विशेष उद्देश्य, न कोई प्रेरणा, न कोई उत्साह, तो फिर सुखी कैसे रहें। इतना ही नहीं। संघर्षों से भरे हुए इस जीवन में क़दम–क़दम पर निराशा, आशंका, भय, चिन्ता, तनाव और न जाने कितने क्लेश हमारे सामने आते हैं।

सुखी रहें या दुःखी–यह चुनना आपके अपने ऊपर निर्भर है।

सबसे पहले तो सुखी रहने की तीव्र इच्छा रखिए।

जब आपको ज़रा भी इस बात का आभास मिले कि आपको दुःखकारी भावना घेरने लगी है, जैसे कि भय, निराशा, चिन्ता, घृणा, हीनता, उसी समय चौंक जाइए और इच्छापूर्वक अपने विचार सुखकारी भावनाओं से भरिए, जैसे कि साहस, दृढ़ता, प्रफुल्लता, चित्त की स्थिरता, त्याग, उत्साह आदि। याद रखिए कि यह इच्छापूर्वक विचार नियन्त्रण, जिससे आप दुःखकारी भावना को हटाकर मन में सुखकारी भावना लाते हैं, एक महान यन्त्र है। हो सकता है कि शुरुआत में आपको यह अजीब–सा लगे, किन्तु इसे सदा काम में लाइए, जिससे यह विचार नियन्त्रण आपकी उस तरह आदत बन जाये, जिस तरह सांस लेना। हर पल, हर समय यह भाव अपने मन में स्पष्ट रखिए कि 'मैं अपना दृष्टिकोण और विचारधारा इस वक़्त शान्त और आनन्दमय रखूंगा।' यह विचार जब हर समय आपके हृदय में रहेगा तो आप समझदार (परिपक्व) व्यक्तित्व पायेंगे और उलझनों से बचे रहेंगे।

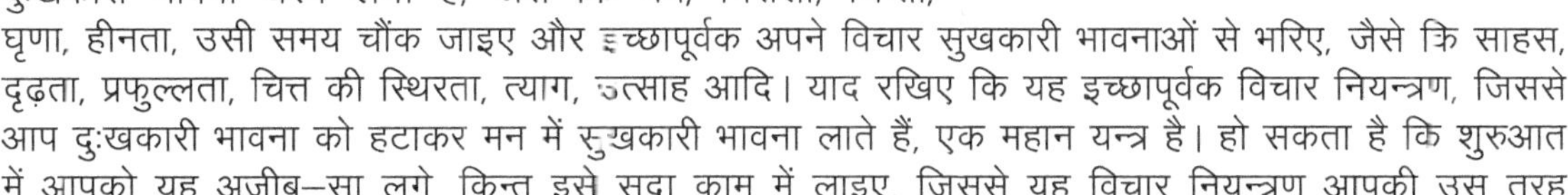

फिर भी यदि मन को क्लेश आ घेरे तो अपने चेहरे पर जहाँ तक हो सके तो प्रसन्नता तथा मृदुता ही रखें। हो सके तो बुरे समय पर भी मुस्कान बनाये रखिए और मन में घृणा न आने दीजिए। कोशिश कीजिए कि आपका क्लेश आपके विचारों में अड़े हुए ग्रामोफोन रेकार्ड की तरह बार–बार न घूमता रहे। कोशिश कीजिए कि उस समय भी आप चिड़चिड़े, क्रुद्ध और निराश न बनें।

जीवन में हम मुश्किलों से भागकर कहीं छिप नहीं सकते। हाँ, ऐसे काम कर सकते हैं कि हमें कम–से–कम मानसिक परेशानियाँ आयें। इसके लिए सब धर्म हमें कुछ लम्बी–चौड़ी

बातें समझाते हैं, किन्तु वे बातें किस प्रकार हम दैनिक जीवन में प्रयोग में लायें, जिससे तत्काल ही मन को शान्ति मिले। यह हमें इस पुस्तक से सीखना है।

जो काम आपने करना है, पहले उसका कार्यक्रम अवश्य बनाइए। कापी, नोटबुक, काग़ज़ कुछ भी लेकर उस पर लिख डालिए जो आपने करना है और कितना, किस प्रकार, किस दिन, किस मास, किस वर्ष। ऐसा करना बचपना नहीं है, व्यवहारकुशलता है। इस 'काग़ज़ और पेन' के तरीक़े को कार्यक्रम बनाने के लिए रोज़ अपनाइए, इससे आप अपना कार्य कर पायेंगे। हमारे जीवन का सुख हमारे प्लान किये हुए कार्यक्रम पर बहुत आधारित है। इससे हमको दिशा मिलती है और हम प्रगति कर पाते हैं। हाँ, अगर आपका कार्यक्रम मुश्किलों में फँस गया है तो उसे उस हद तक बदल डालिए। कार्यक्रम इसलिए बनाया जाता है कि सिद्धि प्राप्त हो, सिद्धि का मतलब है—सफलता और सफलता का मतलब है सुख। याद रखिए, आप जितने बड़े—बड़े उद्योग, मशीनें, भवन आदि देखते हैं, इनका पहले कार्यक्रम ही बना था। कार्यक्रम बनाने की आदत डालिए।

हो सकता है कि आप कहें कि कार्यक्रम तो बनायें, लेकिन किस काम के करने का कार्यक्रम बनायें। तो, लीजिए, निम्नलिखित बातों के लिए ध्यानपूर्वक आज ही, अभी, काग़ज़—पेन लेकर कार्यक्रम बनाइए—

- अधिक से अधिक स्वास्थ्य बनाने का कार्यक्रम बनाइए। नित्य पूरी नींद पाइए स्वस्थ रहने की अच्छी आदतें बनाइए और उन्हें बढ़ाइए। शराब, सिगरेट पीने आदि में संयम करके उसे बन्द कीजिए। अपने लिए आरोग्य रहने के नियम बनाये। अपने मनोरंजन के साधन बनाइए और मनोरंजन कीजिए। अपनी भावनाओं को सुखकारी बनाइए।
- अपने आपको पहचानिये। अपने खानदानी अवगुणों को समझकर उन्हें दूर करने का प्रयत्न कीजिए। अपने गुणों और अवगुणों की सूची बनाइए और तब अपनी कमियों को दूर करने के उपाय शुरू कीजिए। अपनी छुपी योग्यताओं को ढूँढ़ निकालिए और फिर उन्हें बढ़ाइए। अपनी व्यक्तिगत समस्याओं के कारण पहचानिये। अपनी यह भावना 'मुझ से नहीं होता' के कारण को पहचानिये और हीनता को दूर कीजिए। अपने—आपको वचन दीजिए कि आप निराश नहीं होंगे। ज़रूरी हो तो अपने पूर्ण व्यक्तित्व का निरीक्षण करके अपने—आपको वैसा बनाइए जैसा आप अपने—आपको बनाना चाहते हैं।
- निश्चय कीजिए कि आज आप सब के साथ मित्रतापूर्वक व्यवहार करेंगे। किसी की आलोचना नहीं करेंगे। व्यर्थ की बहसबाज़ी से बचेंगे। किसी को न तो सताएंगे और न ही चिढ़ाएंगे। सभी से प्रसन्न मन से बात करेंगे। इसके अलावा आप होशियारी से बातें करना सीखिए, पर उसमें सच्चाई होनी चाहिए। किसी से घृणा मत कीजिए, बल्कि दूसरों के प्रति दयालु तथा निःस्वार्थ रहिए। घमंड को अपने पास न आने दें। हँसिए और हँसाइए।
- अपने कारोबार या नौकरी में मन लगाइए और उसे चतुराई से कीजिए। आज आपके काम में कोई ढीलापन या भद्दापन नहीं होना चाहिए। दिन में सपने देखने में समय व्यर्थ मत कीजिए। मिलनसार बनिये और दूसरों को अपना सहयोग दीजिए। दूसरों के बारे में कमियाँ ढूँढ़ना बन्द कीजिए। अपने काम से काम रखिए और अपने कपड़ों का ध्यान रखकर अपने व्यक्तित्व को उभारें।
- अपना ध्येय पूरा करने का कार्यक्रम बनाइए। एक समय एक उद्देश्य पूरा कीजिए। कोई भी अधूरा मत छोड़िए। नई बातें सीखने का कार्यक्रम चालू रखिए। ख़ाली मत बैठिए। प्रगति करते चलिए। अपनी अभिलाषाओं को पूर्ण करने का प्रयत्न करते रहिए, निराश मत होइए। अपने उद्देश्य को जीतने का आनन्द उठाइए। थोड़ी प्राप्ति से भी आपका आत्मविश्वास बढ़ता है।

- आज अपने जीवन से प्रेम कीजिए। कार्यक्रम बनाइए कि आज आप खुश रहें। नये मनोरंजन सीखिए। नई किताब पढ़िए, संगीत सीखिए। आनन्द वृत्ति ही जीवन है।

- अपने जीवन के कुछ सिद्धान्त बनाइए और उनमें विश्वास रखिए। कुछ भी हो आपने सच्चे धार्मिक विश्वास पर कायम रहिए। अपनी आत्मा, और अन्तःकरण की आवाज़ सुनिये। मित्रों का नाज़ायज़ फ़ायदा मत उठाइए। दूसरी जाति, धर्म के विरुद्ध अपने अन्यायपूर्ण पक्षपात को त्यागने का कार्यक्रम बनाइए। अपने आप से प्रेम करना सीखिए। प्रभु का धन्यवाद कीजिए कि आप सकुशल हैं।

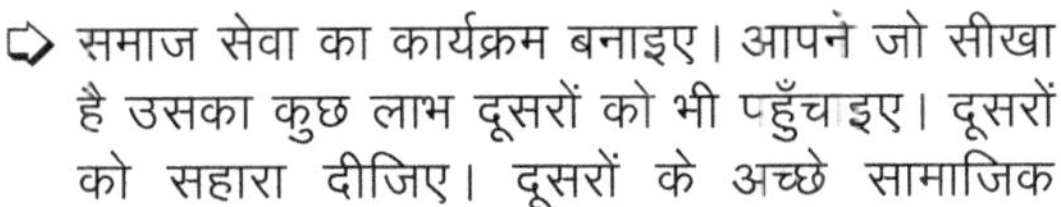

- समाज सेवा का कार्यक्रम बनाइए। आपने जो सीखा है उसका कुछ लाभ दूसरों को भी पहुँचाइए। दूसरों को सहारा दीजिए। दूसरों के अच्छे सामाजिक प्रयत्नों में सहयोग दीजिए। दुखियों का दुःख करने का कार्यक्रम बनाइए। जो भी कीजिए, अच्छी तरह कीजिए। यह संसार आपका ही है।

याद रखिए जानवर ही बिना कोई उन्नति किये जीते हैं और मरते हैं। मनुष्य मरने से पहले कुछ करके मरता है, क्योंकि वह विचारवान है और उसे अपना और दूसरों का जीवन संवारना आता है। ईश्वर की कृपा में विश्वास कीजिए। निर्भय होकर जीना सीखिए। धर्म का यही नारा है। 'जो बोले सो अभय.....।' अभय होकर अपनी ज़िम्मेदारियाँ संभालिए और प्रगति कीजिए। भयभीत होकर जीना भी कोई जीना है, दुःखी रहकर जीना भी कोई जीना है। प्रसन्न चित्त रहिए और पूरे सौ साल स्वस्थ जीवन जिएं।

### यह भी याद रखें

*जब दुःख अपनी चरम सीमा पर होता है, तब सुख ज़्यादा दूर नहीं होता।*
*—महात्मा गाँधी*

*दुःख के बाद जो सुख आता है, वह ज़्यादा आनन्दमय होता है, जैसे धूप से जले हुए को वृक्ष की छाया शान्ति देती है।*

*—कालिदास*

*व्यस्त आदमी के पास आंसू बहाने का समय नहीं होता।*

*—बायरन*

*ईर्ष्या करने वाला, घृणा करने वाला, असन्तोषी, क्रोधी, सदा शंकित रहने वाला और दूसरों के भाग्य पर जीवन निर्वाह करने वाला—ये छः सदा दुःखी रहते हैं।*

*—विदुरनीति*

## सुखद भावनाएँ

किसी व्यक्ति के विकास को सही या ग़लत मोड़ देने में भावनाओं का बड़ा हाथ होता है। यह बात तो आप जानते ही होंगे कि दुःखदायक भावनाएँ, जैसे—सिरदर्द, बेचैनी, घबराहट, चिन्ता, अनिद्रा आदि मनुष्य के स्वास्थ्य को बिगाड़ देती हैं। आजकल लोग इन बीमारियों को दूर करने के लिए ट्रेन्कलाइजर्स (शान्तिदायक गोलियाँ) का सेवन कर रहे हैं। मैं इन गोलियों के विरुद्ध कुछ नहीं कहना चाहता, क्योंकि इनकी भी अपनी उपयोगिता है और वह यह कि इन्हें खाने से दिमाग़ को अस्थायी आराम तो मिलता ही है। ये दवाएं दुःखदायी भावना को भी दूर कर देती हैं। लेकिन हाँ, इन गोलियों का अधिक मात्रा में सेवन हानिकारक बन जाता है।

वास्तव में सुखद भावनाएँ ही दुःखद भावनाओं को भगा सकती हैं। सुखकारी भावनाओं की आदत डालना कोई मुश्किल काम नहीं है। लेकिन हाँ, इसके लिए दृढ़ निश्चय की ज़रूरत होती है। देखा गया है कि कई बार दुःखी लोगों को सहज ही ऐसा परामर्श मिलता है–भाई साहब, चिन्ता छोड़िए और खुश रहिए। धीरे–धीरे सब ठीक हो जायेगा।'' परन्तु दुःखी लोग इस परामर्श को सुनकर भी अनसुना कर देते हैं, क्योंकि उन्हें विश्वास ही नहीं होता कि उनकी मुसीबत इतने आसान तरीक़े से दूर हो सकती है। वह तो अपने रोग का इलाज दवाइयों से ही करवाना पसन्द करते हैं। परन्तु सच्चाई यही है कि किसी भी समस्या को हल करने के लिए, किसी भी मुश्किल पर क़ाबू पाने के लिए आशा, विश्वास, साहस, दृढ़ता, समझदारी आदि सुखदायक भावनाओं की आवश्यकता होती है।

असल में भावनायें दो तरह की होती हैं (1) मूल भावना और (2) ऊपरी भावनायें। मूल भावना मन में छिपी होती है और दूसरा कोई व्यक्ति आसानी से उसे पहचान नहीं पाता। उदाहरण के तौर पर धन के अभाव से चिन्ता तो अन्दर–ही–अन्दर मन को दुःखी रखती है। ऊपरी भावना क्षणिक होती हैं, जैसे कि गुस्सा, जिसे सब लोग समझते हैं। मूल भावनायें गहरी मार करती है, जिनके फलस्वरूप शरीर में पीड़ा और रोगों के लक्षण दिखायी देने लगते हैं। मूल भावना यदि दुःखकारी हो तो ऊपरी सुखकारी भावना क्षणिक ही लाभ देकर हट जाती है, जिसके बाद दुःखकारी मूल भावना फिर से मन पर अपना प्रभाव क़ायम कर लेती है।

संसार के लगभग सभी धर्म समझाते हैं कि काम, क्रोध, लोभ, मोह, पद, ईर्ष्या, द्वेष इत्यादि दुःखकारी है, फिर भी धर्मनिष्ठ लोग भावनाओं पर नियन्त्रण नहीं सीख पाये, क्योंकि अधिकतर धर्म जो हैं वे हमारे वर्तमान सांसारिक जीवन को छोड़कर परलोक सुधारने की बात करते हैं। इस जीवन को तो धर्म वाले क्षणभंगुर कहते हैं। इस सच्चे संसार को मिथ्याजाल कहते हैं और संसार से विरक्त हो जाने की सलाह देते हैं। याद रखिए कि शरीर को नश्वर कहना जीवन को बर्बाद करना है, क्योंकि जीवन शरीर के माध्यम से ही है और शरीर के साथ ही जीवनलीला समाप्त हो जाती है। हमारे सच्चे शास्त्रों में आता है कि...

*''सर्वमन्यत्परित्यज्य शरीरमनुपालयेत्*
*तदभावे हि भावनां सर्वाभावः शरीरिणाम्।''*

अर्थात् अन्य सभी बातों को छोड़कर पहले शरीर का पालन करना चाहिए, क्योंकि शारीरिक स्वास्थ्य ठीक न होने से सभी कुछ बिगड़ जाता है।

आज मनोविज्ञान भी शरीर को ही सर्वप्रधान मानता है। मन ही एक ऐसी शक्ति है जो शरीर पर अच्छा और बुरा प्रभाव डालती है। यह बात मैं पहले भी स्पष्ट कर चुका हूँ कि सुखकारी भावनायें शरीर को स्वस्थ और दुःखकारी भावनायें शरीर को रोगी बनाती हैं। इसलिए दुःखकारी भावनाओं को जीत कर सुखकारी भावनाओं को पैदा करने की कला हर व्यक्ति को आनी चाहिए।

इस समय आपका जो मानसिक व्यक्तित्व है, उसके पीछे वह प्रभाव है, जो आपके गुज़रे हुए पारिवारिक जीवन ने, मित्रों ने, आपके स्कूल और कॉलेज ने, धर्म ने और आपके बीते हुए वातावरण ने आपके दिमाग़ पर डाले हैं। अब आपने दुःखकारी भावनाओं को त्यागना है और सुखकारी भावनाओं को अपनाना है। इसका अर्थ यही है कि अब से आपने समझदारी और सूझबूझ से काम लेना है। जीवन की परिस्थितियों के प्रति इस प्रकार आचरण करना है जो लाभदायक हों। सोच–विचार, तर्क और युक्तियों से आप अपने अन्दर समझदारी पैदा कर सकते हैं। इसकी विधियाँ इस प्रकार हैं–

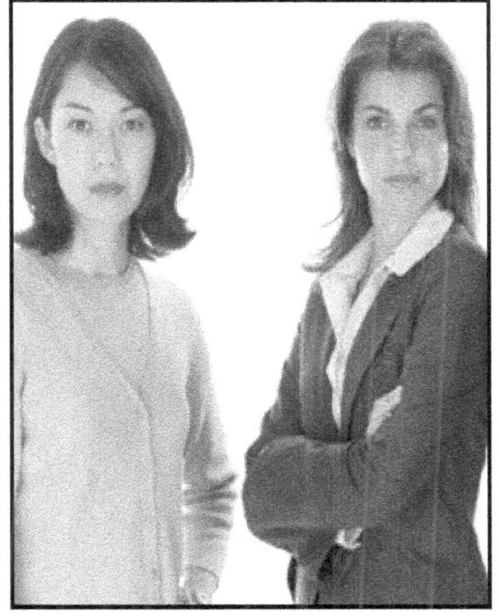

- सबसे पहले तो आपको दूसरे पर निर्भर रहने की आदत छोड़नी होगी। आपको चाहिए कि आप अपने माता–पिता, मित्रों, परिचितों, रिश्तेदारों पर निर्भर रहने की बचपन की प्रवृति बिलकुल त्याग दें।
- याद रखिए कि व्यक्ति अपनी मदद स्वयं करता है। वह खुद अपना सबसे बड़ा सहायक बन सकता है। अपने निर्णय स्वयं लेने से आपमें आत्मविश्वास की भावना पैदा होगी, जो एक प्रबल सुखकारी मूल भावना है।
- दूसरी सुखदायी भावना ऐसी ही समझदारी है, जो दूसरों को देने की प्रवृति है न कि लेने की। अपने लिए चीज़ें लेना वहीं बचपना है, जो खिलौने लेने की उम्र की भावना थी और अब बड़े होकर भी समाप्त नहीं हुई है। ऐसे वयस्क लोग भी स्वार्थवश कोई काम करने से पहले यह सोचते हैं कि –'हमें क्या मिलेगा?'–और इस विचारधारा से वे स्वार्थी और दुःखी बन जाते हैं। जब वे देना सीख जायेंगे तो उन्हें सुख, सन्तोष की प्राप्ति होगी ही, बल्कि जितना वह देंगे उससे ज़्यादा उनको बाद में अस्पष्ट रूप से मिलना शुरू हो जायेगा। महात्मा गाँधी ने जनता को अपना, तन, मन दिया और जनता ने उन्हें महात्मा बनाकर उन्हें सुख और सन्तोष की मूल भावनायें तो दीं ही, बल्कि करोड़ों ने अपना तन, मन और धन महात्माजी के इशारे पर बलिदान कर दिया।
- यह दुनिया एक प्रतियोगिता की दुनिया है। प्रतियोगिता एक अच्छी बात है, क्योंकि उससे ही प्रगति होती है, किन्तु प्रतियोगिता को छोड़कर प्रतिद्वन्द्विता पर आ जाना मूर्खता है। यह अपनी सुख–शान्ति को नष्ट करने की एक सीढ़ी है। पड़ोसी के घर कार है और आपके पास नहीं–इस विचार से आप क्यों अपने

आपको दुःखी करते हैं? ज़रा सोचिए, कहीं आपने अपने आपको अहंकेन्द्रित तो नहीं बना लिया, जिससे कि आप अपने बारे में ज़्यादा सोचते और बोलते रहते हैं। जैसे कि ''मैं ही था जो यह सह गया'', ''मैं ही था जो यह कर गया'' इत्यादि। याद रखिए घमंडी लोग तो अपना जीवन दुःखी बनाते ही हैं, दूसरों को भी दुःखी करते रहते हैं। कभी पड़ोस से झगड़ते हैं, तो कभी दूसरों की बुराई करते फिरते हैं। व्यर्थ घमंड को छोड़ दीजिए। सन्तों ने कहा है–

*आपा छोड़िए पाइये, और न कोई उपाय*

कई लोग यह समझते हैं कि क्रोध करना, नफ़रत करना, कठोरता से बोलना, लड़ाई–झगड़ा करना, ये सब उनके बड़प्पन व शक्ति के परिचय हैं। वे नहीं जानते कि असलीयत तो इसके बिलकुल विपरीत है। ऐसे व्यवहार मानसिक कमज़ारी और मजबूरी को व्यक्त करते हैं, जो इन्होंने बचपन में सीख लिए होते हैं। नम्रता और दृढ़ता तो दरअसल शक्तिशाली मनुष्य के अन्दर ही होती है। आप भी नम्रता को अपनाइये और दृढ़ निश्चय की आदत बनाइये।

- इसी प्रकार से स्त्री–पुरुष के सम्बन्धों में समझदारी की आवश्यकता होती है। जीवन में सैक्स का एक ऐसा क्षेत्र है, जिसमें अधिकतर नासमझी होती है, क्योंकि सैक्स के बारे में न तो कोई वैज्ञानिक शिक्षा मिलती रही है और न ही घर में माँ–बाप बच्चों को समझाते हैं। सैक्स की क्रीड़ा तो शरीर और मन दोनों के मिलन से आनन्दमय बनती है। स्त्री और पुरुष जब आपस में एक–दूसरे के प्रति सहयोग, सहानुभूति, प्रेम और समझदारी की भावनायें पा लेते हैं, तो उनके सैक्स सम्बन्ध उनको परमसुख देते हैं, जो साधारण व्यक्ति स्वप्न में भी नहीं पा सकते। अधिकतर लोग तो कामलोलुपता को ही सब कुछ मानकर क्षणिक सुख की प्राप्ति के लिए अपने शरीर को बरबाद कर बैठते हैं। आपको चाहिए कि इस परमानन्द के क्षेत्र में समझदारी बरतें और अपने सैक्स के साथी की ओर सहयोग, सहानुभूति और प्रेम का रुख अपनायें।
- ये बात तो सत्य ही है कि जीवन के किसी भी क्षेत्र में यदि हम कोई काम बिना समझदारी से करेंगे तो उसका फल ठीक नहीं निकलेगा। परिणाम सोचे बग़ैर काम कर डालना, दूसरों को धोखा देना, तंग करना नासमझी और बचपने के चिह्न हैं। विद्यार्थी जानते हैं कि परीक्षा के लिए परिश्रम करना पड़ता है, परन्तु कई विद्यार्थी परिश्रम न करके परीक्षा में बैठकर अध्यापकों को छुरा दिखाकर नकल करते हैं। कई मज़दूर नासमझी के कारण मिलों में हड़ताल कर देते हैं, जिससे उनके नेता तो मशहूर हो जाते हैं और मज़दूरों के अपने बच्चे फ़ाके करने पर मजबूर हो जाते हैं। रेलों और बसों में बिना टिकट सफ़र करना भी कई लोग अपनी शान समझते है। कई नासमझ लोग साधु बाबा, पाखण्डी धर्म गुरुओं के चक्कर में फँसे रहते हैं। ऐसी असाधारण नासमझी की बातें सब ओर फैली हुई हैं, जिनसे मनुष्य दुःखी होते रहते हैं। आप भी शान्ति से ठण्डे दिल से सोचिए कि आप भी तो कहीं ऐसे भ्रम में फँसे हुए नहीं हैं? यदि हैं तो दृढ़ निश्चय और समझदारी से अपने–आपको इस मिथ्या जाल से मुक्त कीजिए।
- समय तो कभी रुकता नहीं, क्या आप तो कहीं रुके हुए नहीं हैं? समय के अनुकूल चलना अपने आपको मूल सुखकारी भावनायें देकर सुख–शान्ति पाने का महामन्त्र है।

याद रखिए, समय और परिस्थितियों के अनुसार अपने–आपको ढाल लेना ही समझदारी है। यदि आप पचास की आयु के हैं और आपके विचार वही हैं, जो तीस साल पहले के युवकों के थे, तो आप आजकल की युवा पीढ़ी को नहीं समझ सकेंगे। अतः निश्चय ही आज के युवा समाज–अपने पुत्र, पुत्रियों, बहुओं आदि के साथ झगड़ते रहते होंगे। कृपया समय के साथ बदलना सीखिये। जो व्यक्ति स्वयं को परिस्थितियों के अनुसार नहीं ढाल सकता, समाज की हवा पहचानकर नहीं चल सकता, पुरानी रुढ़ियों को छोड़कर नई रीतियों को नहीं अपना सकता, वह शायद समाज में सुखी नहीं रह सकता। याद रखिए कि संसार एक परिवर्तनशील सपना है, जहाँ पुरानी मान्यतायें, धारणाएं, सिद्धान्त और मूल्य बदलते रहते हैं। जो अपने आपको परिस्थितियों के अनुकूल बना लेता है, वही वास्तव में बुद्धिमान है। संसार में रहते हुए हर आदमी कभी न कभी मुसीबतों में फँस जाता है, परन्तु ऐसे अवसरों पर बुद्धिमान व्यक्ति ही दृढ़ता से डटा रहकर अपने पाँव के नीचे से ज़मीन खिसकने नहीं देता और समय के साथ समझौता करके उस विपत्तिकाल को गुज़र जाने देता है।

- क्या आप जानते हैं कि कई लोग केवल इसलिए दुःखी रहते हैं कि उनका दृष्टिकोण ही दुःखमय बन गया है। वह अपनी कल्पना के संसार में हर वस्तु, परिस्थिति का अंधकारमय पक्ष ही देखते हैं। अकसर लोग ज़माने की महँगाई, भ्रष्टाचार, अधर्म, दुःखपूर्ण अकस्मात् होने वाली बातों की चर्चा करते रहते हैं। ऐसे लोग तर्कहीन कल्पित दुःख ही देखते रहते हैं। वे भूल जाते हैं कि वास्तव में हमारा संसार बड़ा रंगीन, सुन्दर और दिलचस्प है और हमारा जन्म आनन्द करने के लिए हुआ है न कि बात–बात में दुःख ढूँढ़ने के लिए।

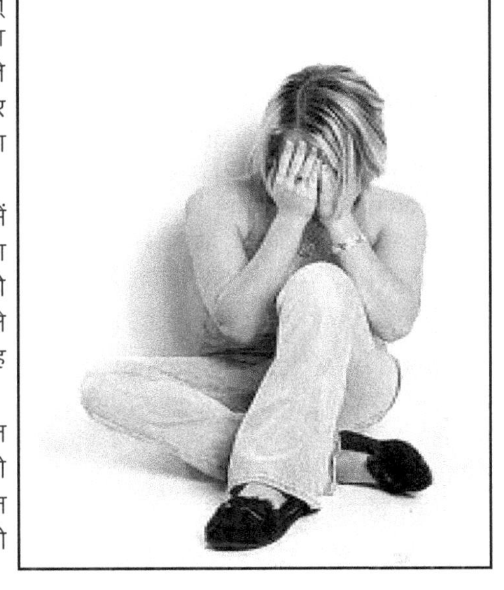

- सुख की पहली राह तो वह दृष्टिकोण ही बनाता है, जिसमें आप और हम अपने लिए सोच–समझकर सुख पाने का मन में विचार रखते हैं। हमें अपनी इच्छा ऐसी बनानी चाहिए कि कैसी भी परिस्थति हो, हम उसका आनन्द ले सके। इसे आप चाहें तो इच्छापूर्वक भावना–नियन्त्रण कह सकते हैं।
- जो अटल सत्य है, अब मैं उसकी ओर आपका ध्यान आकर्षित करना चाहता हूँ। मानव स्वभाव की यह कमज़ोरी है कि मुनष्य पर जब भी कोई मुसीबत परेशानी, अड़चन आ पड़े तो वह इसको अपने लिए तो अस्वाभाविक, अनोखी और आकस्मिक घटना समझने लगता है।

वास्तव में ऐसा समझना भूल है, और इसी से व्याकुलता पैदा होती है। परम् सत्य यह है कि हम सबके जीवन का ताना–बाना ही ऐसा होता है कि उसमें मुसीबतें, अड़चनें और समस्याएँ स्वाभाविक ही आती है। उनका आना प्रकृति का एक अटल नियम है जैसे कि दिन के बाद रात का आना, सर्दी के बाद गर्मी और सुख के बाद दुःख और दुःख के बाद सुख का आना। यदि जीवन में सुख ही सुख हों तो हम लोग सुख से तंग आकर परमात्मा से प्रार्थना करने पर बाध्य हो जायेंगे कि ईश्वर हम बोर हो रहे हैं। हमें इस लगातार थकाने वाली एकरसता से बचाओ। इसलिए याद रखिए कि मुसीबतें, समस्यायें, आकस्मिक घटनायें आदि हमारे जीवन में आती है, जिनसे हम में फिर से सुख प्राप्ति की अभिलाषा जागती है और हम सुख के महत्त्व को समझते हैं। अतः समस्यायें भी जीवन का एक रूप हैं, जिनके सुलझ जाने पर हमें सुख की अनुभूति होती है।

### यह भी याद रखें

*जहाँ जैसी हमारी मानसिक भावना रहती है, वहाँ परमेश्वर हमारे लिए उसी रूप में प्रकट हो जाते हैं।*
*–विनोबा भावे*

*प्रसन्नता की भावना की तुलना झर–झर बहते, चमकते जल के साथ हो सकती है।*
*–स्वेट मार्डेन*

*भावना मार भी सकती है, जिन्दा भी कर सकती है।*
*–कहावत*

*भावना सौन्दर्य से भी बढ़कर है।*
*–कहावत*

## टाइम मैनेजमेंट (समय-प्रबंधन)

समय का महत्त्व तो हमेशा से रहा है। प्राचीनकाल के विद्वानों, कवियों, शास्त्रकारों ने समय को मूल्यवान बताया है और जीवन में उसके सदुपयोग को ही सार्थक माना है। लेकिन आज के दौर में 'समय–प्रबंधन' का महत्त्व और भी बढ़ गया है। इसके फ़ायदे भी दिखायी देने लगे हैं। इसलिए किसी भी काम को समय–प्रबंधन के माध्यम से करना और भी ज़रूरी हो गया है।

इस बात में कोई दो राय नहीं कि जिसने समय को नहीं पकड़ा, वह जीवन में कभी आगे नहीं बढ़ पाया, क्योंकि समय यदि हाथ से निकल गया तो उसे कोई नहीं लौटा सकता। एक विचारक का कहना है कि समय सबसे महान, परमात्मा से भी। अपनी इस बात को सिद्ध करने के लिए उसने यह भी कहा कि भक्ति आदि साधना से परमात्मा को तो बुलाया जा सकता है, किन्तु अनेक उपाय करने से भी बीता हुआ समय लौट कर नहीं आ सकता है।

समय के बारे में शेक्सपीयर ने कहा है–"मैंने समय को नष्ट किया और अब समय मुझे नष्ट कर रहा है।"

ये बात सौ फ़ीसदी सही है कि ज़्यादातर लोग समय के महत्त्व को नहीं समझते। जब उनके अच्छी शिक्षा प्राप्त करने के दिन थे, तब उन्होनें अपना समय पढ़ने के बजाय खेलने–कूदने में गंवाया। अब जब वे अच्छे रोज़गार के लिए भटक रहे हैं, तो उन्हें उनकी मंज़िल नहीं मिल पा रही। सच बात तो यह है कि ऐसे लोग बरसों तक भटकेंगे और अपनी नाकामयाबी पर सरकार और समाज को दोष देंगे लेकिन अपनी ग़लती नहीं मानेंगे कि उन्होंने समय की क़ीमत को कभी नहीं समझा।

प्रसिद्ध लेखक एवं दार्शनिक फ्रांसिस एफ बेकन का कहना है–"समय का उचित उपयोग करना ही समय को बचाना है।" जिसने समय का उपयोग ठीक ढंग से करना नहीं सीखा, उसने समय को हमेशा खोया है। इसलिए समय के महत्त्व को हर किसी को जानना चाहिए।

आइए, अब हम समय के सदुपयोग की कुछ विधियों के बारे में जानते हैं–

- आपको शायद अजीब लगे पर यह अटल सच है कि ज़्यादातर कामयाब हुए लोग अपने कार्यों की सूची बनाकर उन पर चलते थे। इससे भूलने का ख़तरा भी नहीं रहता। इसके अलावा वह सूची उन्हें याद दिलाती रहती है कि अमुक काम अभी करना है, चाहे वह छोटा–सा ही हो, चाहे पड़ोसी के घर जाकर उन्हें बधाई देनी हो। साथ ही लिखित रूप में हो, तो कार्य कुशलता की योजना भी नित्य बनती और सुधरती रहती है। कुछ लोग तो शनिवार को ही अगले पूरे सप्ताह के कार्यों का लेखा–जोखा कर के सूची बना लेते हैं। अन्य कुछ लोग रात को अगले दिन का प्रोग्राम बनाते हैं और कुछ लोग सुबह उठकर दिन

का कार्य निर्धारित करते हैं। कोई भी आदमी अपनी कार, बस और रेल में बैठने से पहले यह सुनियोजित करके चलता है कि उसे कहाँ जाना है।

- एक बात हमेशा याद रखिए कि आपने सारी दुनिया की जिम्मेदारी नहीं ले रखी है। कुछ काम औरों को भी करने दीजिए चाहे आप व्यापारी हों या कर्मचारी, अथवा घर की नारी हों, दूसरों को प्रशिक्षण देकर उनसे काम लेना सीखिए। इसी आधार पर सारी संस्थाएँ और सरकारी काम चलते हैं। माना कि आपके बराबर कार्यकुशल कोई और नहीं है, फिर भी आप ही क्यों अपनी जान मारें। बुरा न मानें, जब काम ऐसा हो कि विशेषज्ञ चाहिए, तो स्वयं मत कीजिए। विशेषज्ञ की फ़ीस देने से आप समय भी बचायेंगे, कार्य भी अच्छा होगा और आपको मानसिक और शारीरिक तनाव भी नहीं होगा। अतः दूसरों को काम सौंपना सीखिए।
- अनेक लोग आपका समय बरबाद करने चले आते हैं और आप उनको रोक नहीं पाते। अपने कार्य को महत्त्व दीजिए आपके कार्य में विघ्न डालने वाले व्यक्तियों को भी महत्त्व मत दीजिए।
- अंग्रेज़ी में एक कहावत है कि यदि तुम हाथी खाना चाहोगे तो पूरा खा सकते हो, परन्तु शर्त यह है कि एक–एक ग्रास करके खाओ। अतः कार्य को टुकड़ों में बाँट कर एक–एक अंश को करते हुए आगे बढ़ते हुए बड़े कार्य को भी पूरा किया जा सकता है। यह विधि विशेषकर उन कार्यों के लिए है जो अप्रिय हों अथवा लम्बे–चौड़े हों। होता यह है कि जब आपने कार्य को विभक्त करके एक–एक भाग को करना शुरू किया तो एक भाग को करने की सफलता आपको अगले भाग को करने की प्रेरणा और उत्साह देती है।

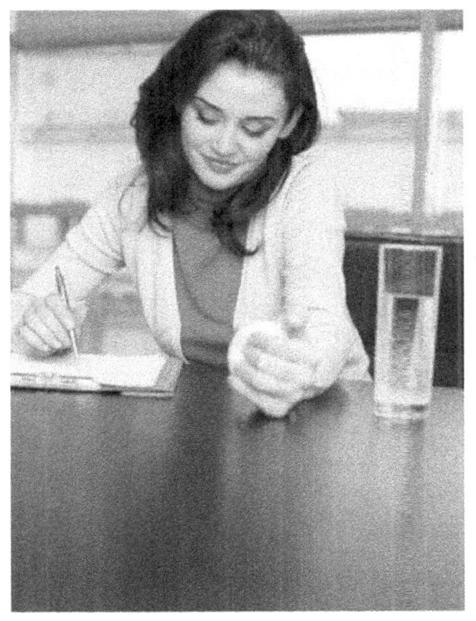

एक बार भगवान बुद्ध अपने शिष्यों के साथ पैदल चलते हुए किसी गाँव की ओर जा रहे थे, तो उनके शिष्यों ने रास्ते में एक किसान से पूछा कि यह वह गाँव कितनी दूर है? किसान ने कहा कि लगभग दो कोस दूर है। जब पैदल चलते–चलते दो घण्टे हो गये तो फिर एक किसान से पूछा तो उसने भी यही कहा कि लगभग दो कोस दूर है। एक घण्टा चलने के बाद फिर किसी किसान से पूछा तो उसने फिर भी वही कहा कि लगभग दो कोस आगे हैं। इस प्रकार चलते–चलते शिष्य थक गये और भगवान बुद्ध से बोले–''देखिए, इस इलाके के किसान कितना झूठ बोलते हैं।''

बुद्ध जी मुस्कराये और बोले कि यदि शुरू में किसान तुम्हे कह देते कि 'दस कोस दूर है' तो तुम शुरू में ही थक जाते, अब धीरे–धीरे दो–दो कोस करते हुए उत्साह में पहुँच जाओगे।

- देखा गया है कि कुछ लोग उच्चतम श्रेणी का कार्य करना ही अपना ध्येय रखते हैं और उस परिपूर्ण, सर्वथा निर्दोष स्तर के कार्य को सम्पूर्ण करने में निपुणता से लगे रहते हैं और थककर टूट जाते हैं। वे चाहते हैं कि काम हो तो जिसमें कोई दोष न रह पाये, जिसे अंग्रेज़ी में कहते हैं 'परफ़ैक्ट'।

कॉलेज के दो सहपाठी दस साल बाद कहीं मिले तो एक ने अपनी पत्नी से परिचय कराया और पूछा कि तुम्हारी पत्नी कैसी है?

दूसरे ने उत्तर दिया–"दोस्त, मैंने अभी शादी नहीं की।"

"क्यों?" फिर उसे अचानक कोई बात याद आयी–"अरे हाँ! याद आया, तुम तो परफ़ैक्ट वाईफ़ ढूँढ़ते थे, तो क्या इन दस सालों में तुम्हें परफ़ैक्ट लड़की नहीं मिली?"

दूसरा बोला–"मिली तो थी एक परफ़ैक्ट लड़की लेकिन.....।"

"लेकिन क्या?" पहले ने उत्सुकता से पूछा।

"दोस्त," दूसरे ने आह भर कर जवाब दिया–"वह लड़की स्वयं एक परफ़ैक्ट लड़का ढूँढ़ रही थी।"

वास्तविकता में रहिए। यदि आप भी कार्य सर्वोत्तम स्तर पर करना चाहते हैं, तो पहले कार्य कीजिए और बाद में समय हो तो उस कार्य को सुधारते, संवारते रहिए।

➪ महात्मा गाँधी जी का प्रिय भजन रहा है–

*'उठ जाग मुसाफ़िर भोर भई, अब रैन कहाँ जो सोवत है।*
*जो सोवत है सो खोवत है, जो जागत है सो पावत है।।''*

इसलिए समय रहते उठ जाइये न कि देर हो जाने पर भागना पड़े। याद रखिए, भागने वालों की साँस फूलती है, चलने वालों की नहीं। जल्दबाज़ी में आदमी ग़लतियाँ करते हैं और नुक़सान उठाते हैं। अतः जल्दबाज़ी से बचने के लिए समय से कुछ पहले ही तैयार हो लीजिए।

➪ कुछ लोगों की समस्या विपरीत होती है। उनके पास समय भी होता है, परन्तु 'मूड' नहीं होता। सामान्य भाषा में जिसे 'मूड' कहते हैं वह उस समय की चित्तवृत्ति अथवा मिज़ाज होता है, जब हमारा विवेक हमें कहता है कि कार्य करना चाहिए, परन्तु किसी शिथिलता के कारण हम कार्य करते नहीं और कहते हैं कि मूड नहीं है।

ऐसी अवस्था में आप अपने–आप से कहिए, "ठीक है कि मूड नहीं है, पर इस मूड के अनुसार मैं इस समय क्या काम, चाहे कितना छोटा ही हो, कर सकता हूँ या करना चाहता हूँ।" आपको अपने आप से कुछ जवाब ज़रूर मिलेगा और उस समय आप उस मूड के जवाब से कार्य करने लग जाइए। इस प्रकार आपका मूड भी आपके काम आयेगा और समय भी बेक़ार नहीं जायेगा।

कई बार काम करने को मन नहीं होता और काम भी ज़रूरी होता है। उस स्थिति में आप कल्पना शक्ति का प्रयोग कीजिए। जी हाँ, केवल कल्पना ही। आराम से लेटे अथवा बैठे हुए कल्पना कीजिए कि आपने उस काम को करने के लिए पहला आवश्यक क़दम , जो भी हो, उठाया है। बिना किसी हिचक के कल्पना कीजिए कि आप वह काम करने लगे हैं और कर रहे हैं। मानसिक सुखद कल्पना से ही आप पर अदृश्य मनोवैज्ञानिक प्रभाव पड़ेगा, जिससे आपके हाथ, पाँव और दूसरे अंगों में वैसी ही स्फूर्ति पैदा होगी, जैसी उस कार्य को वास्तविक रूप से करने में होती है, और फिर आप वह कार्य करने लग जायेंगे, नहीं तो कम से कम आपको एक अभ्यास तो हो ही जायेगा।

## यह भी याद रखें

*समय धन है।*
*–कहावत*

*समय कीमती है, पर सत्य समय से भी ज्यादा कीमती है।*
*–डिसरैली*

*समय का उचित उपयोग समय को बचाना है।*
*–बेकन*

*मैंने समय को नष्ट किया है। अब समय मुझको नष्ट कर रहा है।*
*–शेक्सपीयर*

# 4

## अपने विरोधियों को पस्त कैसे करें?

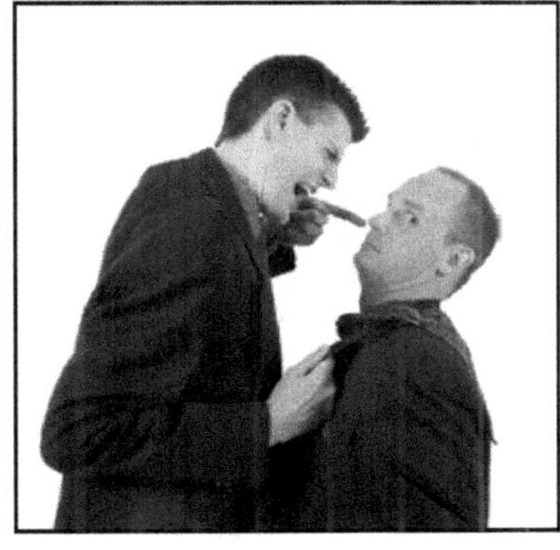

अमेरिका के प्रसिद्ध लेखक डेल कारनेगी ने लिखा है कि विवाद से लाभ उठाने की एकमात्र रीति यह है कि विवाद न किया जायें यह तो लगभग वैसे ही हो गया कि मृत्यु से बचने का एकमात्र उपाय यह है कि जन्म ही न लिया जाये।

फिर भी, व्यर्थ का विवाद करना तो मूर्खता ही है। यह मानते हुए भी विवाद में फँस जाना सामान्य बात है। हमे गहराई में उतरकर समझना है कि मनोविज्ञान हमें विवाद को जीतने में कैसे सहायता कर सकता है। कहने को तो भगवान बुद्ध ने कहा है कि 'विद्वेष–द्वेष से नहीं, प्रेम से शान्त होता है।'

क्या आप यह बात जानते हैं कि मनुष्य विवाद शुरू क्यों करता है? केवल इसलिए कि वह दूसरे के ऊपर अपनी श्रेष्ठता साबित करना चाहता है। महान् मनोवैज्ञानिक एडलर का कहना है कि मनुष्य सदा ही प्रयत्न करता रहेगा कि अपनी हीनता की भावना पर विजय प्राप्त करे, क्योंकि सभी सामाजिक प्राणियों में यह मूल भावना है कि वे दूसरों पर प्रत्यक्ष और परोक्ष ढंग से शासन कर पायें। इसी कारण से हम दूसरों से उलझ पड़ते हैं, चाहे वह उलझन और टकराव शारीरिक हो अथवा सभ्य समाज का वाद–विवाद हो। कितना भी वाद–विवाद हो जाये, सामान्यतः वह दूसरे की मान्यता को बदल नहीं पाता। शायद इसलिए डेल कारनेगी कहता है कि सबसे अच्छा यही है कि विवाद में फँसा ही न जायें। लेकिन कई बार ऐसा होता है कि किसी से झगड़ा करना, विरोध करना, युद्ध और संघर्ष करना ज़रूरी हो जाता है। ऐसे में हमें मौखिक शस्त्रों से अपनी सुरक्षा करनी ही पड़ती है। यदि हम मौखिक शस्त्रों को प्रयोग करने की विधियाँ न जानते हों तो हो सकता है कि हमें चोट लग जायें

आइए इस वाक्–युद्ध कौशल की विशेषज्ञों द्वारा प्रमाणित विधियाँ सीखें, जिससे कि मुकाबला ठीक हो और बिना किसी प्रकार की हानि के हम सफल हो जायें–

- जिस विषय और प्रसंग पर विवाद शुरू हो जाये उस पर अपने विरोधी को बोलते रहने दो, जिससे अपने आप ही वह अपनी बात कह ले और आपको समझने और उत्तर देने का समय दे दे। आप उससे उसकी बातों पर विशेष प्रश्न पूछिए और उससे उसका तर्क स्पष्ट करवाइए और अधिकतम स्पष्टीकरण माँगिये। उसी के विचार उसी को समझाइए। आप पायेंगे कि उसने अनेक बातें ऐसी कही हैं, जिनको वह स्वयं भी शायद नहीं समझता, क्योंकि वह बिना सोचे–समझे विवाद शुरू कर बैठा। अकसर आप उसी की बातों के सन्दर्भ में उसे समझाकर उसकी धारणा बदल सकते हैं। उसको पहले बोलते रहने दें इससे आपको यह भी लाभ होगा कि आपको पता चल जायेगा कि उसके पास क्या–क्या तर्क हैं, जिसका आप प्रतिकार करने के लिए अपने को तैयार कर सकेंगे।
- जब आपके बोलने की बारी आये तो आप शान्त भाव से धीरे–धीरे बोलना शुरू करें। शुरू–शुरू में आप सरल सामान्य और स्पष्ट बातें ही कहें, जिनके साथ वह सहमत हो सके। आप बढ़ाकर न तो कोई बयान दीजिए और न ही कोई दावा कीजिए। आप किसी बात की जल्दबाज़ी न करें। यदि स्थिति ऐसी हो कि आप उससे आँख मिलाकर बात नहीं करना चाहते हैं, तो आप नज़र कहीं और रखकर अपनी बात जारी रखें। उद्देश्य यह है कि आप शान्त रहें।

- यदि आपका विरोधी गुस्से में आता है, तो आने दीजिए। उसका क्रोध जितना बढ़ता है, बढ़ने दीजिए। आप ज़रा भी परवाह मत कीजिए, क्योंकि वाद–विवाद में उत्तेजित व्यक्ति अपनी विचारधारा सन्तुलित नहीं रख पाता है और कभी–कभी तर्कहीन हो जाता है। यहाँ आप एक बात का ख़ास ख़्याल रखे। यदि आपका विरोधी आपके प्रति सम्मान नहीं दिखाता है, तो भी आप उसके प्रति मान–सम्मान दिखायें। यह बेहद ज़रूरी है, क्योंकि यदि आपके आस–पास देखने–सुनने वाले हो तो उन्हें पता चले कि आप सन्तुलित स्वभाव के हैं। यदि आप शान्त रहेंगे तो उपस्थित लोग आपका समर्थन करेंगे, जिससे आपका विरोधी हतोत्साहित होगा।
- ये भी हो सकता है कि आपका विरोधी अर्थहीन शब्दों बोले, जो कि वह समझता ही न हो, जैसे–'नक्सलवादी', 'फॉरेन एक्सचेंज,' 'निर्धनता की रेखा के नीचे के लोग' इत्यादि। इस पर आप उससे ऐसे शब्दों की परिभाषा पूछिये और उसे बताने पर मजबूर कीजिए। कई लोग तो ऐसे–ऐसे शब्द बोलते हैं, जो केवल उन्होंने सुने होते हैं, पर उनके मायने नहीं जानते। यदि समझते भी हो तो शब्दों में वर्णन नहीं कर सकते। अकसर वकील लोग भी इस विधि का सहारा लेकर लोगों को हैरान कर देते हैं। इसके अलावा जब आप विरोधी से परिभाषा पूछेंगे और कोई स्पष्टीकरण माँगेंगे, तो आपको अधिक समय और अवसर मिलेगा कि आप ज़ोरदार ढंग से उत्तर दे सकें। 'सोशलिज़्म' को आज तक 'सोशलिस्ट' कहने वाले लोग भी स्पष्ट नहीं कर पाते। किसी धर्म, जाति और सम्प्रदाय के बारे में शब्दों पर विशेष ध्यान दीजिए और विरोधी की पक्षपातपूर्ण धारणाओं का खण्डन कीजिए।
- आप विरोधी की अप्रमाणित और बढ़ा–चढ़ाकर कही बातों पर विशेष ध्यान दें और उसका खण्डन करें। यदि वह कहे कि सभी मानव एक प्रकार के होते हैं, तो आप कहिए कि मनुष्य, राक्षस और सभ्य समाज के मानव एक से नहीं होते। यदि वह कहे कि –यह काम मैं यदि करूँगा, तो दूसरे भी करने को कहेंगे–तब आप पूछिए कि कौन दूसरा आपसे करने को कह रहा है।
- मुहावरे और कहावतें अथवा कुछ मुँह तोड़ जवाब ठीक समय पर कहे जायें, तो वे विरोधी को विवाद समाप्त करने पर विवश कर देते हैं। परन्तु ऐसे वाक्य किसी का अपमान करने के लिए न कहे जायें। वैसे भी चुप कराने वाले वाक्य बोलने के लिए पहले से अभ्यास ज़रूरी होता है। एक बस ड्राइवर ने एक स्कूटर वाले पर लगभग बस चढ़ा दी, परन्तु बचाव हो गया और शान दिखाते हुए बस ड्राइवर ने स्कूटर वाले को कहा कि वह तो स्कूटर देख ही नहीं पाया था। तब स्कूटर वाले ने सब लोगों को सुनाकर कहा, 'तब तो तुम्हारे लिए सड़क पर बच्चों को देखना तो असम्भव ही होगा।' इसी बात पर लोग बस ड्राइवर के पीछे पड़ गये।
- यदि आपका विरोधी आँकड़े देकर तर्क करता है तो पूछिये कि वह आँकड़े कहाँ से लाया है, कहाँ छपे थे, किसने गणना की थी, क्या आधार था? इत्यादि। आँकड़े कहाँ तक भ्रम में डालते हैं। एक सीताफल और एक अंगूर–गणना में बराबर ही होते हैं। उसे याद करवाइए कि जिस नदी में औसतन पानी की गहराई वर्ष में आधा मीटर होती है, उसमें पूरी बस कैसे डूब गयी थी? आँकड़े हमेशा ठीक नहीं होते। बिना जाँचे ऐसी बातों को कभी मत मानिए।
- यदि आपका विरोधी ग़लत उदाहरण दे तो उसकी आलोचना कीजिए। उसे याद दिलाइए कि चूहा जब बिल से बाहर निकले और उसका रास्ता बिल्ली काट जाये तो यह चूहे के लिए अपशकुन है तथा चूहे को वापिस लौट जाना चाहिए, न कि किसी मनुष्य को बिल्ली के रास्ता काटने से डरना चाहिए।
- वाद–विवाद के दौरान आप एक ख़ास बात का ध्यान रखें कि अपनी ओर से कोई भी स्पष्टीकरण या किसी बात का उत्तर न दें, जब तक कि माँगा न जायें यदि आप अपनी ओर से अत्यधिक तथ्य और दस्तावेज़ प्रस्तुत करके अपनी बात का सर्मथन शुरू में ही करेंगे, तो शायद ऐसा प्रतीत होगा कि आपका पक्ष कमज़ोर है और आप अपने आपको असुरक्षित समझ रहे हैं। इससे अन्य दर्शक और श्रोता ग़लत ढंग

से प्रभावित हो सकते हैं। यह भी ध्यान रखे कि आप प्रारम्भ से ही विरोधी को हठी और मूर्ख समझने की चेष्टा न करे अन्यथा वह यह यहीं बनकर अपनी मूर्खता प्रदर्शित करेगा ही।

- यदि आपको किसी मीटिंग में सबके सामने मुकाबला करना पड़े तो ध्यान रखिए कि –
  - यदि तुरन्त दोनों पक्षों की बात सुनी जानी है और वोटिंग होनी है, तो पहले अपने पक्ष को रखें।
  - यदि तुरन्त दोनों पक्षों को नहीं बोलना और दोनों पक्षों के बीच में कार्यक्रम में अन्तराल होगा, तो आप अपने पक्ष की बारी अन्त में रखें।
- कुछ लोग तो अपने स्वभाव से ही विवश होते है कि कितना ही उन्हें समझाएं और उनसे तर्क करें, वे हठधर्मी नहीं छोड़ते। इसमें आप कर भी क्या सकते हैं।

हमें याद रखना चाहिए कि बातचीत के ढंग में कोई स्पष्ट सीमा नहीं होती कि जहाँ विवाद शुरू हो जाता है। यह तो उत्तेजना और उग्रता से पता चलता है कि सामान्य बातचीत के बदले विवाद शुरू हो गया। अतः ऊपरलिखित विधियाँ को अपने समर्धन के लिए प्रयोग में लाइए, परन्तु कटुता न आने दीजिए। विरोध भी यथायोग्य ही होना चाहिए। दूसरे की बात भी ध्यान से सुनिये। दूसरे की सम्मति का भी सम्मान कीजिए। वाद–विवाद भी मित्रता के ढंग से आरम्भ करें और दूसरे व्यक्ति के विचारों और अभिलाषाओं के साथ अपनी सहानुभूति प्रकट करते रहें।

**यह भी याद रखें**

*जिस मनुष्य का व्यवहार मधुर होता है, उसका कोई विरोध नहीं करता। जो किसी से द्वेष नहीं करता, उसे किसी प्रकार का भय नहीं होता। ऐसे मनुष्यों को अनेक सुख स्वयमेव मिलते रहते हैं।*

*–अथर्ववेद*

*कोई मनुष्य जैसा आपके साथ जैसा व्यवहार करे, उसके साथ भी वैसा ही व्यवहार करना चाहिए, यह धर्म है। कपटपूर्ण आचरण करने वाले को वैसे ही आचरण के द्वारा दबाना उचित है और सदाचारी को सद्व्यवहार के द्वारा ही अपनाना चाहिए।*

*–वेदव्यास, महाभारत*

*न तो कोई किसी का मित्र है और न ही शत्रु। व्यवहार से ही मित्र और शत्रु बनते हैं।*

*–नारायण पंडित, हितोपदेश*

## धूम्रपान से छुटकारा

आजकल हर सिगरेट पर मोटे–मोटे अक्षरों में लिखा होता है Smoking Kills यानी धूम्रपान से कैंसर होता है। यदि आप लम्बा और स्वस्थ जीवन व्यतीत करना चाहते हैं तो आपको धूम्रपान छोड़ना ही पड़ेगा, क्योंकि इससे फेफडों में कैंसर, ह्रदय रोग, अमाशय में अल्सर, साँस फूलना और अन्य भयंकर रोग होते हैं।

वैज्ञानिकों के अनुसार आमतौर पर सिगरेट पीने वाला व्यक्ति, न पीने वाले व्यक्ति के मुकाबले में दस गुना अधिक फेफड़े के कैन्सर से पीड़ित होकर मरने की संभावना रखता है। जो लोग बीस सिगरेट रोज़ पीते हैं, उनको बीस गुणा अधिक कैंसर हो सकता है और अनुमानतः कैंसर के सौ में से पाँच रोगी ही बच पाते हैं। कैंसर के रोग का यदि जल्दी पता लग जाये तो बचने की संभावना अधिक होती है, परन्तु कैंसर का पता जल्दी नहीं लग पाता।

यदि आप सिगरेट पीना छोड़ना चाहते हैं, तो नीचे कुछ विधियाँ बतायी जा रही है, जो आपकी सिगरेट पीने की लत को अवश्य दूर करेगी, लेकिन इसके लिए आपको दृढ़ इच्छा–शक्ति की ज़रूत पड़ेगी।

आइए, अब सिगरेट छोड़ने की विधि सीखें–

1) यह बात तो बिलकुल स्पष्ट है कि जो व्यक्ति सिगरेट पीना छोड़ रहा है वह अपने आप में एक उच्च्य स्तर का कार्य करने जा रहा है। सबसे पहला क़दम तो यह होगा कि एक दिन निर्धारित कर दिया जाये कि उस दिन से सिगरेट छोड़नी है। वह महापर्व, वह त्याग–दिवस नज़दीक आता जाये, त्यों–त्यों दिन प्रतिदिन, सप्ताह प्रति सप्ताह अपनी सिगरेट पीने की संख्या कम करते जाइए।

सिगरेटों को कम करने की प्रक्रिया में आप जिस पाकेट में सिगरेट रखते हैं उसमें न रखकर दूसरी पाकेट में रखें ताकि आपको ढूँढ़ना पड़े और याद रहे आप स्वयं ही विघ्न पैदा कर रहे हैं, क्योंकि सिगरेट छोड़नी है। जैसे भी हो सिगरेट को पाने में कठिनाई पैदा करते जाइए।

सिगरेट जलाने से पहले सोचना शुरू कीजिए कि क्या यह सिगरेट ज़रूरी है बिना जलाए हुए सिगरेट भी कई लोगों को मुँह में पकड़कर अथवा अँगुलियों से खेलने में मज़ा देता है। इस प्रकार आदत कम की जा सकती है।

मनोविज्ञान में लिखने की प्रक्रिया को भी किसी समस्या का समाधान माना गया है। आप भी एक काग़ज़ पर बीच में लाइन लगा कर दो शीर्षक लिख लीजिए–पहला, 'मैं सिगरेट क्यों पीता हूँ', दूसरा मैं सिगरेट क्यों न पीऊं'। अब इस काग़ज़ पर अपने आप सोच–विचार कर अपनी ओर से पक्ष और विपक्ष में लिखिए। जल्दी मत कीजिए और ठीक–ठीक तर्क कीजिए, क्योंकि जब तक आपके तर्क में निश्चय नहीं होगा जब तक आप सिगरेट छोड़ने में पूरी तरह से स्फल नहीं हो पायेंगे।

जब आप निर्धारित तिथि के समीप पहुँचते जायें तो अन्तिम सप्ताह में तो उन कारणों को बार–बार दोहराइए जिनसे आपको तर्क शक्ति मिली है, जैसा कि भयंकर रोग हो जाने की सम्भावना, मुँह का स्वाद ख़राब होना, साँस में दुर्गन्ध, इधर–उधर जली हुई सिगरेटों से गन्दगी, इत्यादि।

2) अब आता है वह दिन जब आपने सिगरेट पीनी छोड़ना है। अब तक आप अपने–आपको समझाते रहे हैं कि सिगरेट पीना हानिकारक है और सभी तर्क सिगरेट के विरुद्ध है। फिर भी उस दिन आपकी आदत कहती है कि सिगरेट चाहिए।

- थोड़ा–थोड़ा गिलास में पानी बार–बार पीजिए।
- मुँह में कुछ फल, बिस्कुट, सलाद, चॉकलेट रखिए।
- खट्टी–मीठी गोलियाँ और मिश्री मुँह में रखें।
- ताज़ा अदरक का टुकड़ा दाँतों में रखिए।

कुछ लोग छुट्टी लेकर वातावरण परिवर्तन के लिए चले जाते हैं। अन्य शारीरिक खेलों से आराम मिलता है।

सिनेमाघरों में और अन्य स्थानों में जाइए, जहाँ धूम्रपान पर प्रतिबन्ध है जिससे आपके दो–तीन घण्टे बिना सिगरेट के विचार के ही बीत जायेंगे। साथ ही साथ कुछ दिनों तक उन साथियों के पास न जायें जो सिगरेट पीते हैं।

लम्बे–लम्बे साँस खींचिए हो सके तो नाक खोलने वाले 'इनहेलर्स', जो बलगम दूर करते हैं, प्रयोग में लायें।

जिनको खाना खाने के बाद सिगरेट पीने की आदत है वे मुँह साफ़ रखने वाले द्रव्यों से अथवा टूथपेस्ट से मुँह साफ़ कर लें। यदि कोई अन्य आदत हो तो उसकी जगह दूसरा काम करें।

3) जिस दिन सिगरेट छोड़नी हो, उस दिन अपना मनपसन्द खाना खाएं। अपने लिए वह सब कार्य करें, जो आपको प्रिय लगते हों सिगरेट पीने के अलावा।

इस प्रकार जब आप सिगरेट न ख़रीदकर कुछ पैसे बचा लें तो उन पैसों से अपने लिए कुछ छोटा–मोटा उपहार अवश्य ख़रीदें, चाहें वह रूमाल, जुराब, नेकटायी हो अथवा कोई पुस्तक हो।

इन बातों से अस्थायी लाभ तो होगा परन्तु आप में आत्मविश्वास बढ़ेगा। इनसे बार–बार आपको स्मरण होता रहेगा कि सिगरेट पीना क्यों छोड़ना आवश्यक है। यह तर्क आपकी समझ में फिर से आकर आपको दृढ़ करेंगे कि सिगरेट से कितनी भयंकर बीमारियाँ हो सकती हैं।

जब आप सिगरेट छोड़ चुके होंगे तो आपके अन्य साथी जो सिगरेट पीते होंगे, सच्चाई यही है कि वे लोग भी मन–ही–मन चाहते होंगे कि काश वे भी सिगरेट छोड़ पाते।

इस प्रकार कुछ दिन और कुछ सप्ताह बीत जायेंगे, जिसमें आप देख और समझ पायेंगे कि सिगरेट छोड़ना इतना मुश्किल नहीं था। हाँ, कुछ मुश्किलें अस्थायी थीं और आपने धैर्य से उन पर विजय पा ली।

अब आप दूसरों का मार्ग–दर्शन कर सकते हैं, ताकि वे सिगरेट छोड़कर अपने व्यक्तित्व का विकास कर सकें।

### यह भी याद रखें

*तम्बाकू तो ऐसी चीज़ है कि कोई मुफ़्त में दे तो भी नहीं लेनी चाहिए, परन्तु आज तम्बाकू के दाम देने पड़ते हैं और वह भी चावल से अधिक। जो लोग तम्बाकू की क़ीमत चावल से ज़्यादा देते हैं, उनकी अक्ल क्या होगी।*

*–विनोबा भाव*

*तम्बाकू को सेवन करना स्वास्थ्य के लिए हानिकारक है।*

*–वैधानिक चेतावनी*

## शराब से छुटकारा कैसे?

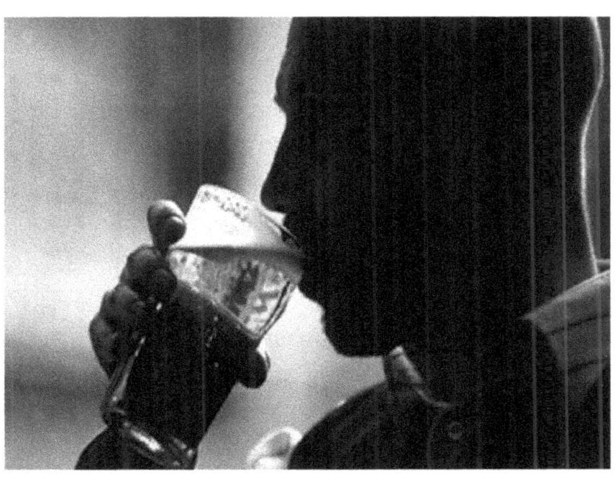

शराब उतनी बुरी नहीं है, जितना कि शराबी होना। हज़ारों वर्षों से लगभग सभी देशों में लोग शराब का उपयोग करते आये हैं, क्योंकि यह उपयोग की वस्तु है, परन्तु जब इसका दुरुपयोग किया जाता है तो यह मनुष्य का तन, मन और धन सब नाश कर देती है।

हमारे देश भारत में ही लगभग 10 करोड़ से अधिक व्यक्ति पक्के शराबी बन चुके हैं, जो आदत से मजबूर होकर शराब पीते हैं। ऐसे लोगों के मन और शरीर दोनों में से उत्तेजना उठती है, अन्दर–ही–अन्दर एक आग्रह होता है, एक आवश्यकता पैदा होती है, जो इन्हें शराब में डूबने पर मजबूर कर देती है। आज तक विज्ञान कोई ढंग और दवा नहीं ढूँढ़ पाया जो आदमी की शराब पीने की आदत पूरे तौर पर छुड़ा सके। सभी विशेषज्ञ इस बात से सहमत हैं कि जब तक शराबी को पूर्ण तथ्यों का ज्ञान न हो और छोड़ने की प्रबल इच्छा न हो तब तक आदत से मजबूर लोग शराब पीते ही रहेंगे, चाहे समाज और धर्म कुछ भी कहे।

इस विषय पर अनेक देशों में गहन अनुसन्धान किये गये हैं और पता चला है कि जो लोग सामान्य मदिरापान करते हैं, वे न तो अधिक अस्वस्थ होते हैं और न ही आदत से मजबूर होकर शराबी बनते हैं। इसी तथ्य के

आधार पर प्रयत्न किये गये हैं कि बेबस शराबियों को इस प्रकार सुधारा जाये कि वे सामान्य ढंग से मदिरापान करने वाले बनें। यह तभी सम्भव है जब उनका आचरण परिवर्तित किया जायें अनेक सफल परीक्षण किये गये हैं और सफल विधियाँ प्रामणित की गयी हैं, जिनके आधार पर प्रयोग करके बड़े–बड़े शराबियों को सुधार कर संयमशील और अल्प मात्रा में मदिरापान करना सिखाया गया है।

जो शराबी अपनी इच्छा से शराब पीना छोड़ना चाहें तो यहाँ दी जा रहीं मानसिक विधियों को प्रयोग में लाकर अपनी समस्या पर विजयी हो सकते हैं।

सबसे आवश्यक है वह ज्ञान जिससे कोई भी व्यक्ति संयम से अपने–आप पर नियन्त्रण रखते हुए मदिरापान कर सकता है। मदिरा पीने से व्यक्ति के अन्दर क्या प्रतिक्रिया होती है, यह उस व्यक्ति के रक्त संचार में चल रहे मदिरा के गाढ़ेपन पर निर्भर करता है।

यदि रमघ 20 मि.गा. प्रतिशत हो तो व्यक्ति ने लगभग एक पेग शराब पी होती है और उसे अपने पर मदिरा का कुछ थोड़ा–सा प्रभाव मालूम होता है।

यदि रमघ 40 मि.गा. प्रतिशत हो तो अधिकतर व्यक्ति मानसिक और शारीरिक रूप से आराम अनुभव करते हैं।

यदि रमघ 60 मि.ग्रा. प्रतिशत हो तो व्यक्ति को सोचने–विचारने में कुछ दुर्बलता प्रतीत होती है और किसी तर्क करने और निर्णय लेने में संशय होने लगता है।

यदि रमघ 80 मि.ग्रा. प्रतिशत हो तो व्यक्ति का अपने शरीर पर नियन्त्रण अवश्य ही क्षीण हो जाता है। इसी अवस्था को कई राज्यों में क़ानूनी रूप में 'शराबी' माना जाता है।

यदि रमघ 100 मि.ग्रा. प्रतिशत हो तो व्यक्ति की चेतना में स्पष्ट अवरोध होता है और अपने ऊपर नियन्त्रण नहीं रख पाता।

यदि रमघ 120 मि.ग्रा. प्रतिशत हो तो आमतौर पर उल्टी हो जाती है।

यदि रमघ 150 मि.ग्रा. प्रतिशत हो तो व्यक्ति अपने आपको ठीक खड़ा रखने और चलने में सन्तुलित नहीं रख पाता।

यदि रमघ 300 मि.ग्रा. प्रतिशत हो जाये तो अधिकतर लोग बेहोश हो जाते हैं।

यदि रमघ 400 मि.ग्रा. प्रतिशत हो तो बेहोशी के साथ कुछ लोग मर भी जाते हैं। और यदि रमघ 450 मि.ग्रा. प्रतिशत हो जाये तो साँस चलनी रुक जाती है और व्यक्ति की मृत्यु हो जाती है।

ऊपरलिखित रमघ की मात्रा का कारण तो मदिरा की मात्रा, मदिरा को कितने समय तक पिया जाना और पीने वाले का शारीरिक वज़न है, परन्तु ज्यों–ज्यों रमघ बढ़ता जाता है, पीने वाले का आचरण बदलता जाता है। इससे कोई भी समझदार व्यक्ति यह निर्णय कर सकता है कि उसके अपने लिए ठीक सीमा कितने मि.ग्रा. प्रतिशत रमघ है।

वास्तव में हमारा शरीर आमतौर पर आधा पैग तक ही रक्त में प्रवाह हो रही शराब को एक घंटे में निष्क्रिय कर सकता है। अतः यदि आप मध्यम श्रेणी के शारीरिक वज़न वाले हैं तो प्रति घंटे आप आधा पैग शराब पीते जायें तो भी सुरक्षित रहकर आप उन्माद से बचे रहेंगे।

शराब की आदत को नियन्त्रण में लाने के लिए मदिरा पीने वाले को अपने मदिरापान पर गहराई से सोच–विचार करना चाहिए। यदि व्यक्ति ने अपनी रक्त मदिरा के घनेपन की सीमा पक्की निश्चित कर ली है तो आगे के अपने आचरण के लिए निम्न विधियों की प्रयोग में लाना चाहिए–

- जिस व्यक्ति को शराब छोड़नी है अथवा नियन्त्रित करनी है, उसे अपने ये विचार अपने परिवार, सहयोगी, विश्वसनीय मित्रों को बता देने चाहिए और उनकी सहायता लेनी चाहिए।
- कुछ लोग अपनी व्यथा, निराशा इत्यादि को भूलाने के लिए शराब पीना शुरू करते हैं, जो ग़लत है। मुश्किलों को भूलने के लिए शराब पीना तो अपनी मुश्किालों को और बढ़ाना है। अपनी मुसीबतों और समस्याओं से अन्य लोगों के साथ बातचीत करके बचना ठीक होता है न कि शराब में डूबने से
- एक ही प्रकार की मदिरा पीने से उसकी लत पड़ जाती है। अच्छा हो कि भिन्न–भिन्न प्रकार की शराब ली जाये न कि एक ही मनपसन्द ब्रांड की।
- कई लोग शराब को जल्दी से पानी की तरह पीते हैं। यह तरीक़ा ग़लत है। यह पेट में एकदम उतारने की चीज़ नहीं है।

इसे धीरे–धीरे एक–एक घूँट करके आराम से अधिक–से–अधिक समय लगाकर पीना चाहिए। एक घूँट पीकर बाक़ी गिलास को टेबल पर रख देना चाहिए और काफ़ी समय के बाद फिर गिलास उठाकर अगला घूँट पीना चाहिए।

- जब एक गिलास पी लिया जाये तो दूसरा गिलास भरने में पाँच, दस या पन्द्रह मिनट का समय लगाना चाहिए। जितना अधिक समय आप छोड़ेंगे उतना ही आपका आत्मविश्वास बढ़ेगा, क्योंकि आपके अन्दर जो उत्तेजना होगी, दूसरा गिलास लेकर पीने की, वह उत्तेजना आपके नियन्त्रण में आनी शुरू हो जायेगी।
- यह तो सर्वमान्य ही है कि जब प्यास लगे तो सबसे पहले पेय पदार्थ तो जल ही है। आप प्यास बुझाने कि लिए कभी भी शराब मत पीजिए। कई लोग शराब के साथ नमकीन चीज़ें–कुरकुरे, आलू के तले चिप्स, मूँगफली इत्यादि खाते रहते हैं, परन्तु यदि प्यास हो तो यह नमकीन वस्तुएँ प्यास को बढ़ायेंगी।
- कुछ लोग अपना शारीरिक अथवा मानसिक तनाव, झुंझलाहट आदि से छुटकारा पाने के लिए शराब पीते हें। परन्तु वे नहीं समझते कि एक मुसीबत से बचने के लिए वे दूसरी मुसीबत पाल रहे हैं। अच्छा हो कि तनाव से मुक्त होने की विधियाँ, जो पिछले अध्यायों में दी गयी है, प्रयोग में लाकर पहले अपना तनाव कम करें, और जब तनाव ही नहीं रहेगा, शरीर और मन शान्ति में होंगे तो अपने–आप मदिरा का आकर्षण घट जायेगा।
- यह देखा गया है कि दूसरे लोगों के कहने पर और दबाव में आकर कुछ लोग शराब पीने के लिए मजबूर हो जाते हैं। ऐसे समय पर यदि व्यक्ति दृढ़ता से और निश्चित भाव से कह सके कि वह नहीं पीता अथवा उसे और नहीं पीना है, तो वह नशे में फँसने से बच सकता है। मदिरा के स्थान पर, व्यक्ति कह सकता है कि उसे काफ़ी, पानी, चाय, सोफ्टड्रिंक, सोडा, आइसक्रीम अथवा अन्य पदार्थ चाहिए।
- आप अपना ध्येय स्पष्ट रखें और जैसे–जैसे आप प्रगति करते जायें, वैसे अपने लिए कुछ नई वस्तु लेकर अपने मन को प्रसन्न करें। पीना ही हो तो कम नशे वाली मदिरा पिएं जैसे कि वाइन, बीयर आदि। इस प्रकार ज्यों–ज्यों आपका आत्मविश्वास बढ़ता जाये, आप अपने परिवार वालों और मित्रों को विश्वास में लेकर बताते चलें, जिससे कि वे आपके प्रयास की प्रशंसा करें।

अन्त में मैं यह कहना चाहूँगा कि आपको प्रगति में कई बाधाए आयेंगी , परन्तु आप निराश न हों। जब भी आप फिसल जायें तो उठकर फिर आत्मविश्वास से अपने आपको नियन्त्रण में रखिए। याद रखिए, शराब एक अच्छे व्यक्तित्व की प्रबल दुश्मन है। शराब के नशे में आदमी अपनों को भी ऐसी चोटें पहुँचाता है, जो उम्र भर नहीं भूली जा सकती।

यहाँ मैं आपको शराब छुड़ाने वाली एक टेबलेट का नाम बता रहा हूँ। इस टेबलेट को आप प्रतिदिन सुबह–शाम लेंगे, तो आप शराब से ही घृणा होने लगेगी और आप शराब की ओर देखना भी पसन्द नहीं करेंगे। इस टेबलेट का जेनेरिक नाम यों तो Disulfiram है, लेकिन यह बाज़ार में *'डाइज़ोन'* के नाम से उपलब्ध है। इस टेबलेट को लेने से पहले आप किसी चिकित्सक की सलाह अवश्य लें, क्योंकि विभिन्न बीमारियों में इसका सेवन आपकी सेहत के लिए घातक हो सकता है।

**यह भी याद रखें**

*जिन लोगों को शराब पीने की घृणित आदत है, उनसे सुन्दिरयों अपना मुँह फेर लेती हैं*

*–सन्त तिरुवल्लुवर*

*यह तो हद दर्जे की वेबकूफ़ी और नादानी है कि अपना पैसा ख़र्च करें और बदले में सिर्फ़ बेहोशी और बदहवासी हाथ लगे।*

*–सन्त तिरुवल्लुवर*

*संसार की सारी सेनायें मिलकर इतने मनुष्यों और इतनी सम्पत्ति को नष्ट नहीं कर सकती, जितनी शराब पीने की आदत।*

*–मिल्टन*

*शराब अन्दर, तो बुद्धि बाहर।*

*–अज्ञात*

# 5

## क्रोध से छुटकारा

अपने समय के प्रसिद्ध लेखक एन्सवर्थ राबर्ट को पत्नी बहुत कर्कश और झगड़ालू थी। एक दिन उसने गुस्से में आकर उनकी ऐसी पाण्डुलिपी फाड़ दी जिसे उन्होंने उसी दिन समाप्त किया था। राबर्ट की जगह दूसरा कोई होता तो क्या होता? लड़ता–झगड़ता और घर में कोहराम मचा देता, पर राबर्ट ने ऐसा नहीं किया। बिना एक शब्द कहे वह पूरे जोश–शोर से पुनः लिखने में जुट गये।

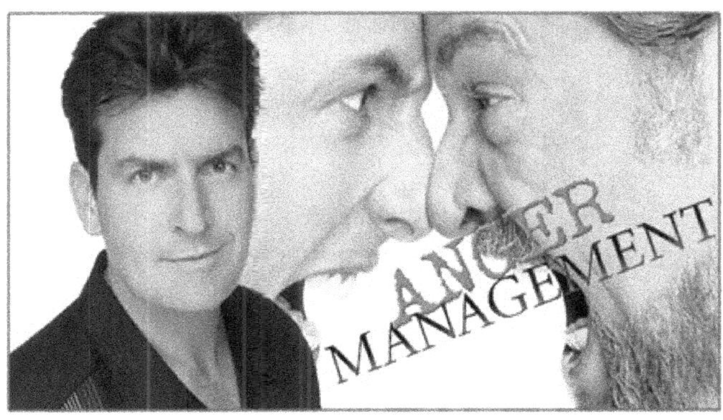


अब ज़रा तस्वीर का पहलु भी देखिए। मान लीजिए राबर्ट अपनी पत्नी को खरी–खोटी सुनाते, बहस करते, तो क्या हासिल होता? क्या वह पाण्डुलिपि वापस लौट आती? नहीं, उलटे कलह करने से उनका मन विचलित और हो जाता। मुमकिन है यह झगड़ा लम्बा खिंचता जाता। कई दिन तक घर में कलह का आलम और तनाव पसरा रहता। ज़ाहिर है, ऐसे माहौल में वह कुछ भी लिखने में समर्थ नहीं हो पाते। बेवजह समय और ऊर्जा की बरबादी होती। इस तरह क्या वह एक महान लेखक बन पाते?

हम लोग बचपन से ही सुनना शुरू करते हैं कि 'गुस्सा मत करा', 'गुस्सा करने से कोई फ़ायदा नहीं', 'अपने आप में रहो' इत्यादि। अगर कहने समझाने वाला यदि कोई धार्मिक व्यक्ति हो तो वह कहेगा कि पाँच वासनाओं को छोड़ो–काम, क्रोध, मद, लोभ, मोह। अर्थात् क्रोध को भी एक प्रकार की वासना कहा गया है। महात्मा लोगों ने तो क्रोध से अकारण होने वाले सत्यानाश के बारे में अनेक कहानियाँ और उदाहरण बुन रखे हैं। फिर भी सब ओर क्रोध ही क्रोध दिखायी देता है, क्योंकि क्रोध की भावना प्रत्येक जीव में जन्म से लेकर मृत्यु तक थोड़ा–बहुत बनी रहती है। यह एक स्वाभाविक मूल भावना है, परन्तु इसके कुछ लाभ भी हैं।

एक तरफ़ तो क्रोध के कारण ही सभी महायुद्ध शुरू होते हैं, मानव हृदय से दया और करुणा घटती जा रही है और समाज के सभी क्षेत्रों में परस्पर प्रेम भावना में ज़हर फैलना शुरू हो जाता है। परन्तु दूसरी तरफ़ क्रोध से हमें उचित कार्यों के लिए लड़ने की शक्ति मिलती है, हम अपनी रक्षा भी कर पाते हैं।

सभी धर्म, विद्वान, लेखक और विचारक यही कहते हैं कि क्रोध को छोड़ों परन्तु यह शायद ही कोई समझाता है कि क्रोध को कैसे छोड़ा जाये। आइये, इस मूल भावना के ऊपर नियन्त्रण पाने की मनोवैज्ञानिक विधियाँ सीखें।

सर्वप्रथम क्रोध के लक्षण और कारण जानने की कोशिश करनी चाहिए।

1) क्रोध किसी ख़तरे और धमकी की स्वाभाविक प्रतिक्रिया है। जब भी हमें मानसिक सूचना मिलती है कि किसी ओर से हमें भय, हानि, धमकी, भर्त्सना, आपत्ति इत्यादि आ सकती है, तो तुरन्त क्रोध की भावना उपजती है, जो अधिकतर इसलिए होती है कि उसी प्रकार की स्थिति में हमारे पुराने अनुभव प्रिय अथवा अनुकूल नहीं थे। जैसे यह कहते हैं कि 'सुन्दतरता तो देखने वाले की आँख में उपजती है।' वैसे ही यह कहना भी उचित है कि 'क्रोध की उत्तेजना भी देखने वाले की अपनी निजी उपज है।' जो बात किसी व्यक्ति के लिए प्रबल उत्तेजना है, वही दूसरे व्यक्ति के लिए साधारण छेड़छाड़ हो सकती है। किसी यूनानी विद्वान ने सत्य ही कहा है कि 'मनुष्यों को वस्तुएं कष्ट नहीं देती, परन्तु उन वस्तुओं के बारे में मनुष्यों के विचार कष्ट देते हैं।'

2) क्रोध का रूप दो प्रकार का होता है। दोनों रूप एक–दूसरे के विपरीत होते हैं; पहला तो वह रूप है, जब क्रोध फूटकर निकलता है, जिससे हमारे अन्दर का तनाव बह जाता है और हमें तुरन्त आराम मिलता है, और दूसरा वह रूप है, जो हमारे अन्दर शरीर में विषाक्त रसायन पैदा करता है, जिससे धीरे–धीरे शरीर को रोग लगने शुरू हो जाते हैं।

3) क्रोध हमें ऊर्जा देता है। संकट के समय क्रोध हमारी सहायता के लिए हममें शक्ति भर देता है। चीनी भाषा में क्रोध शब्द को कहते हैं 'ऊर्जाकारक'। इसीलिए आवश्यक है कि कुछ अंश तक क्रोध ही हमारी कार्य सिद्धि में सहायक हो, जिससे हम अपनी ज़िम्मेदारियाँ पूरी कर सकें।

4) क्रोध को हम दो प्रकार से व्यवहार में लाते हैं। पहला व्यवहार तो अस्पष्ट क्रोध का होता है, जिसमें हम तर्क करते हैं और परोक्ष रूप से विरोधी को हराने का प्रयत्न करते हैं। दूसरा व्यवहार स्पष्ट रूप से हमारी क्रोध की भावना व्यक्त करता है जैसे कि मुँह तमतमा जाना, आँखें गुस्से में लाल हो जाना गाली–गलौज करना इत्यादि। इस व्यवहार से दूसरे व्यक्ति को भी क्रोध आ जाता है और स्थिति भयानक रूप धारण कर लेती है। ज़्यादातर तो इन दो प्रकार के व्यवहारों का मिश्रित रूप ही क्रोध के समय प्रयोग में लाते हैं, जो समस्याओं को सुलझाने के लिए काफ़ी है।

5) क्रोध की हालत में कामों में अड़चने आती है। क्रोध के कारण हम उस सोचने, समझने, याद करने, निर्णय लेने में अपनी मानसिक क्षमता को पूरा प्रयोग में नहीं ला पाते। कहावत है कि क्रोध आने पर कभी भी किसी को पत्र न लिखें, अगर लिखें तो उसे कभी पोस्ट न करें।

6) क्रोध व्यक्ति का अपना नाश भी कर सकता है। कई लोग अपने क्रोध के कारण आने आप से घृणा करने लगते हैं, जिससे उनके शरीर में रक्तचाप बढ़ना, पेट में नासूर, माइग्रेन (आधे सिर में भयंकर दर्द) कब्ज़, डिप्रेशन (निराशा) आदि रोग हो सकते हैं।

यह याद रखिए कि क्रोध तभी एक समस्या बनता है जब (1) जब गुस्सा जल्दी–जल्दी और बार–बार आने लगे, (2) क्रोध की तीव्रता बहुत अधिक हो और सामान्य परिस्थितियों में असाधारण हो, (3) क्रोध में शरीर शान्त न हो और देर तक रहे, (4) क्रोध से विनाशक स्थिति बनती हो, (5) क्रोध से आपसी प्रेमभाव में कटुता आती है, (6) क्रोध के परिणामस्वरूप शरीर में रक्तचाप की अधिकता, सिर का तेज़ दर्द, कब्ज़, निराशा–विषाद इत्यादि रोग प्रकट हो जाते हैं।

आइए, अब हम क्रोध से राहत पाने की मनोवैज्ञानिक विधियाँ अपनायें। इन विधियों में से जो विधि आपको सुचारु लगे उसका अधिक प्रयोग करें। ज्यों–ज्यों आपका अभ्यास बढ़ता जायेगा, त्यों–त्यों आप क्रोध की समस्या सुलझा पायेंगे।

- सबसे पहले तो आप अपने क्रोध को लिखित रूप में किसी डायरी अथवा काप़ी में लिखकर उसका अध्ययन करें कि उसका कारण क्या है। यह एक उपयोगी विधि है, जिससे क्रोध की विविध रूपरेखा स्पष्ट होगी और जान पायेंगे कि क्रोध आपकी थकावट, अस्वस्थता, कार्य के दबाव, शारीरिक और मानसिक तनाव और अन्य किसी कारण से होता है और वह उचित था अथवा अनुचित। इससे आप यह भी देखेंगे कि दोष आपका अपना था या दूसरे का। डायरी में लिखिये कि किस व्यक्ति ने आपको क्रोधित किया, कितना क्रोध हुआ, कितनी बार हुआ, आपने स्थिति को कैसे संभाला। यह भी ईमानदारी से लिखिये कि आपका क्रोध करना उचित था या अनुचित। थोड़े दिनों के बाद, शान्ति से अपनी डायरी को पढ़िये और हो सके तो किसी विश्वसनीय व्यक्ति के साथ उस पर विचार–विमर्श करें।

- कल्पना करें कि आप दूसरे व्यक्ति के स्थान पर होते तो आप कैसा आचरण करते।
- अगले अध्याय में तनाव मुक्त होने की दी गयी विधि को प्रयोग में लाइये। जितना आप अपने आपको ढीला और विश्राम में रखेंगे, उतना ही क्रोध कम आयेगा। क्रोध आ जाने पर भी यदि तनाव–मुक्त रहने का प्रयत्न करेंगे तो मुश्किल परिस्थितियों पर भी आप नियन्त्रण पायेंगे।
- शारीरिक कार्य जितना उत्साहपूर्वक करेंगे, उतना ही अच्छा होगा। घर का कार्य करना, नहाना–धोना, तेज़ चलना इत्यादि कार्य जिनमें शारीरिक ऊर्जा बढ़े, अच्छे रहते हैं। इनसे तनाव घटता है।
- किसी निष्पक्ष व्यक्ति से खुलकर बातें कर लीजिए। इससे आपके अन्दर की घुटन हटेगी और क्रोध समाप्त होगा। इसके अलावा आप अपनी कोई प्रिय रचनात्मक क्रीड़ा और शौक़ में लग जाइये जिससे मानसिक स्थिति में परिवर्तन हो।
- आप जिस व्यक्ति से क्रोधित हुए हैं, उसको अपनी ओर से कल्पना द्वारा पत्र लिखिये (परन्तु पत्र भेजिये नहीं) जिसमें स्पष्ट कीजिए कि किस कारण से आप क्रोध में आये थे। वह पत्र लिखकर आप अपने पास रख लीजिए और कुछ दिनों बाद उसे स्वयं पढ़िये। यह अभ्यास है।
- आप क्रोध के माहौल से कुछ देर के लिए अलग हो जाइये। कई बार होता क्या है कि स्थिति में सिवाय डिप्रेशन और घुटन के कुछ भी नहीं रहता। तब वहाँ से थोड़े समय के लिए हट जाना अच्छा है न कि क्रोध में भरकर फट पड़ना। जब आप पायें कि स्थिति ऐसी है तो आप वहाँ से बिना हार माने दूसरे कमरे में, बाथरूम में, आँगन में अथवा कहीं और चले जायें और लम्बी साँसे लें तो क्रोध से बचा जा सकता है।
- कई बार लोग अपनी बात को कह नहीं पाते और मन ही मन कुढ़ते रहते हैं। कई अस्पष्ट भाव से बिना कुछ व्यक्त किये ही इधर–उधर हटने, धकेलने और लड़ने–झगड़ने में लग जाते हैं।

इस प्रकार की स्पष्ट उक्तियों से क्रोध की बिगड़ती हुई स्थिति संभल जाती है। अच्छा है कि आप क्रोध करने की जगह कुछ समयानुकूल मुहावरे सीख लें कुछ प्रत्युत्तर सोचकर रखें, इससे आपका आत्मविश्वास भी बढ़ेगा और क्रोध भी नहीं आयेगा।

- आपका एक तीसरा कान भी है तो आपके अन्दर की बातें सुनता है। आप अपने अन्दर चल रही बातों की ओर ध्यान दीजिए तो आप पायेंगे कि जब आप उत्तेजित हों तो आपके मन में स्पष्ट मुहावरे इत्यादि क्रोधावेश में कहे जा सकते हैं। कल्पना कीजिए कि राहुल एक होटल में बैठा है और बैरा उसकी ओर ध्यान नहीं दे रहा तो राहुल अपने आप मन ही मन कुढ़कर कह रहा है–''साला, मेरी परवाह ही नहीं कर रहा अभी तक मेरे लिए पानी भी नहीं लाया। देख लूँगा साले को! जाती बार एक पैसा भी टिप नहीं दूँगा।'' ऐसी बातें राहुल के आगे आने वाले आचरण में प्रभाव डालेंगी।

आप भी स्थिति के अनुसार अपने अन्दर की बातों को सुनिये और उन उत्तेजित करने वाली बातों को नियन्त्रण में रखे। याद रखिए कि अन्तर की वैसी बातें आपके क्रोध को भड़काती है और आपके मानसिक सन्तुलन को बिगाड़ती हैं।

- कुछ लोग पहले से ही जानते हैं कि अमुक परिस्थितियों में उनको क्रोध आयेगा। ऐसे लोग तो मानसिक कल्पना द्वारा सीख सकते हैं कि वह पहले से अपने को क्रोध के प्रभाव से अलग कर लें। विधि यह है कि शान्त मन और तन से बैठकर कल्पना करें कि अमुक स्थिति उत्पन्न हो रही है परन्तु मैं क्रोध से अप्रभावित हूँ और शान्त हूँ। बार–बार इस प्रकार कल्पना से आप अपने काल्पनिक अनुभव में क्रोधहीन रहने के भाव भर सकते हैं, जिससे वास्तविक स्थिति के उत्पन्न होने पर भी आप शारीरिक एवं मानसिक रूप से शान्त रह पायेंगे।
- क्रोध में व्यक्ति दूसरे व्यक्ति की छोटी बुराई को भी बड़ी बुराई समझता है। क्रोध की विशेषता यह है कि वह बुरा भाव बना ही रहता है, जिसमें दूसरे व्यक्ति की अच्छाइयाँ छिप जाती है। हम अपने ही विचारों से किसी बात की भयंकरता को बढ़ा–चढ़ाकर अपने आपको क्रोधित और दुःखी करते रहते हैं।

ऐसी स्थिति में जब हमें विश्वास हो कि एक–न–एक दिन तो झगड़ा और द्वेष मिटाना ही है तो हमें चाहिए कि हम उस घटना के दूसरे पहलुओं पर भी ध्यान दें और उन बातों की ओर ध्यान न दें, जिनसे क्रोध उत्पन्न होता था। घटना तो वही रहेगी परन्तु उसमें एक नया दृष्टिकोण आ जायेगा। इसके अलावा जिस पर हमें क्रोध आया है, उसके प्रति शान्त वातावरण में विश्राम से बैठकर उसके गुणों के बारे में सोच–विचार करें तो भी क्रोध मिट जाता है। ऐसा करने से, चाहे हमें उस व्यक्ति से कभी भी मिलने का अवसर न मिले, हम अपने आपको स्वस्थ एवं शान्त रख सकेंगे।

- क्रोध में व्यक्ति का मुँह लाल हो जाता है, आँखें बाहर को निकलती हैं, शरीर तन जाता है, मुट्ठियाँ भिंच जाती हैं, व्यक्ति उठकर लड़ने के लिए तैयार हो जाता है, इत्यादि लक्षण प्रकट होते हैं।

यदि हमें उस समय यह याद रहे कि हमें अपने क्रोध को शान्त करना है तो हम अपने हाथ खुले रखेंगे। इतने से ही शान्त रहने की क्रिया शुरू हो जायेगी। खड़े हों तो बैठ जायें, बैठे हों तो लेट जायें, शरीर ढीला छोड़ दें, चेहरे को तनाव रहित कर लें। यदि हो सके तो दूसरे व्यक्ति को क्षमा कर दें। इससे भी अधिक चाहें तो उस व्यक्ति के हित के लिए परमात्मा से प्रार्थना करनी शुरू कर दें।

किसी के प्रति द्वेष रखने से हमारे अपने ही शरीर में हानिकारक शारीरिक रसायन उत्पन्न होते हैं। जहाँ तक हो सके, जाने दीजिए क्रोध की वृति को। क्या रखा है क्रोध में? कोई भी क्रोध कर सकता है। यह आसान है, परन्तु उचित व्यक्ति के प्रति क्रोध करना, उचित समय पर क्रोध करना तथा उचित अभिप्राय के लिए क्रोध करना, सबके लिए आसान नहीं है।

अन्त में, विवादों से दर रहने का अर्थ यह नहीं कि आप दूसरे की बात ग़लत होने पर भी उसे मानें, अपने आत्मसम्मान को ठेस पहुँचाएँ।

### यह भी याद रखें

*क्रोधी इनसान का स्वभाव ऐसे तिनके के समान होता है, जिसे क्रोध की आँधी कभी भी उड़ा ले जा सकती है।*
*–शेक्सपीयर*

*क्रोध से मनुष्य उसकी ही बेइज्ज़ती नहीं करता, जिस पर क्रोध करता, बल्कि वह स्वयं अपनी प्रतिष्ठा भी गंवाता है।*
*–महात्मा गाँधी*

*जो मन की पीड़ा को स्पष्ट रूप से कह नहीं सकता, उसी को क्रोध अधिक आता है।*
*–रवीन्द्रनाथ ठाकुर*

## तनाव से छुटकारा

यह बात सौ फ़ीसदी सच है कि अनेक रोगों की जड़ तनाव है। मनोचिकित्सक तो इसे हमारे कई मनोरोगों का कारण मानते ही हैं, लेकिन अब एलौपैथिक चिकित्सक भी इसे हमारे अनेकानेक रोगों की जड़ मानने लगे हैं। यह हमारा मानसिक तनाव ही है, जो कई बार सिरदर्द, हृदय रोग, अल्सर, मधुमेह, ब्लडप्रेशर आदि का कारण बनता है। अत्यधिक तनाव से युवावस्था में ही बाल सफ़ेद हो जाते हैं। तनावग्रस्त व्यक्ति अकसर चिड़चिड़े भी हो जाते हैं। यह स्वाभाविक ही है, किन्तु क्या वे जानते हैं ऐसे चिड़चिड़े व्यक्ति से कोई बात करना भी पसन्द नहीं करता। हालाँकि यह सच है कि जीवन में सफलता पाने के लिए कुछ कर गुज़रने के लिए ढीली–ढाली ज़िन्दगी से काम नहीं चलता, थोड़ा बहुत तनाव तो हर इनसान को सहना ही पड़ता है।

जैसे वीणा के ढीले तारों से सुर नहीं निकलते, सुर निकालने के लिए उन्हें कसना ज़रूरी है, उसी तरह ज़िन्दगी में कसावट ज़रूरी है, किन्तु किस सीमा तक। जैसे ज़्यादा कसने से तार टूट जाते हैं, उसी तरह ज़्यादा तनाव हमारे लिए नुक़सानदेह होता है। इसके विपरीत आवश्यक तनाव जीवन में मधुर राग लाते हैं....और नींद न आने की बीमारी भी नहीं होती।

वैसे कई बार तो तनाव का कारण हमारी अपनी ग़लतियाँ होती हैं। व्यवस्थित रूप से सोच–विचार कर ईमानदारी से कार्य न करने के कारण हमारे सामने इतनी अधिक समस्याओं का अम्बार लग जाता है कि हमें आगे का रास्ता दिखायी ही नहीं देता। इससे तनाव होना स्वाभाविक है। इससे बचने के लिए उत्साहपूर्वक सक्रिय होना होगा। लेकिन उत्साह ही काफ़ी नहीं है, इसके लिए हमें बुद्धिमत्तापूर्वक अपने कार्यों को निपटाना होगा।

इसके लिए व्यावहारिक सलाह दी जाती है, सबसे कठिन काम को सबसे पहले निपटाइए। इसके लिए डायरी नोट बनाना भी ज़रूरी है। सोकर उठते ही अथवा सोने के पहले रात में दूसरे दिन के कार्यों की सूची बना लीजिए। काम प्राथमिकता के आधार पर तय करें, किन्तु ध्यान रहे कि कठिन काम या ऐसे काम जिन्हें आप टालते जा रहे हैं, उन्हें सूची में पहला स्थान दें। हो सके तो घर में अपने किसी प्रियजन को यह सूची दिखा दें और फिर उसके अनुसार काम निपटायें। एक–एक काम निपटने पर प्रियजन तो आपको शाबाशी देंगे ही, स्वयं भी अपने को शाबाशी देना न भूलें। इस तरह काम के बोझ से होने वाला तनाव तो दूर होगा ही, ज़िन्दगी भी खुशनुमा बन जायेगी।

वैसे कभी–कभी तनाव के कारण वास्तव में बड़े भयानक होते हैं, जैसे हम या हमारा कोई परिचित दुर्घटनाग्रस्त हो जाये या लाइलाज रोग से ग्रस्त हो जाये, हमारा प्रिय हमसे बिछड़ जाये, हमारी आजीविका का कोई साधन न बचे और हम अचानक आसमान से ज़मीन पर आ गिरें।

अब मनोविज्ञान ने प्रमाणित कर दिया है कि आवश्यक नहीं कि पहले मानसिक आवेग हो तो शारीरिक तनाव होगा। बल्कि इसके विपरीत यदि शारीरिक तनाव न हो, या शारीरिक तनाव से विश्राम पा लिया जाये तो मानसिक आवेग आ ही नहीं सकता। ध्यान दीजिए, यदि शरीर की माँसपेशियों और स्नायुओं के साथ नाड़ी–तन्तु जुड़े हैं, जो मस्तिष्क को प्रभावित करते हैं। जब माँसपेशियों विश्राम से होती हैं तो नाड़ी–मण्डल भी विश्रान्ति में रहेगा, जिससे विचार और भावनायें भी स्वस्थ एवं शान्त रहेंगी। तनाव से मुक्ति कैसे पायी जाये, इसके लिए मैं आपको मनोविज्ञान की कुछ विधियाँ बता रहा हूँ। इसका आधार न केवल ऋषि–मुनियों के शास्त्र हैं, बल्कि अमेरिका में पिछले पचास साल से किये गये करोड़ों रुपयों की लागत वाले अनुसन्धानों के प्रमाण भी हैं।

## तनावरहित विश्राम की मुख्य विधि

- एक कमरे में धीमा प्रकाश कर लें। नीचे दिखायी तस्वीर की तरह अपनी गर्दन, कंधे तथा घुटनों के नीचे गोल तकिये रख लें। धीरे–धीरे विचार करके देखें कि आप को लेटने में कोई असुविधा तो नहीं है। अगर आपके वस्त्र टाइट हों तो ढीले कर लें, चाहे पीठ के बल लेटें या दाये–बायें लेटें, कोशिश यही करें कि आपको आराम का अनुभव हो।

➪ अब लेटे हुए लम्बी साँस लेते हुए आँखें बन्द कर लें। जब श्वास से फेफ़ड़े भरे हों तो दस सेकण्ड तक श्वास रोकें और देखें कि छाती, गर्दन, पेट और कन्धों में काफ़ी तनाव आ गया है। तब धीरे–धीरे श्वास को बाहर निकालें और आँखें बन्द रखते हुए ही शरीर को ढीला छोड़ दें। मन में विचार करें कि बाहर जाती हुई श्वास के साथ ही शरीर का तनाव भी बाहर जा रहा है, जैसे कोई भार उतारा जा रहा है, सब ओर से दबाव हट रहा है या कोई पानी की लहर आपसे दूर जा रही है। आँखें तो सारी कार्यविधि में हल्की–सी बन्द ही रखें। अब फिर गहरी साँस लेकर रोकने और बाहर निकालने की ऊपर लिखी सारी क्रिया को पाँच बार दोहराने से यह क्रिया कुल छः बार हो गयी। अब आधा मिनट विश्राम से पड़े रहिए और सामान्य रूप से श्वास लेते रहिए।

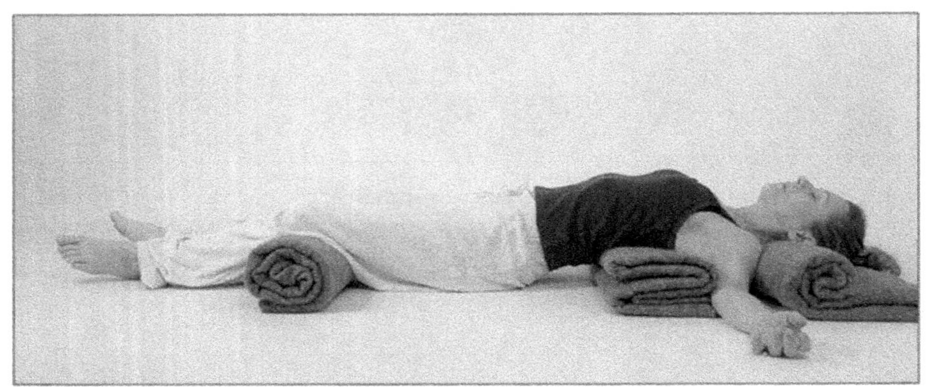

➪ कुछ देर बाद पुनः सावधान होकर यही प्रक्रिया दोहराएँ और देखें कि तनाव की स्थिति में कैसा लगता है और तनाव छोड़ देने पर कैसा ढीलापन लगता है। इसे हम लोग 'तनाव–मुक्ति' व्यवस्था कहते हैं। इसमें दस सेकण्ड के बाद बीस सेकण्ड तनाव–मुक्त रहना होता है। इस व्यवस्था को तीन बार दोहराएँ और अपने मानस पटल पर अन्य कोई विचार न जमने दें। यदि कोई विचार आये तो उस पर ध्यान न देकर, उसे बह जाने दें। आपके मन में केवल यही दृश्य हो कि आप लेटे हुए हैं और आपका शरीर ढीला होता जा रहा है। आप समझिए कि कोई आवाज़, कोई पुकार या शोर आपको उस समय परेशान नहीं कर पायेगा। इतना कर लेने पर आप अवश्य आपने आपको थोड़ा स्वस्थ एवं तनाव राहत पायेंगे।

➪ अब लेटे–लेटे मन से जहाँ तक हो सके यह स्पष्ट सजीव कल्पना कीजिए कि आपके पैरों के अँगूठों के अग्र भाग से एक मृदु आरामदेह लहर आपके शरीर में प्रवेश कर रही है, जिससे धीरे–धीरे आपके अँगूठे, अँगुलियाँ, पाँव की हड्डियाँ, मांसपेशियाँ, पुट्ठे, स्नायु सभी आराम पाते जा रहे हैं। आप पायेंगे कि सचमुच ही एक आरामदायक अनुभूति आपके पैरों में हो रही है। पाँव को आराम देती हुई वह पाँव के टखनों तक पहुँच कर धीरे–धीरे ऊपर टाँग तक आ रही है। आपकी जितनी सशक्त, सजीव और स्पष्ट कल्पना होगी, उतनी ही आपको सुखदायी अनुभूति होगी और आपके शरीर को तनाव–मुक्ति मिलती जायेगी।

कल्पना करते चलिये कि वह अनुभूति की सुखदायी, ऊर्जादायी, विश्रामदायी लहर धीरे–धीरे आपके पैरों से टाँगों पर बढ़ती हुई घुटनों की ओर जा रही है और आपकी टाँगों को आराम पहुँचा रही है। अब वही अनुभूति आपकी जाँघों तक जा रही है, फिर आपकी जाँघों और पेट के बीच के जोड़ को आराम देती हुई पीछे कूल्हों तक पहुँची है, जिससे सभी जोड़ो, माँसपेशियों, स्नायुओं आदि में कोई तनाव नहीं रहा और विश्राम की स्थिति पैदा हो गयी है।

शरीर के सारे अंगो के सारे अवयवों पर आप धीरे–धीरे विचार ले जाकर अुनभव करें कि आपका शरीर एक कपड़े की गुड़िया की तरह ढीला पड़ा है। इसी विश्रान्ति का आनन्द लीजिए और लगभग आधा मिनट यों ही सुख से पड़े रहिए।

- अब तक आपकी आँखें बन्द थीं। अब आप अधिक गहन शान्ति में उतरिये और मन–ही–मन प्रसन्नता से अपने आपको और भी ढीला छोड़ते चलिए और साथ–ही–साथ मन में एक....दो.....तीन....चार.....से दस तक गिनते हुए शरीर को अधिक से अधिक ढीला करते जाइए। कहने का मतलब है कि आप अपने आपको जितना तनाव रहित कर पाते हैं, आपका प्रयत्न उससे आगे तक ही तनाव–मुक्त स्थिति में होना चाहिए।
- आप लेटे हुए हैं, आपके आँखें बन्द कर रखी हैं और आपका शरीर ढीला पड़ा हुआ है। अतः अभी उठने से पहले आपको अपने–आपको सावधान अवस्था में लाना आवश्यक है। इसलिए आप सावधान होने के लिए मन–ही–मन एक, दो, तीन, चार, 15 तक गिनिये और फिर मुँह से धीरे–धीरे 16, 17, 18, 19, 20 गुनगुनाते हुए आँखें खोलिए और अपने आपको चौकस पाइए। इस समय आपके शरीर के सभी भाग तनावरहित और प्रफुल्ल होंगे।

उक्त सम्पूर्ण विधि में लगभग बीस मिनट का समय लग जाता है। जिनको तनाव रहता है, उनके लिए इस विधि को दिन में तीन बार करना आवश्यक है। इस विधि को सीखते समय या प्रारम्भिक अवस्था में जल्दबाज़ी नहीं करनी चाहिए। हाँ, जब यह पूरी विधि प्रयोग करते–करते आदत सी हो जाय तो यह विधि पाँच मिनट में समाप्त हो जाती है। आप चाहे तो इसे बैठे–बैठे भी अपना सकते हैं।

इस विधि के प्रयोग से देखा गया है कि अनेक लोगों को तो अतिशीघ्र ही लाभ मिल जाता है। फिर भी याद रखिए, सीखते समय जल्दबाज़ी नहीं होनी चाहिए, क्योंकि जल्दबाज़ी से शान्ति दूर भागती है।

इस अध्याय को एक से अधिक बार पढ़ें। दूसरी बार इसको धीरे–धीरे सोच–विचार कर पढ़िए। तीसरी बार प्रयोग करने के साथ–साथ इस अध्याय को दोहराइए।

**यह भी याद रखें**

*तनाव/चिन्ता जीवन का शत्रु है।*

*–शेक्सपीयर*

*तनाव वह राक्षस है, जो मन में स्थाई रूप से अपना डेरा डालकर अन्दर–ही–अन्दर शरीर को दीमक की तरह चाट जाता है। जो लोग हमेशा तनाव में जीते हैं, वे न तो कोई कार्य आरम्भ कर सकते हैं और न ही सफलता प्राप्त कर सकते हैं।*

*–अरुण सागर 'आनन्द'*

## भय से छुटकारा

भय से मुक्त होना आसान नहीं है, लेकिन पर्याप्त प्रयत्न करने पर, ठीक–ठीक मार्गदर्शन मिलने पर और भय का सही रूप और कारण जानकर इससे मुक्ति पायी जा सकती है।

वास्तव में भय का मुख्य कारण होता है–अज्ञान। जो ज्ञान–युक्त भय होता है वह मानसिक भय नहीं, बल्कि यथार्थ का भय होता है। यथार्थ भय को मानसिक भय समझने की भूल नहीं करनी चाहिए। इस अध्याय में तो हम मानसिक भय के बारे में ही चर्चा करेंगे।

असल में भय की शुरुआत छोटी–सी अशान्ति, बाधा और उपद्रव से ही होती है और यदि उसे वहीं समाप्त न किया जाये, तो भय जड़ पकड़कर बढ़ने लगता है। उसमें अज्ञान के जुड़ जाने से वह कई बार बढ़कर त्रास और आतंक का रूप धारण कर लेता है, जिसे भय का भूत भी कहा जा सकता है। सभी जानते है कि शुरू में ही भय को

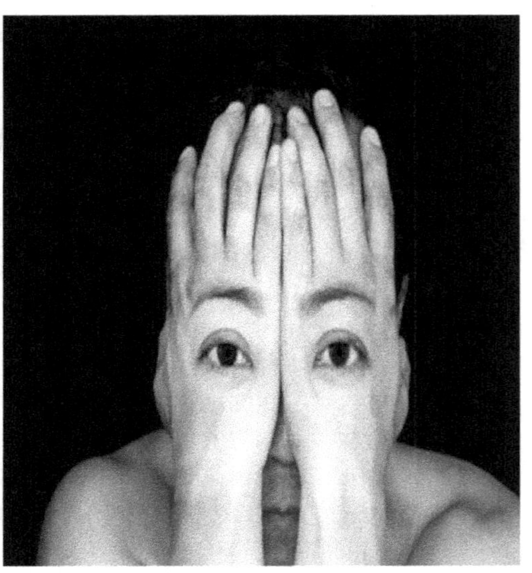

उखाड़ देना चाहिए जैसे कि घुड़सवार घोड़े की उछल–कूद से गिर जाये, तो लोग तुरन्त घुड़सवार को उठाकर फिर से घोड़े पर बिठाकर दौड़ाना शुरू करवाते हैं कि झट से घोड़ा और घुड़सवार दोनों ही व्यस्त हो जायें और गिरने का अनुभव भय के रूप में जड़ न पकड़ ले। यह एक महान मनोवैज्ञानिक सिद्धान्त है कि तुरन्त किसी दुर्घटना, उपद्रव, बाधा और अशान्ति आदि के होने पर यदि नियन्त्रण कर लिया जाये और काम चालू रखा जाये, तो उसका प्रभाव भय के रूप में जमता नहीं है।

वैसे तो भय से मुक्ति पाने के लिए असंख्य प्रयोग किये गये हैं, लेकिन मनोविज्ञान की खोज बताती है कि यदि आपको भय से मुक्त होना है तो निम्न विधि अपनाइये –

- आप उस दृश्य की कल्पना कीजिए कि भयभीत करने वाली स्थिति कैसे उत्पन्न होती है और मन ही मन उसका मुकाबला कीजिए।
- धीरे–धीरे भयभीत करने वाली स्थिति को वास्तविक रूप में लाइये और अनुभव को सफलतापूर्वक निर्भय पार कीजिए।

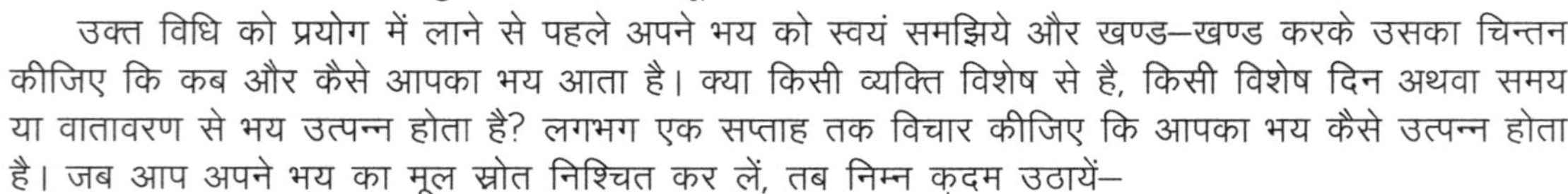

उक्त विधि को प्रयोग में लाने से पहले अपने भय को स्वयं समझिये और खण्ड–खण्ड करके उसका चिन्तन कीजिए कि कब और कैसे आपका भय आता है। क्या किसी व्यक्ति विशेष से है, किसी विशेष दिन अथवा समय या वातावरण से भय उत्पन्न होता है? लगभग एक सप्ताह तक विचार कीजिए कि आपका भय कैसे उत्पन्न होता है। जब आप अपने भय का मूल स्रोत निश्चित कर लें, तब निम्न क़दम उठायें–

सबसे पहले अपने विभिन्न प्रकार के भयों को एक काग़ज़ पर छोटी–सी सूची के रूप में नोट कर लें। पहले अपने सरल भय मिटाने का कार्य शुरू करें और बाद में कठिन प्रकार के भय से निपटें। जैसे कि यदि आपको हवाई जहाज़ में उड़ने का भय है और ऊँची बिल्डिंग पर चढ़कर नीचे झाँकने का भय है, तो पहले आप ऊँची बिल्डिग में चढ़ने और नीचे झाँकने के भय को दूर करें और बाद में हवाई जहाज़ में उड़ने के भय को लें।

अपने भय की विविध अवस्थाओं को नम्बर देकर रखें जैसे कि भय नहीं है तो शून्य (0) नम्बर, भय की बढ़ती हुई अवस्था को 1 से 9 नम्बर तक और सबसे अधिक भयावह अवस्था को 10 नम्बर दें। यह एक मानसिक प्रयोग की विधि है जो भय आने पर आपकी सहायता करेगी। साथ ही अपने मन में अपने आप से बातचीत कीजिए कि उक्त अवस्था में अन्य कोई व्यक्ति (जिसे भय नहीं सताता) क्या सोच–विचार और कैसा व्यवहार करेगा। याद रखिए कि अपने शरीर को, सभी अंगों को मानसिक प्रयत्न से तनावमुक्त रखना है, क्योंकि जब शरीर तनावमुक्त हो तो मन अथवा भावना में भय ही नहीं आता।

अब आप कल्पना से वास्तविकता में आने का विचार करें। उदाहरण के तौर पर यदि वन्दना को कुत्ते से भय होता है तो उसे निम्न प्रकार का प्रयोग करना उचित होगा, जिससे वह कुत्ते के भय से मुक्त हो सकेगी।

- एक मिनट के लिए कुत्ते को पचास गज़ की दूरी से देखें।
- कुत्ते को एक मिनट के लिए पच्चीस गज की दूरी से देखे।
- कुत्ते की ओर एक क़दम बढ़ाये।
- ज़ंजीर से बँधे कुत्ते की ओर दस गज की दूरी से देखे।
- उस कुत्ते की ओर दस क़दम बढ़ाये।
- उस कुत्ते का नाम लेकर पुकारे।
- उस कुत्ते से तीन गज़ की दूरी से मीठी वाणी में बोले।
- कुत्ते के मालिक के साथ कुत्ते के पास जायें

➪ कुत्ते को अपने पैर, टाँगे आदि सूँघने दें।

➪ कुत्ते को अपना हाथ सूँघने दें।

➪ कुत्ते को अपने हाथ से सहलाये।

इस सारी प्रक्रिया को धीरे–धीरे करना है और साथ ही साथ अपनी साँस को आराम से चलने देना है। शरीर को तनाव–मुक्त रखना है। एक दिन में नहीं तो एक सप्ताह में, और यदि फिर भी नहीं तो एक महीने में तो भय छूट ही जायेगा। यह कोई मशीनी प्रक्रिया नहीं कि बटन दबाया तो चालू और बटन दबाया तो बन्द, इसमें समय तो लगेगा ही। कितना समय लगेगा? यह आप पर निर्भर करता है। यहाँ यह भी याद रखना होगा कि छोटे–छोटे क़दमों से सफलता की सीढ़ी पर चढ़ पायेंगे, न कि बड़ी छलांग लगाने से। हर छोटे क़दम की सफलता से हमारा आत्मविश्वास बढ़ेगा। फिर भी यदि आपमें आत्मविश्वास पहले से ही है और आप अपने को सशक्त समझते हैं, तो अपनी प्रगति की गति स्वयं बढ़ा सकते हैं।

आइए एक और उदाहरण लें। सौरभ को कार चलाने में भय लगता है, हालाँकि उसको चलाना सिखाया जा चुका है और वह चला सकता है। न जाने उसे कार चलाने में इतना डर क्यों लगता है। हम उसके लिए निम्न सुझाव सुझाते हैं–

1) पहले कार के अन्दर इंजन को बन्द रखते हुए ही पाँच मिनट बैठे।
2) पाँच मिनट ड्राइवर की सीट पर बैठकर बन्द इंजन से हैंडिल, गीयर, क्लच, ब्रेक इत्यादि से खेले।
3) इंजन चलाकर फ़ौरन बन्द कर दें।
4) इंजन चलाकर दो चार मिनट चलने दें, फिर बन्द कर दें।
5) इंजन चलाकर गीयर में डालकर फिर न्यूट्रल कर दें।
6) इंजन चलाकर गीयर में डालकर दो तीन मीटर कार चलाये, फिर इंजन बन्द कर दें।
7) इंजन चलाकर खुली सड़क पर बीस–तीस मीटर चलाकर खड़ी कर दें। फिर घुमाकर वापिस लाकर खड़ी कर दें।
8) अगले दिन दस मिनट तक कार चलाये और घूम आयें।

9) अब किसी बाज़ार में कार ले जायें। वहाँ खड़ी करके दुकान से कुछ ख़रीद कर वापिस आ जायें।

इस तरह एक–एक क़दम से उसका भय दूर होता जायेगा। उपर्युक्त पहले 1 से 8 क़दम वह किसी साथी के निर्देशन में चला सकता है और जब उसे यक़ीन हो जाये कि वह कार चला सकता है, तो स्वयं कार चलाये। भय से मुक्त होने की विधियाँ कई बार बीच में ही रोकनी पड़ती है, क्योंकि हो सकता है कि बीच में भय आ जाये। कई लोग पूछते हैं कि तब क्या करें जब भय आकर घेर लें? इस परिस्थिति में निम्न सुझाव दिये जा रहे हैं।

- आपको भय आने की आशंका है, तो भय की प्रतीक्षा कीजिए और उसे आने दीजिए। आप उसके आने का विरोध न करें, क्योंकि जिनता विरोध अथवा रोकने का प्रयत्न करेंगे, उतना ही वह भय बढ़ेगा। विरोध करने की बजाय उसका उपचार करना है और आप उस स्थिति में भय पर नियन्त्रण करने के मार्ग ढूँढ़ लेंगे, जिनसे आप भय से कम प्रभावित होंगे और सुरक्षित होंगे।
- जब भय ने आपको घेर लिया हो तो आप उस वास्तविक वातावरण पर ध्यान दें, जिसमें आप उस समय हों। अपने आप प्रयत्न करें कि आपका ध्यान उपस्थित लोगों के चेहरों, आसपास के दृश्यों, कपड़ों, सामान इत्यादि पर अधिक जायें आप अब अपनी ओर ध्यान से देखें, अधिक ध्यान से सुनें, स्पर्श करें, सूंघे और मुँह में रखने की कोई चीज़ हो तो मुँह में रखें। तब जो भी काम कर सकते हैं, जैसे–पढ़ना, बोलना, गाना, गुनगुनाना, चलना–फिरना, गिनना, खाना, सफ़ाई का काम करना इत्यादि ताकि आप वास्तविकता में रहें, न कि भय में रहें। तब गहरा लम्बा साँस लीजिए और एक, दो, तीन, चार, पाँच गिनकर साँस छोड़िए। अब शरीर को अकड़ाइये और फिर ढीला छोड़ दीजिए। अपने आप से बात कीजिए, किसी दूसरे से बात कीजिए, कुछ भी करते रहिए जिससे आप वास्तविकता से जुड़े रहें न कि भय के विचार से। उस वातावरण से भागकर घर जाने का या अन्यत्र जाने का विचार मत कीजिए। विश्वास रखिए कि उसी स्थान पर ऊपर लिखित छोटी–छोटी बातों के प्रयोग से अपनी इन्द्रियाँ वास्तविकता में (देखना, सुनना, सुँघना, बोलना, छूना, खाना, चलना, पढ़ना, कोई भी काम करना) रखने से भय आपका कुछ नहीं बिगाड़ पायेगा। इस विधि के प्रयोग से भय लगना समाप्त हो जायेगा।

## यह भी याद रखें

*भय से मनुष्य को तब तक डरना चाहिए जब तक वह नहीं आया है, परन्तु जब आ ही जाये, तो निडर होकर उस पर प्रहार करना चाहिए।*

*–चाणक्य नीति*

*भय से ही दुःख आते हैं, भय से ही मृत्यु होती है और भय से ही बुराइयाँ पैदा होती है।*

*–स्वामी विवेकानन्द*

*डरने वाला व्यक्ति स्वयं डरता है, उसको कोई नहीं डराता।*

*–महात्मा गाँधी*

# 6

## विनम्र बनिये

हमारे समाज में विनम्रता एक विशिष्ट गुण माना गया है। विनम्रता को मानवता का सबसे बड़ा आभूषण कहा जाता है। विनम्र व्यक्ति सभी की श्रद्धा और सम्मान का पात्र होता है। अगर कोई व्यक्ति विद्वान होने के साथ–साथ विनम्र भी हो तो समझिए सोने पे सुहागा। विनम्र व्यक्ति सबका प्रिय होता है। सब उसकी प्रशंसा करते हैं। जिनमें यह गुण नहीं पाया जाता, उसे सब उपेक्षा से देखते हैं।

भारतीय संस्कृति में विनम्रता का बार–बार गुणगान किया गया है। विनम्रता विद्वानों और सज्जनों का सर्वोत्तम गुण माना गया है। 'विदुर नीति' तथा 'चाणक्य नीति' में बताया गया है कि विनम्रता के बिना विद्वान की विद्वता और सज्जन की सज्जनता का कोई महत्त्व नहीं है। विनम्रता के अभाव में महाज्ञानी, ध्यानी, पंडित, दानी, कृपालु सज्जन भी पूँछ कटे जानवर के समान है।

विनम्रता क्रोध, उत्तेजना, द्वेष का शमन करती है और अनावश्यक विवादों से रक्षा कर समय की बचत करती है। विनम्रता को अपनाने वाला व्यक्ति समाज में सम्मान भी पाता है। दुर्वासा और विश्वामित्र विनम्रता के अभाव के कारण श्रेष्ठ मुनियों की सूची में नहीं आते हैं। अपने क्रोध और उग्र स्वभाव के कारण कई प्रकार के उत्पातों को जन्म देकर उन्होंने लोगों की घृणा ही प्राप्त की है उनमें विनम्रता बिलकुल नहीं थी।

नौकरी हो या व्यवसाय, विनम्रता ही आपको लोकप्रिय बनाती है। नौकरी में आपको अपने से बड़े अधिकारियों के साथ विनम्रता का व्यवहार करना आवश्यक है। इसके अभाव में आप न तो तरक्की पा सकते हैं और न ही अपना जीवन शान्तिपूर्वक गुज़ार सकते हैं। मनोविज्ञान द्वारा प्रमाणित हो चुका है कि हर व्यक्ति में कुछ न कुछ स्वाभिमान ज़रूर होता है। यहाँ तक कि एक भिखारी का भी अपना स्वाभिमान होता है और जब आदमी के स्वाभिमान को ठेस लगती है, तो वह विद्रोही हो जाता है। विनम्रता का व्यवहार न होने पर वह भड़क जाता है।

विनम्रता का अर्थ नम्रतापूर्वक सिर झुकाकर बात करना या धीमे स्वर में बोलना, बल्कि अपने आचरण में विनम्रता लाने से भी है।

कुछ महापुरुषों की विनम्रता तो तारीफ़ के क़ाबिल है।

गोपाल कृष्ण गोखले एक दिन पूना के रेलवे–स्टेशन के प्लेटफार्म पर खड़े थे। ट्रेन रुकी तो एक नौजवान उतरा। उसके हाथ में छोटा–सा सूटकेस था। वह ज़ोर–ज़ोर से आवाज लगाने लगा–"कुली ! कुली !"

पास खड़े गोपाल कृष्ण जी लपककर उसके पास पहुँचे और विन्रम स्वर में बोले–"जी, साहब। कहिये।"

युवक ने गोपाल कृष्ण जी को आश्चर्य से देखा, फिर पूछा–"तुम कुली हो?"

"जी, साहब।" गोखले जी नम्रतापूर्वक बोले।

"लो, मेरा सूटकेस उठाओ और बाहर चलो।" युवक ने आदेश दिया।

गोखले जी ने सूटकेस पकड़ लिया। वह काफ़ी हल्का था। नौजवान उसे आसानी से उठाकर स्टेशन से बाहर जा सकता था।

चलते–चलते गोखले जी ने पूछा–"आपको कहाँ जाना है, साहब?"

"यहाँ कोई गोपाल कृष्ण गोखले है।" युवक बोला–"मुझे उन्हीं के यहाँ जाना है। क्या तुम उन्हें जानते हो?"

"जी, साहब। बिलकुल जानता हूँ। आपको उन्हीं के पास जाना है?"

"हाँ।"

"ठीक है, साहब। मैं आपको उनके पास ले चलता हूँ।"

गोपाल कृष्ण जी को इस संयोग पर बड़ा आश्चर्य हुआ। वह उस नौजवान को अपने साथ अपने घर ले आये।

अपने घर में आते ही उन्होंने नौजवान का सूटकेस एक तरफ़ रखा और फिर बोले–"आप तशरीफ़ रखिए। मैं गोपाल जी को आपके आने की ख़बर देता हूँ।"

इतना कहकर वे भीतर चले गये। थोड़ी देर बाद वे मुँह–हाथ धोकर बाहर आये और नौजवान से बोले–"कहिये, क्या काम है आपको गोपाल कृष्ण गोखले से। मैं ही गोपाल कृष्ण गोखले हूँ।"

युवक मानों सातवें आसमान से गिरा। वह आँखें फाड़कर गोपाल कृष्ण गोखले जी को देखता रह गया।

तभी गोपाल कृष्ण जी विनम्र भाव से बोले–"मुझे यह जानकर बड़ी हैरानी हो रही है कि जो नौजवान एक हल्का–सा सूटकेस नहीं उठा सकता वह अपने जीवन में क्या कर पायेगा।

नौजवान पानी–पानी हो गया।

तो यह थी गोपाल कृष्ण जी की विनम्रता। ऐसा था उनका व्यावहारिक रूप। उनकी इस विनम्रता के कारण युवक को जीवन भर का एक सबक मिल गया।

आप ही बताइए। विनम्रता में आपका जाता क्या है। आप नम्रता से लोगों से बोलिये। अपने बड़ों से नमस्कार कीजिए, उनका सम्मान कीजिए। फिर देखिये, सब कैसे आपकी प्रशंसा करते हैं, कैसे आपको सम्मान देते हैं।

महात्मा गाँधी जी ने विनम्रता के रूप को ही 'अहिंसा' की संज्ञा दी है। अहिंसा का मतलब यह नहीं कि एक तमाचा गाल पर पड़ा, तो दूसरा गाल भी सामने कर दिया। अहिंसा में इसका समर्थन नहीं है। पहले कहा गया है कि विनम्रता से काम लिया जाये। न मानने पर कठोर रुख अपनाया जाये। स्वयं महात्मा गाँधी जी विनम्रता के साथ अनुरोध करते थे कि अमुक कार्य कर दिया जाये, मान लिया जाये या वैसी व्यवस्था कर दी जाये। न मानने पर वह 'आन्दोलन' या 'सत्याग्रह' छेड़ दिया करते थे अथवा 'अनशन' पर बैठ जाया करते थे। विनम्रता, कायरता नहीं है, जैसा कि लोगों का भ्रम है। विनम्रता आपकी सज्जनता का प्रतीक है। आपको समाज में सम्मान दिलाने का माध्यम है। आप हमेशा विनम्र बने रहेंगे, तो देखिए कि लोग आपको किस तरह चाहते हैं।

वास्तव में विनम्रता आपके लिए ईश्वर की ओर से दिया गया सबसे बड़ा वरदान है। आप एक बार इससे प्रयोग में लाकर तो देखिये, फिर आपको सबका चहेता बनने से कोई भी नहीं रोक सकता।

## यह भी याद रखें

*जो तेरे सामने झुकता है, उसके सामने तू भी झुक जा।*

*–शेख सादी*

*नानक नन्हें है रहो, जैसी नन्हीं दूब।*
*घास–पात सब जरि गये, दूब खूब की खूब।।*

*–गुरु नानक देव*

## बुरी आदतों से छुटकारा कैसे?

यह बात तो आप जानते ही होंगे कि कुछ बातें हम जानते हुए सीखते हैं और कुछ बातें हम अनजाने में –जैसे नाखून चबाना, चिढ़ाना, बाल खींचना, हकलाना इत्यादि। अब ये बात तो साफ़ ज़ाहिर है कि कोई भी व्यक्ति जानबूझकर इन बुरी आदतों को नहीं सीखेगा। पिछले अध्यायों में मैं आपको चेतन और अवचेतन मन से वाक़िफ करा चुका हूँ। वास्तव में अवचेतन मन की ही बुरी बातें हमारी आदतें बन जाती हैं।

कई विद्वान वक्ताओं को भी बोलते देखा गया है, जो कि हड़बड़ा जाते हैं। कोई नाक पर अँगुली रखने लगता है, तो कोई एक हाथ से दूसरे हाथ की अँगुलियाँ मसलने लगता है। और कोई–कोई तो अपनी जेब से लिखने के काग़ज़ ढूँढ़ने लगता है कि बोलना क्या है। इन सब बातों से यही पता चलता है कि वह व्यक्ति आत्म–विश्वास खो रहा है और अपनी उलझन छिपाने के लिए असंगत व्यवहार कर रहा है।

ऐसी आदतों से दूसरे लोगों का अप्रिय प्रभाव पड़ता है एवं व्यक्ति हास्यास्पद बन जाता है। सभी चाहते हैं कि ऐसे बुरी आदतों से छुटकारा मिले मगर ऐसी आदते जाती ही नहीं है। मनोविज्ञान ने अब सफल परीक्षण करके ऐसी विधियाँ ढूँढ़ निकाली हैं, जिनसे अवचेतन मन में पाली हुई बुरी आदतों को छोड़ा जा सकता है। यह मनोवैज्ञानिक विधियाँ निम्न हैं–

- किसी भी बुरी आदत को छोड़ना हो तो पहले उस आदत को विस्तार से समझना आवश्यक है। अधिकतर यह आदतें अपने आप पड़ जाती है अतः आवश्यक है कि बुरी आदत को समझने के लिए हम एक डायरी रखें, जिसमें कम–से–कम दो सप्ताह तक हम यह नोट करें कि अमुक आदत प्रतिदिन कितनी बार प्रकट हुई, कितनी देर चली, कितनी तीव्र थी, कौन से स्थान पर हुई थी इत्यादि। इस प्रकार की डायरी से आपको यह भी पता चलेगा कि वह हास्यास्पद बुरी आदत कैसे–कैसे और कितनी कम होती जा रही है। यह डायरी आपको यह भी याद दिलाती रहेगी कि आपने उस आदत की ओर ध्यान देकर उसे प्रतिदिन छोड़ने का प्रयत्न करना है। अतः यह डायरी अपने पर्स या जेब में रखें तो अधिक व्यावहारिक होगा।
- आपको शीशे का सहारा भी लेना चाहिए। आप जानबूझकर शीशे के सामने अपनी आदतें दोहरायें। धीरे–धीरे करें और देखें कि आप क्या–क्या भंगिमाएँ करते हैं। उदाहरण के लिए यदि आपको नाखून चबाने की आदत है तो आप पायेंगे कि पहले आपका हाथ धीरे–धीरे मुँह के पास रुकता रहेगा और बाद में आप नाखून चबाना शुरू करेंगे। सभी बातों को ध्यान से देखें, होंठ, दाँत, गाल, आँखें–क्या–क्या हो रहा है। आपकी चेतना बढ़ेगी और अवचेतन मन की प्रवृति घटेगी।

- अपने आपको तनाव मुक्त रखिए। जब आप पायें कि आपकी हालत ऐसी होती जा रही है कि अब आपकी

बुरी आदत शूरू हो जायेगी तब आप अपने आपको झुंझलाहट में पायेंगे, इसलिए अपने–आपको ढीला छोड़िए और तनाव मुक्त हो जाइये।

- बुरी आदत को छोडने का एक सरल उपाय यह भी है कि उसकी बराबरी का कोई दूसरा अच्छा कार्य किया जायें मनोवैज्ञानिक समझाते है कि जब बुरी आदत आ रही हो तो हाथ की मुट्ठी धीरे से बन्द कर लो परन्तु मुट्ठी में थोड़ा तनाव अवश्य हो, अथवा हाथ से कोई पास की वस्तु पकड़ लो जैसे कि कोई किताब, कुर्सी–मेज़ का किनारा इत्यादि। यदि मुट्ठी खुल जाये या हाथ से कोई चीज़ छूट जाये तो कोई परवाह नही, फिर से मुट्ठी बन्द कर लो और अन्य वस्तु पकड़ लो। कहने का मतलब यही है कि आपको ध्यान रहे कि आपकी वह बुरी आदत चालू न होने पाये।
- कुछ लोगो को आँख की पलक झपकने या आँख ऐंठने की बुरी आदत होती है। ऐसे लोग स्त्रियों की उपस्थिति में आँख से पलक झलकने पर संकट में पड़ जाते हैं।

इस बुरी आदत को छोड़ने की विधि यह है कि आँख को पाँच सेकण्ड खुला रखें और फिर झपककर फिर पाँच सेकण्ड खुला रखें और फिर झपकने दो। इस प्रकार बिना आँखें को थकाये अभ्यास करते रहो कि पाँच सेकण्ड आँख खुले और फिर पलक बन्द होकर फिर खुलें। आप स्वेच्छा से पाँच सेकण्ड आँख खोलकर पलक बन्द करने की गति प्रयोग में लायेंगे, आपकी पलक मारने की बुरी आदत को छुड़वा देगी। फिर से समझिये कि आपने अपनी आँख सामान्य से थोड़ी देर खोलनी है बिना थकाये पाँच–पाँच सेकण्ड के बाद पलक झपकनी है। अपनी नज़र एक जगह मत रखिए और जहाँ चाहे आराम से घुमाते रखिए। आपकी आँख मारने की आदत दो सप्ताह में ठीक हो जायेगी।

फिर कल्पना कीजिए कि आपके गले, गरदन और छाती में ऐंठन भरी हुई है और अब वह इस तरह ढीले और स्वस्थ हो रहे हैं जैसे कि टी.वी. पर आप किसी खांसी की गोली लेने पर अथवा खांसी का शरबत चाटने पर गले में आराम आता देखते हें।

- आप बोलते वक़्त हकलाते हैं? आप जैसे कई और लोग भी हकलाते हैं, इसलिए आपकी समस्या ज़्यादा मुश्किल नहीं है। आपका हकलाना छूट सकता है, परन्तु थोड़ी मेहनत आप ही को करनी होगी। आप इस अध्याय को बार–बार धीरे–धीरे पढ़िए और समझिए । समझने के बाद आत्मविश्वास से निम्न प्रयोग कीजिए–मुख्यतः प्राणायम और तनाव रहित होकर स्थिर रहें।

यह तो सभी जानते हैं कि हकलाने में घबराहट और तनाव अहम भूमिका निभाते हैं। तनाव–मुक्त होने की विधियाँ प्रयोग में लाकर दिन में जहाँ तक हो सके तनावमुक्त रहिए। विशेषकर अपने गले, गर्दन, कंधों और पेट को तनाव रहित रखिए।

जब आप घर से बाहर हों तो जल्दी में बोलने से बचें। पहले सोच लें, फिर बोलें। बोलने से पहले साँस लेकर और आधी से अधिक साँस बाहर छोड़कर बोलना शुरू करें। अन्दर साँस लेते वक़्त बोलना शुरू न करे।

छोटे–छोटे वाक्य बोलें। हकलाने वालों को चाहिए कि वह शब्दों पर बल दें, वाक्य रचना पर बल दें। उदाहरण के लिए आपने कहना है, ''आज शाम की मीटिंग का प्रोग्राम क्या बनाना है?'' तो आप विभिन्न शब्दों पर बल देकर रूककर बोलें जैसे कि ''आज...शाम की....मीटिंग का प्रोग्राम .....क्या बनाना है?

फिर भी यदि आपको हकलाहट हो जाये तो रुक जाइए, लम्बी शान्त साँस खींचिए और उसके आधे से अधिक बाहर करके बोलना शुरू कीजिए। किसी अच्छे वक़्ता की सीडी या डीवीडी देखकर भी बोलने की कला सीखी जा सकती है। ऐसा बार–बार करने से आप में आत्मविश्वास बढ़ेगा और आप हकलाहट से छूट जायेंगे।

- ऊपर बतायी गयी विधियों से आप अपने बच्चों की बुरी आदतें छुड़वा सकते हैं। परन्तु यदि बच्चे में एक से अधिक बुरी आदतें हों तो कृपया एक समय में एक बुरी आदत सुधारने पर ही बल दें। जब बच्चा थोड़ा सुधरे तो तुरन्त उसे कुछ इनाम और प्रोत्साहन दें जैसे कि उसकी मनोवांछित मिठाई, पैसे, खिलौने, सिनेमा दिखाना इत्यादि।

प्रगति के साथ पुनः अवनति भी होगी तो निराश मत होना। पुरानी आदतों का छोड़ना मुश्किल ही होता है। यदि थोड़ी ग़लती हो जाये, तो दुबारा से विश्वास के साथ सुधरने–सुधारने की दिशा में प्रयास कीजिए। आप अवश्य सफल होंगे।

## यह भी याद रखें

*किसी व्यक्ति में अगर एक बुरी आदत पड़ जाती है, तो फिर बुरी आदतों का भण्डार बढ़ता ही जाता है। अगर आप शैतान के बेटे को अपने घर में आमंत्रित करेंगे, तो उसका पूरा कुनबा ही चला आयेगा। इसी तरह से एक बुरी आदत अपने साथ अनेकों बुरी आदतों को लेकर आती है।*

*–स्वेट मार्डेन*

*हर आदमी अपनी आदतों से मजबूर होता है।*

*–सकुरात*

*बुरी आदतों की लौह श्रृंखला मनुष्य के मन में किसी विषैले नाग की तरह लिपट जाती है और घातक प्रभाव डालती हैं। व्यक्ति का जीवन समय से पहले ही नष्ट होकर समाप्त हो जाता है।*

*–हेज़लेट*

## प्रेम से सभी को जीतें

हम देखते हैं कि लोग घरों में, सहयोगियों में, आस–पड़ोस में एक–दूसरे की आलोचना करते रहते हैं। यह स्वाभाविक ही है, क्योंकि हम केवल मनुष्य हैं–ऋषि या योगी नहीं परन्तु समझदारी किस विधि में है, यह बात मनुस्मृति के युगों से चले आ रहे इस श्लोक में दर्शायी गयी है–

*'सत्यं ब्रूयात् प्रियं ब्रूयात् सत्यम्प्रियम्।*
*प्रियं च नानतं ब्रूयात एष धर्मः सनातनः।।''*

अर्थात् 'मनुष्य को चाहिए कि वह सत्य बोले, प्रिय बोले, अप्रिय सत्य को न बोले और प्रिय असत्य को भी न बोले। यह सनातन धर्म है।'

वह कौन–सी विधियाँ हैं जिनके उपयोग से हम अपने में और अपने सम्पर्क में आने वालों में विस्फोटक परिस्थितियों का निवारण कर सकते हैं–

1) सबसे पहले हमें चाहिए कि किसी दूसरे का निरादर न करें। यदि हम किसी को भी तुच्छ, क्षुद्र, महत्त्वहीन बतायें तो वह शायद ही वही कभी हमें अपने हृदय से क्षमा कर सकेंगे। उसके मन से हमारे प्रति कल्याणकारी भाव तो ख़त्म हो ही जायेंगे। यदि हमें किसी के साथ सहमति न हो तो हमें उसे ऐसे नहीं कहना चाहिए–''तुम अनुचित हो'', तुम अयोग्य हो'', ''तुम ग़लत हो'', बल्कि ऐसे कहना चाहिए, ''आप ठीक हो सकते हैं, परन्तु मुझे ऐसा प्रतीत होता है....'' अथवा ''ऐसे मालूम होता है कि हम दोनों के विचार भिन्न हैं....।''

यदि आपको कभी अपने से छोटे को डाँटना भी पड़े तो भी आप अपने प्रति उसका सद्भाव खोना नहीं चाहेंगे। ऐसी स्थिति में उसके दोष बताने से पहले अच्छा हो यदि आप उसके किसी गुण का बखान करके फिर उसके अवगुणों की बात करें।

2) किसी को बुलाते समय उसका सीधा नाम बुलाने से अच्छा है कि उसके उपनाम से बुलाया जाये–जैसे कि पंकज शर्मा को 'पंकज' कहकर बुलाने से अच्छा है कि उसे 'शर्मा' कहकर बुलाया जाये तो वह आपको प्रिय बने या न बने, आप उसको अवश्य प्रिय लगने लगेंगे।

3) किसी के साथ बहस करते हुए यदि आप जीत जायें तो भी बेहतर है कि आप किसी मित्रतापूर्ण बात से वातावरण को सुलझा लें। दरअसल सचाई यही है कि किसी की भी कटु आलोचना करने का प्रभाव उस प्रभाव से उल्टा होता है जो हम चाहते हैं। और उससे आपसी समबन्ध तो बिगड़ते ही हैं, बल्कि दूसरी ओर से अपनी सफ़ाई देने के साथ–साथ तिरस्कार की भावना भी मिलती है। शायद ही कोई व्यक्ति अपनी भूल या बुराई को स्वीकार करने का तैयार होता है। निन्दा करना व्यवहारहीनता है और समय नष्ट करना है। लोगों से कुशलतापूर्वक निपटने के लिए उनको कभी भी तुच्छ और हीन नहीं महसूस करने देना चाहिए।

महात्मा गाँधी जी एक बार गुजरात के एक नगरसेठ के घर ठहरे हुए थे। सेठ बहुत देश भक्त था परन्तु उसका सोलह साल का एक पुत्र गलत आदतों का शिकार हो गया था। एक दिन सेठ ने अपने पुत्र को सिगरेट पीते देख लिया। शाम जब पुत्र घर आया तो सेठ आग बबूला होकर उसे गाँधी जी के सामने ही डाँटने–फटकारने लगा और उसे घर से निकाल देने की धमकी दी। पुत्र बुरी संगति में तो फँस ही चुका था, उसने उसी समय पिता को कह दिया कि वह स्वयं ही घर छोड़कर जा रहा है। तब गाँधी जी ने पिता–पुत्र दोनों को अपने पास बिठाकर कहना शुरू किया कि जवानी में स्वयं उन्होंने ऐसे–ऐसे कार्य किये थे, जिन्हें अश्लील, असभ्य, मूर्खतापूर्ण कहा जा सकता है। न जाने कितनी ग़लतियाँ, कितनी भूलें उन्होंने की थीं और उन भूलों के मुकाबले में सिगरेट पीना तो कुछ भी नहीं है। उन्होंने कहा कि सोलह साल की आयु में वह उस लड़के से अधिक असंयमी तथा उद्धत थे। परन्तु तब वह समझ नहीं सकते थे। अब वह समझ पाये है कि मातृ ऋण, पितृ ऋण आदि क्या होते हैं, पिता की धमकी में भी प्रेम भरा होता है, क्योंकि पिता जो करता है वह पुत्र की भलाई के लिए होता है।

इस सीख का सेठ के पुत्र के मन पर इतना प्रभाव पड़ा कि उसने सोचा कि वह भी महात्माजी की तरह बड़ा आदमी बनने के लायक है। उसी पल उसने बुरे काम छोड़कर देश सेवा की प्रतिज्ञा ली। आगे चलकर वह मन्त्री बना। इससे स्पष्ट है कि दूसरे की भूलों के बारे में आलोचना करने से पहले यदि हम पहले अपनी भूलों की चर्चा करें तो दूसरे के लिए उसके दोषों को सुनना और समझना आसान हो जाता है आलोचक के प्रति विरोध नहीं पनपता। गाँधी जी इस बात को अच्छी तरह समझते थे कि दूसरे व्यक्ति के दोष दिखाने से पहले अपनी भूलों की चर्चा करनी चाहिए।

5) एक और महत्त्वपूर्ण नियम यह है कि दूसरे व्यक्ति को अपना सम्मान रखने दीजिए। विश्व औलम्पिक खेलों में भारत की हाकी टीम जब हारकर नई दिल्ली लौटी तो तत्कालीन प्रधानमन्त्री पंडित जवाहरलाल नेहरू ने उनके सामने अपने भाव रखते हुए कहा, "कभी–कभी सर्वोत्तम खिलाड़ी भी हार जाते हैं।" पंडितजी के इन शब्दों से उस हारी हुई टीम के ज़ख्मों पर मरहम लगा, नहीं तो समाचारपत्रों में अपनी हार की चर्चा पढ़कर खिलाड़ी यों महसूस करते थे कि ज़ख्मों पर नमक पड़ रहा है।

6) जीवन के सफ़र में कई प्रकार के लोगों से काम पड़ता है। यदि कभी आपको किसी दुष्ट के साथ व्यवहार करना पड़े तो आप उसे यह विश्वास करने दीजिए कि आप उसे सज्जन मानते हैं और उसे अपनी तरह ही निष्कपट भी समझते हैं। आपके इस प्रकार के व्यवहार से वह व्यक्ति इतना प्रसन्न हो उठेगा और प्रयत्न करेगा कि आपकी धारणा के योग्य बने और अपने ऊपर गर्व कर सके कि कोई व्यक्ति उस पर भी विश्वास करता है।

किसी भी सामान्य व्यक्ति को आप आसानी से अपने अनुकूल कर सकते हैं यदि आपके दिल में उसके लिए सम्मान है और आप उस पर प्रकट कर देते हैं कि अमुक योग्यता के लिए आप उसका सम्मान करते हैं। इसलिए जहाँ तक हो सके दूसरे मनुष्य को अच्छा बनाने के लिए उसकी तारीफ़ करनी चाहिए।

7) कोई भी मनुष्य यह पसन्द नहीं करता कि उस पर कोई दूसरा हुक्म चलाये। सीधे हुक्म देने की आवश्यकता शायद ही कभी होती है। अन्यथा घर में और समाज में सुझाव देने से काम भी हो जाता है और दूसरे को बुरा भी नहीं गलता। उदाहरण के तौर पर आप यह कहने की बजाय कि 'यह करो' यों कहें कि 'क्या आप ऐसा कर सकते हैं?' तो आप बिना किसी को खिझाए या रुठाए काम करवा सकते है।

8) कहते है कि कोई भी मूर्ख आलोचना कर सकता है, दोष दे सकता है, शिकायत कर सकता है—और, दरअसल बहुत से मूर्ख ऐसा करते हैं। परन्तु लोगों को बुरा कहने की बजाय हमें उनको समझाना चाहिए। हमें यह भी जानना चाहिए कि वे जो कुछ करते हैं क्यों करते हैं? यह दृष्टिकोण आलोचना करने की अपेक्षा कहीं अधिक लाभदायक है, क्योंकि इससे सहानुभूति, दया, प्रेम आदि सुखकारी भावनाएँ उपजती हैं; अन्यथा आलोचना तो एक भयानक चिन्गारी की तरह है—एक ऐसी चिन्गारी जो दूसरे के अहंकार रूपी बारूद में विस्फोट पैदा कर सकती है।

स्पष्ट है कि परमेश्वर ने बुद्धि का दान सबको एक समान नहीं दिया। इसलिए अपने से हीन बुद्धि वाले को डाँटना बुद्धिहीनता है। सौ में से निन्यानवे अवस्थाओं में यह देखा गया है कि कोई भी व्यक्ति अपने आपको दोषी नहीं ठहराता क्योंकि मानव स्वभाव ही इस ढांचे का है, आलोचना अथवा छिद्रान्वेषण करना व्यर्थ होता है और दोषी को अपने आपको निर्दोष सिद्ध करने की प्रेरणा देता है। इसके अलावा आलोचना ख़तरनाक भी है, क्योंकि न सिर्फ़ इससे दूसरे के गर्व को चोट पहुँचती है, बल्कि उसके क्रोध की आग भी भड़कती है। इतना बड़ा महाभारत का युद्ध केवल एक कटु आलोचना के कारण ही हुआ था और वह आलोचना कौरव पुत्र के सामने द्रौपदी के मुख से निकली थी कि कौरव पुत्र अन्धे के पुत्र हैं।

9) आपने आलोचना के भयंकर परिणाम समझ लिए और शायद यह भी मान लिया कि आप आलोचना करने से बचेंगे। अब यह देखना है कि जिससे हमारा मतभेद हो किस प्रकार उससे हम अपनी हाँ में हाँ मिलवाएं।

इसका सबसे बढ़िया तरीक़ा यह है कि जब आप बातचीत शुरू करें तो उन बातों पर बल दें जिन पर आपसी मतभेद नहीं है। दूसरे व्यक्ति से शुरू में ही 'हाँ' कहलवाओ और जहाँ तक हो सके उसे 'नहीं' कहने का अवसर ही न दो। प्रभावशाली और चतुर वक्ता अपने श्रोताओं से बात शुरू करते ही ऐसे प्रश्न का उपयोग करते हैं कि श्रोता अपने मुख से 'हाँ' कह देते हैं अथवा अपने मन को स्वीकृति की दिशा में मोड़ देते हैं। महान्

दार्शनिक सुकरात को परलोक सिधारे सदियाँ बीत गयी हैं, परन्तु आज भी संसार के कुशल व्यक्ति विवाद को दूर करने के लिए सुकरात की यह विधि अपनाते हैं कि दूसरे के साथ बातचीत इस प्रकार से की जाये कि विरोधी हर बात पर सहमति प्रकट करता जायें जब किसी व्यक्ति के मुँह से उत्तर में 'नहीं' निकल जाता है, तो फिर 'हाँ' कहलवाना मुश्किल हो जाता है, क्योंकि जब कोई एक बार 'नहीं' बोल देता है, तो उसके व्यक्तित्व का गर्व उसे उस समय 'हाँ' कहने से रोके रखता है। अतः शुरू में ही दूसरे व्यक्ति को 'हाँ' की दिशा में चला देना महत्त्वपूर्ण है। यह बात आलोचना करने से सम्भव नहीं होती। उदाहरण के लिए, जब खन्ना जी का कॉलेज में पढ़ने वाला लड़का विमल नालायक निकला और परीक्षा में फेल हो गया तो खन्ना जी ने उसे डाँटने के बजाय निम्न तरीक़े से समझाया–

"बेटे, यह बात तो तुम अच्छी तरह से जानते हो," वे अपने बेटे विमल से बोले–"कि हर मनुष्य का यह जन्मसिद्ध अधिकार है कि वह खुद भी सुखी और दूसरों को सुखी रखे।"

"हाँ डैडी, मैं जानता हूँ।" उनका बेटा विमल बोला।

"और तुम ये बात भी अच्छी तरह से जानते हो कि सुख पाने के लिए ज़रूरी है कि इनसान ऐसे कर्म करे कि जिससे सुख मिलता हो।"

"हाँ, डैडी। मैं जानता हूँ।"

"विद्यार्थी का कर्त्तव्य तो पढ़ना ही है, ये बात भी तुम अच्छी तरह से जानते होगे?"

"हाँ, डैडी। मैं जानता हूँ।"

"तो तुम्हें सुख पाने के लिए क्या कर्म करना चाहिए?"

"डैडी, हमें मन लगाकर पढ़ना चाहिए।"

ऊपर बतायी गयी बातचीत के उदाहरण से आप जान गये होंगे कि बातचीत में कहीं भी कटुता नहीं थी, क्योंकि खन्ना जी ने शुरू से ही अपने बेटे को उत्तर में 'हाँ' कहने की शिक्षा दे रखी थी। अन्त में, मैं दिल से चाहता हूँ कि आप इस विधि को अच्छी तरह से समझें और अपने सम्बन्धों में कभी भी कटुता न आने दें, और यह बात हमेशा याद रखें–

## यह भी याद रखें

*''नम्रता और मीठे वचन ही मनुष्य के आभूषण हैं''*
*–स्वामी विवेकानंद*

*प्रेम की कोई जाति नहीं, कोई धर्म नहीं, विचार–विवेक और भलाई–बुराई का उसे कुछ ज्ञान नहीं।*
*–शरत्चन्द्र*

*प्रेम कभी दावा नहीं करता, वह सदा देता है। प्रेम तकलीफ़ उठाता है–न क्रोध करता है और न ही बदला लेता है।*
*–महात्मा गाँधी*

*प्रेम के बिना जीवन एक ऐसे वृक्ष के समान है, जिस पर न कोई फूल हो, न फल। सौन्दर्य के बिना प्रेम, ऐसे फूल के जैसा है, जिसमें सुगन्ध न हो और ऐसे फल के समान है, जिसमें बीज न हो।*
*–खलील जिब्रान*

*जो प्रेम से नहीं सुधर सकता, वह कभी नहीं सुधर सकता।*
*–सकुरात*

# 7

## अच्छी याददाश्त

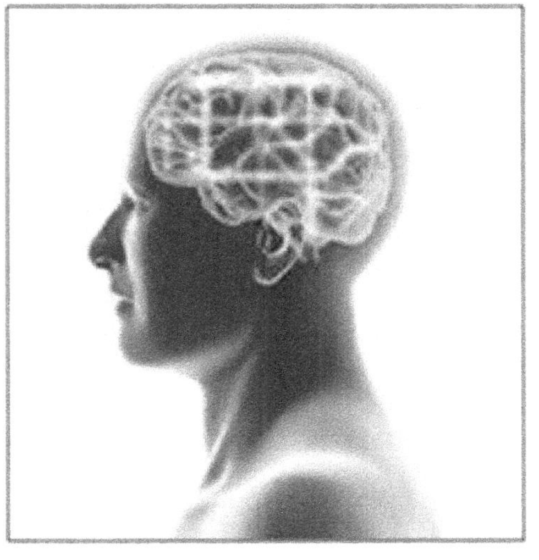

स्मरण शक्ति बढ़ाने के लिए युगों से लोग तजुर्बे करते आ रहे हैं, बादाम खाओ, बादाम रोगन पीओ, च्यवनप्राश खाओ, शीर्षासन करो, मस्तिष्क को व्यायाम कराओ और न जाने क्या–क्या कोशिशें करने पर लोग बल देते हैं। वैज्ञानिक अनुसंधान द्वारा पाया गया है कि मानसिक व्यायाम एक भूल और कुतर्क है।

याददाश्त तो दिमाग़ के एक कमरे की तरह है। यदि कमरे में कूड़ा और टूटा–फूटा फ़र्नीचर भरा हो तो वहाँ क्या व्यवस्था और कार्यकुशलता हो सकती है? ऐसे ही यह दिमाग़ है,, यदि वह सुव्यवस्थित होगा तो इसमें किसी बात को याद रखने में कोई मुश्किल नहीं होगी।

वास्तव में हम लोग अपने दिमाग़ की क्षमता का 75 प्रतिशत प्रयोग में नहीं लाते, क्योंकि हम उथल–पुथल में जीते हैं, जिससे केवल 25 प्रतिशत मानसिक योग्यता ही अपने सुख–चैन के निर्माण में लगाते हैं। ऐसा क्यों होता है? इसलिए कि हमारा देखने, सुनने, सोचने, समझने आदि का ढंग ठीक नहीं होता। जहाँ हम स्मरण शक्ति को तो नहीं बढ़ा सकते, वहाँ हम अपने देखने, सुनने, विचारने आदि के ढंग को बदल कर सीख सकते हैं कि हमें बातें याद रहें। जब हम यह कहते हैं कि याद नहीं रहा तो मतलब होता है कि ठीक तरह से सीखा नहीं था। याद रखिए कि हम जो भी सीखते हैं उसका 70 प्रतिशत तो कुछ घण्टों में ही भूला दिया जाता है, क्योंकि अधिकतर हम एक चीज़ सीखने के बाद दूसरी चीज़ सीखने में लग जाते हैं, जिससे स्मृति बदलती जाती है, और कभी–कभी तो हम अपने दिमाग़ में इनती ज़्यादा चीज़ें भर लेते हैं कि समझ ही नहीं रहती कि क्या कुछ सीखा था।

शर्मा साहब ने अपने बेटे के लिए टयूटर से ट्यूशन लगाई और बेटा शाम को चार से छः बजे तक टयूटर से पढ़ा करते। बेटे जी फ़ौरन छः बजे अपने दोस्तों के साथ घूमने फिरने के लिए चले जाते और टयूटर जी से जो भी पढ़ा होता, वह स्वाभाविक ही भूल जाते, क्योंकि दोस्तों की बातें उनके लिए अधिक रुचिकर थीं, वे पढ़ाई के प्रभाव को टिकने नहीं देती थीं।

दूसरे ढंग से भी यदि रुचिकर विषय में लिप्त होने के बाद कोई अन्य विषय पढ़ा जाये तो बाद का विषय दिमाग़ में पूरी तरह से जमने नहीं पाता। ऐसे में याददाश्त में रुकावट पड़ती है। जब कोई उत्तेजनापूर्ण कार्य के बाद तुरन्त धीमी गति का कार्य करना हो, जैसे कि पति और पत्नी क्रोध में एक–दूसरे से लड़–झगड़कर चीख–चिल्ला रहे थे और जब चुप हुए तो उनका लड़का माँ से कह गया कि उसकी जुराबें और रूमाल धुलवा के रख देना। बाद में माँ ने बेटे को कहा कि उसे उस उत्तेजित अवस्था में कुछ याद नहीं रहा कि वह क्या कह कर गया था।

ऊपर लिखी बातें सामान्य परिस्थितियाँ हैं, जो स्मृति में विघ्न पहुँचाती हैं।

तो आइए, अब हम वह विधियाँ सीखें, जिनसे हम अपनी स्मरण शक्ति को ठीक कर सकते हैं–

1) जब मैं स्कूल में पढ़ता था तो आसमान में इन्द्रधुनष के सात रंग याद करने के लिए मास्टर जी ने शब्द रटवाया "बैंनी आहबनाला" और एक–एक अक्षर के साथ एक–एक रंग जोड़ दिया। बैं से बैंगनी रंग, नी से नीला रंग, आ से आसमानी, ह से हरा, ब से बसन्ती, ना से नारंगी और ला से लाल–और इन्हीं रंगों को अंग्रेज़ी में याद करवाने के लिए सात रंगों को अंग्रेज़ी में एक शब्द दिया "VIBGYOR" अर्थात् वायलेट, इन्डिगो, ब्लू, ग्रीन, यैलो, ऑरेन्ज, रैड।

यह सफल विधि है कि किसी सरल अथवा प्रभावी चिह्न के साथ किसी सन्देश को जोड़ देना। आजकल तो यह विधि विज्ञापन कला में विशेष रूप से प्रयोग में लाई जाती है जैसे कि लाल त्रिकोण से परिवार नियन्त्रण और परिवार कल्याण।

2) कुछ लोग किसी काम को याद करवाने के लिए कुछ अजीब अथवा असामान्य स्थिति नियन्त्रित करके निश्चिंत हो जाते हैं। जैसे कि सौरभ रात को पायजामा उल्टा पहनकर सोता है, जब उसे अगली सुबह कोई विशेष कार्य करना होता है–उल्टा पायजामा उसे झट से याद दिला देता है।

3) जब आपका किसी नये आदमी से परिचय कराया जाता है, तब आप उस आदमी का नाम ध्यान से सुनिये, और यदि पहली बार स्पष्ट नहीं हुआ, तो फिर से अवश्य पूछ लीजिए। तत्पश्चात् केवल इतना ही मत कहिये कि "आपसे मिलकर प्रसन्नता हुई।", बल्कि कहिये कि आपसे मिलकर प्रसन्नता हुई, श्रीमान्.....जी, श्रीमती....जी।" नाम उच्चारण करने से आप को वह नाम याद करने में आसानी होगी, क्योंकि वह नाम आपके कानों के अलावा आपकी जुबान से भी जुड़ गया है। आप उस व्यक्ति से बातचीत में उसका नाम दोहरा लें। हो सके तो बाद में उस नाम को लिखकर देखें। अपने मन में दोहरा लें कि आप उस नाम के व्यक्ति से कहाँ मिले थे और वहाँ का वातावरण क्या था। इस प्रकार जब भी आपको उस व्यक्ति का नाम और चेहरा याद करना हो तो उसकी आपको आसानी होगी।

इससे भी अधिक यदि आप किसी व्यक्ति को अपने स्मृति पटल पर अंकित करना चाहें, तो उसके चेहरे का ध्यान से देखकर उसके रंग, रूप, लम्बाई, मोटायी, मुस्कराहट, बालों का रंग, मूंछों इत्यादि की विशेषता को देखें। आप जितना अधिक उसके बारे में कल्पना में दृश्य बनायेंगे, उतना ही अधिक उसका स्मरण हो जायेगा।

4) ध्यान रखिए, आपको कोई बात याद रखनी हो तो सबसे पहले उस बात को पूरे ध्यान में लेना बेहद ज़रूरी है। अपने आप को कहिए कि यदि मैं इस बात पर ध्यान केन्द्रित करूँगा, तो बाद में यह बात मुझे याद आ जायेगी। यह मानकर चलिये कि वह जो बात केवल आप ही के लिए है और आप उसी सम्बन्ध में लगे हुए हैं और उस बात के अलावा अन्य कोई बात महत्त्व नहीं रखती। अपने आपसे कहिए कि आप इस बात को अवश्य याद रखना चाहते हैं।

अच्छी तरह याद करने से आप उस कार्य को हर प्रकार से उस सम्बन्ध में रखकर विचारिये। आपकी याददाश्त धीरे–धीरे तेज़ होने लगेगी।

5) अभ्यास करना अथवा दोहरना तो कुछ भी सीखने और स्मरण करने के लिए बेहद ज़रूरी है। ज्ञानियों ने लिखा है–"*करत करत अभ्यास ते जड़मति होत सुजान; रसरी आवत जात ते सिल पर पड़त निशान*।" अतः जो भी आप अपनी स्मृति पर अंकित करना चाहते हैं, उसे सीखने के बाद उसे दोहराइये, उसकी समीक्षा कीजिए, उस पर पुनः विचार कीजिए। इसकी एक प्रमाणित विधि है कि उस बात का सजीव रूप से वर्णन कीजिए। इसकी एक प्रमाणित विधि है कि उस बात का सजीव रूप से वर्णन कीजिए। उसका उच्चारण कीजिए, व्याख्या कीजिए, चर्चा कीजिए। अनुसंधान द्वारा पाया गया है कि एक ही बात को चार घण्टे पढ़ने से वह लाभ नहीं होता, जो उसे एक घण्टा पढ़कर बाक़ी के तीन घण्टे उस पर चर्चा करने से होता है।

6) एक वैज्ञानिक जिसका नाम चार्ल्स कैटरिंग था, दुर्भाग्यवश अपनी अधिकांश दृष्टि खो बैठा। उसने अपना ज्ञान और विज्ञान दोनों सीखने और समझने के लिए दूसरों को कहा कि वे पढ़कर उसे सुनायें।

उसने सुन–सुनकर उन बातों को अपने विचारों में और अपने मनन और चिन्तन में अपनाकर कमाल की वैज्ञानिक प्रगति करके दिखायी। ऐसा ही विश्वविख्यात थॉमस एडिसन था, जिसको स्कूल में पढ़ने के लिए जीवन में तीन महीने का समय ही मिला था परन्तु उस महान व्यक्ति ने हर बात में उसका स्वरूप ढूँढ़ा और चमत्कारिक कार्य किये।

7) जिन लोगों को अपनी याददाश्त तेज़ करनी हो उनको चाहिए कि वे बात लिख लिया करें। यदि कुछ बात याद करने लायक हैं तो वह सामान्यतः लिखने लायक भी होगी ही। यह मत समझिये कि लिखना केवल छात्रों के लिए ही है। जब आप कुछ लिखते हैं तो आप उसकी स्मृति को सशक्त करते हैं। इसके अलावा ज़रूरी है कि जिसको आप बाद में कभी अपने स्मृतिपटल पर लाना चाहते हैं, उसको आप पहले भी कभी–कभी मानसिक कल्पना में लाइये।

8) मुश्किल बातों को याद करना हो तो उनके भाग कीजिए। मोबाइल फ़ोन के नंबर लम्बे होते हैं इन्हें याद करने के लिए आप इन्हें अंशों में बाँट लीजिए, जैसे कि 9831567811 को 983–156–7811 करें तो आसानी से याद हो सकता है। अगर आपको लम्बी कविता याद करनी हो तो मुखडा अलग याद कीजिए और एक–एक अन्तरा अलग–अलग याद कीजिए।

9) यदि आप चाहते हैं कि याद किया हुआ विषय याद रहे, तो तुरन्त ही किसी अन्य काम में न लगें–जैसे कि झट से समाचार पत्र, सिनेमा, टेलीविज़न, वाद–विवाद इत्यादि में न उलझें। हो सके तो सो जाइये ताकि जो आपने याद किया है, वह दिमाग़ में रहे। यदि आप बीमार हों, विचलित हों, उत्तेजित हों अथवा किसी अन्य मानसिक क्लश में ग्रसित हों, तो जो भी उस समय आप याद करेंगे, वह जम नहीं पायेगा। हाँ, थोड़ी काफ़ी या ठंडा कोला आदि पीने से याददाश्त को थोड़ा चुस्त करने में सहायता मिल सकती है। निम्न प्रकार की परिस्थितियों में तो याद करने के लिए आपको अधिक समय और प्रयास करना ही पड़ेगा –

   - व्यक्तियों और स्थानों के विभिन्न नाम याद करते समय।
   - तिथियाँ और अंक याद करते हुए।
   - रट्टा लगाते हुए।
   - जिस विषय को हम समझते नहीं, जो अप्रिय हो, जो हमारी असफलताओं के बारे में हो इत्यादि, और...
   - जब हमारी शारीरिक और मानसिक स्थिति ठीक न हो। इसलिए उक्त आवश्यकताओं में यदि याद करना पड़े तो अधिक समय दीजिए और विशेष प्रयत्न कीजिए, जिससे आपको बाद में वह सब कुछ याद रहे।

**नोटः**– याददाश्त को बढ़ाने के जो तरीके यहाँ दिये गये हैं, वे संक्षिप्त रूप में हैं। यदि आप वास्तव में अपनी याददाश्त तेज़ करना चाहते हैं तो आप वी एण्ड एस पब्लिशर्स द्वारा प्रकाशित मेरी अन्य पुस्तक 'इम्प्रूव योर मेमोरी' अवश्य पढ़ें। इस पुस्तक की मदद से आप मात्र 30 दिनों में अपनी याददाश्त दुगुनी कर सकते हैं।

–लेखक

## यह भी याद रखें

*मधुर स्मृति किसी स्वर्गीय संगीत की भाँति जीवन के तार–तार में व्याप्त रहती है।*

*–प्रेमचन्द*

*स्मरण की सच्ची कला ध्यान की कला है।*

*–डॉ. सेम्युअल जॉनसन*

*स्मृति मस्तिष्क का खजान्ची है।*

*–कहावत*

## चित्त की एकाग्रता

हम सब लोग तनाव और अशान्ति के शिकार होते जाते हैं। गृहिणी पर घर का बोझ, छात्र को परीक्षा की पढ़ाई का बोझ, व्यापारी को व्यापार का बोझ और जीवन में अनेक क्षेत्र हैं, जहाँ ज़िम्मेदारी के बोझ से व्यक्ति थक जाता है, परेशान हो जाता है, अशान्त हो जाता है और अस्वस्थ हो सकता है। हम पर जब भी परेशानियाँ आती हैं, तब हम सामान्यतः नहीं जानते कि उनका समाधान कैसे करें, और परिणाम होता है घर में कलह, परीक्षा में असफलता, व्यापार में असुरक्षा इत्यादि। इससे निपटने के लिए कोई सिगरेट, कोई शराब और कोई दवाओं का सहारा लेता है। परन्तु इन परेशानियों से निपटने का एक अन्य अमृत–मार्ग भी है, जिसे हम लोग 'ध्यान' कहते हैं। यह सफल भारतीय होते हुए भी आज सारे पश्चिमी संसार पर छाया हुआ है। यह मार्ग कोई कठिन मार्ग नहीं है, अन्यथा लाखों अमेरिका और यूरोप वाले इससे मानसिक और शारीरिक लाभ कैसे उठाते और यह 'ध्यान' वहाँ कैसे प्रचलित होता? शारीरिक और मानसिक दबाव से परेशान रोगियों को ध्यान की विधि से बहुत राहत मिली है और लोगों के हृदय के रोग, दमा, रक्तचाप के रोग, पीठ के नीचे की पीड़ा, जोड़ों के दर्द, सिर–दर्द आदि 'ध्यान' के प्रयोग से ठीक हो गये हैं।

रक्तचाप के रोगियों पर ध्यान की सरल विधि से प्रयोग किये गये तो कुछ ही सप्ताह में रक्तचाप (147/95) से घटकर (135/86) सामान्य हो गया। बाद में जब उन रोगियों ने 'ध्यान' विधि छोड़ दी तो धीरे–धीरे रक्तचाप फिर बढ़ गया। इन प्रयोगों से स्पष्ट हो चुका है कि ध्यान एक प्रभावकारी और सरल उपाय है, जिससे अनेक क्लेश मिटाये जा सकते हैं।

आइये, ध्यान की विधि सीखते हैं–

- किसी शान्त कमरे में या अन्य स्थान पर आराम से बैठें, जहाँ आपकी शान्ति भंग करने वाला कोई न हो। अब इस पुस्तक में दी हुई तनाव मुक्त होने की विधि द्वारा अपने शरीर को ढीला और पूर्ण विश्राम की स्थिति में ले आयें।
- अब शान्ति से आँखें बन्द कर लें और धीरे–धीरे गहरी साँस नाक से लेते हुए फेफड़े भर लें।

अब साँस छोडते समय अपना मन्त्र मन में दोहरायें–ओम, अथवा 'शिव', 'राम' आदि जो आपको प्रिय हो और जिससे बाहर जाती हुई साँस के साथ आपको ऐसा लगे कि आपके सारे शरीर से अप्रियता बाहर जा रही है।

- फिर वैसी ही गहरी साँस लीजिए और श्वास बाहर करते समय उसी भावना से वही मन्त्र दोहराइये। अभिप्राय यही है कि मन में कोई विचार जमने न पाये। आप कुछ न सोचिये। केवल शान्ति से ढीलापन रखते हुए धीरे–धीरे गहरी साँस लें और श्वास बाहर करते हुए मन–ही–मन मन्त्र दोहरायें और साथ ही आपको ऐसा लगे कि अप्रियता श्वास के साथ बाहर चली जाती है। कोई विचार उठें भी तो उन पर ध्यान न दें। वे अपने–आप हल्के बादलों की तरह आकर छँट जायेंगे।

- इस प्रकार शान्त रहते हुए लगभग 5 मिनट करते चलिये जिससे यह प्रक्रिया चाहें तो कुछ देर शान्त पड़े रहिए और फिर आँखें धीरे से खोलिये। बस, गया ध्यान। इसी को ध्यान कहते हैं।

इस ध्यान की प्रक्रिया को करने के बाद आप चाहें तो शीशे में अपना चेहरा देखें। आपको शायद कुछ भी बदला हुआ नहीं मिलेगा, क्योंकि परिवर्तन आपके रक्त में, आपकी ग्रन्थियों में, शरीर के विभिन्न अंगों में और भावनाओं में, जो महत्त्वपूर्ण हैं।

ध्यान कर चुकने के बाद अनेक लोग एक अति सुखद शान्ति की स्थिति अनुभव करते हैं। कई लोग तो रात को यदि नींद न आये अथवा कभी नींद खुल जाये, तो ध्यान करते हैं और सुख से सो जाते हैं।

सामान्यतः इस ध्यान की विधि को दिन में दो या तीन बार करने से कुछ ही समय में स्वास्थ्य सुधर जाता है और व्यक्ति का आचरण सुखद हो जाता है।

कुछ लोग ध्यान की प्रक्रिया रेल के सफ़र और बस के लम्बे सफ़र में भी कर लेते हैं। जब आप नियमित ध्यान किया करेंगे तो आपकी यह एक प्रिय आदत बन जायेगी, जिससे रोग दूर ही रहेंगे। हाँ, खाना खाने के दो घण्टे बाद तक ध्यान न करें।

### यह भी याद रखें

*चित्त एकाग्र हुए बिना ध्यान और समाधि कठिन है।*
*—मनु*

*पवित्रता के बिना एकाग्रता का कोई मूल्य नहीं हैं।*
*—स्वामी शिवानन्द*

*एकाग्रता से ही विजय मिलती है।*
*—चार्ल्स बक्टसन*

*चित्त की एकाग्रता योग की समाहित नहीं है। यहाँ से योग शुरू होता है।*
*—विनोबा भावे*

## ज़रूरी है भावनाओं पर क़ाबू पाना

आज हम 'भावनाओं' पर चर्चा करेंगे, क्योंकि किसी भी व्यक्ति के व्यक्तित्व विकास में उसकी भावनाओं का बहुत बड़ा योगदान होता है। प्रेम, घृणा, क्रोध, ईर्ष्या, भय, प्रसन्नता तथा आशा–निराशा हमारे वो भाव जो हमारे व्यक्तित्व विकास में अहम भूमिका निभाते हैं।

इन सब में मैं 'प्रेम' की भावना को अधिक महत्त्व देता हूँ, क्योंकि इनसान के जीवन में एक प्रेम ही ऐसी चीज़ है, जो उसे सफलता के ऊँचे सोपानों तक पहुँचा जाती है, तो असीम गहराई वाले पाताल में भी धकेल सकती है।

मैंने अपने जीवन में ऐसे कई लोग देखे हैं, जिनका प्यार सफल रहा, तो वे भी सफल रहे, और ऐसे लोग भी देखे हैं, जिनका प्यार असफल रहा, तो उन्होंने खुद को शराब के जाम में डुबाकर अपने अस्तित्व को ही मिटा डाला।

प्यार के बारे में तो मीराबाई ने लिखा था–

*"जो मैं ऐसा जानती, प्रीत किये दुःख होय।*
*नगर ढिंढोरा फेरती, प्रीत न कीजै कोय।।"*

जी हाँ, प्रेम करना कोई आसान बात नहीं है। आइए देखते हैं इस बारे में कबीर जी ने क्या कहा है। कबीर जी कहना है–

*"यह तो घर है प्रेम का, खाला का घर नाहि।*
*सीस उतारै भुई धरै, तब पैठे घर माहि।।"*

जब किसी इनसान का दिल टूटता है तो उसके जीवन में कटुता, निराशा, बेचैनी और आत्महत्या की भावनाएँ जन्म ले लेती है। एकतरफ़ा प्यार तो वह दलदल हैं जिसमें आदमी खुद ही डूबता है और कभी बाहर निकलने की कोशिश भी नहीं करता। कॉलेज टाइम में मेरा एक दोस्त जितेन्द्र (काल्पनिक नाम) था, जो हमारी क्लास की साधारण–सी छात्रा श्रेया (काल्पनिक नाम) से एक तरफ़ा प्यार किया करता था। मैं अकसर उसे समझाया भी करता था कि वह उस दलदल की ओर बढ़ रहा जिसमें अपना एक क़दम रखकर कोई भी सूरमा बाहर नहीं आ सका है। लेकिन मेरे अज़ीज़ दोस्त के कानों पर जूं तक नहीं रेंगी। बाद में जब हम कॉलेज से पास होकर अपना करिअर बनाने के लिए हालात से जद्दोज़हद करने लगे, तो एक दिन मेरा किसी काम से दिल्ली के राममनोहर लोहिया अस्पताल के 'मनोरोग विभाग' में जाना हुआ और वहाँ मेरी मुलाक़ात मेरे अज़ीज़ दोस्त जितेन्द्र से हो गयी। उस पल उसे देखकर मुझे यक़ीन ही नहीं हुआ कि मेरे सामने मेरा कॉलेज का वही दोस्त खड़ा है, जो हमेशा बन–ठन कर रहता था। जो अपने कपड़े पर एक सलवट भी पड़ने नहीं देता था, लेकिन आज उसने जो शर्ट पहनी हुई थी वो मैली कुचैली थी, और उसकी सिलाई कई जगह से उघड़ी हुई थी। जींस की जो पैंट पहन रखी थी वो भी यहाँ–वहाँ से फटी हुई थी। उस समय मैंने उसके चेहरे को देखा, तो देखता ही रह गया। उसके गाल भीतर की ओर धंस चुके थे। आँखों के नीचे काले साए उभर आये थे। बाल बुरी तरह उलझे पड़े थे। उन्हें देखकर ऐसा लगता था, मानों उसने सालों से उनमें कंघी न फेरी हो।

मैंने उससे उसकी इस हालत का कारण पूछा तो वह बोला–"कुछ नहीं दोस्त, बस थोड़ा सा डिप्रेशन हो गया था। उसी का इलाज यहाँ से करा रहा हूँ।"

"और ये डिप्रेशन तुझे, श्रेया की वजह से हुआ होगा?" मैंने पूछा।

"हाँ, दोस्त। उसी की वजह से मेरे हालात ऐसे हो गये है कि मैं न तो जी पा रहा हूँ और न ही मर पा रहा हूँ। मेरी हालत कैंसर बीमारी से पीड़ित उस मरीज़ जैसी है, जिसका इलाज, लाइलाज है और जो केवल इस आस में बैठा है कि उसकी मौत कब आये, और उसे इस ज़ालिम दुनिया से छुटकारा मिल जायें"

मैंने उसे हिम्मत बँधायी–"चिन्ता मत कर दोस्त। धीरे–धीरे सब ठीक हो जायेगा। तू बस हिम्मत मत हार। डिप्रेशन कोई लाइलाज बीमारी नहीं है, कुछ दिनों में तू बिलकुल ठीक हो जायेगा। अपनी वो ही ज़िन्दगी जीने लगेगा, जिसे तू अपनी नादानी के वजह से न जाने किस मोड़ पर छोड़ आया है। याद है, मैंने तुझे कितना समझाया था कि तू श्रेया के चक्कर में मत पड़। लेकिन तू नहीं माना। खैर, अब भी कुछ नहीं बिगड़ा है, तू अपनी भावनाओं पर क़ाबू पाना सीख। धीरे–धीरे सब ठीक हो जायेगा।"

"मैं अपनी भावनाओं को अपने क़ाबू में कैसे रख पाऊंगा?" उसने पूछा।

मैंने उसे बताया कि वो अपना ट्रीटमेंट जारी रखे, सैल्फ हेल्प की बुक्स पढ़े और मेडीटेशन (ध्यान) करे।

कुछ समय बाद मैं अपने दोस्त की मैरिज में गया तो मेरी मुलाक़ात जितेन्द्र से हो गयी। उस वक़्त मुझे अपना वो ही दोस्त दिखायी दिया, जिसे मैं कॉलेज में देखा करता था। बना–ठना और अपने कपड़ों पर एक सिलवट भी न पड़ने देने वाला।

उससे मिलकर मुझे बहुत खुशी हुई क्योंकि वो अपनी निराशा से बाहर आ चुका था और यह कमाल किसी और चीज़ ने नहीं उसका अपनी भावनाओं को नियन्त्रित करने वाले मन ने कर दिखाया था।

यहाँ मैंने इस क़िस्से का ज़िक्र करना इसलिए ज़रूरी समझा कि मैं आपको यह बताना चाहता हूँ कि एकतरफ़ा

प्यार एक ऐसा रास्ता है, जिस पर आगे बढ़ना तो बहुत आसान है, लेकिन वहाँ से लौटना बहुत मुश्किल। मैं आपको भी यही राय दूँगा कि आप कभी भी किसी से एकतरफ़ा प्यार करने जैसी नादानी न करें।

खैर! हम आगे बढ़ते हैं। प्रेम की रीति ही ऐसी है। लैला के लिए मजनूं पागल हो गया था। यहाँ तक कि जब मजनूं को अल्लाह के सामने हाज़िर किया गया तो उसकी नज़रों में अल्लाह भी 'लैला' नज़र आयी।

असल में हम सब अपने–अपने ढंग से प्रेम करते हैं और इस प्रेम की वजह से कुछ तो बहुत सुखी हो जाते हैं और कुछ पूरी तरह से बरबाद।

प्रेम के बारे में महात्मा गाँधी ने लिखा है, "प्रेम कभी दावा नहीं करता, यह लेता नहीं, सदैव देता ही है। प्रेम सहन करता है, विरोध कदापि नहीं करता और न ही बदला लेता है।"

कहाँ चन्द्रमा और कहाँ समुद्र, कहाँ सूर्य और कहाँ कमल, कहाँ बादल और कहाँ मोर। दूर रहते हुए भी इनमें परस्पर प्रीति है, जो जिसको चाहता है, वह पास रहे या दूर, प्रियतम ही है।

*'कुछ हुस्न की होती यहाँ क़द्र न क़ीमत,*
*जो इश्क़ कभी उसका ख़रीदार होता।'*

इसका मतलब साफ़ है कि कोई भी वस्तु या व्यक्ति अपने आप अच्छा या बुरा नहीं होता। यदि वह प्रिय है तो इसलिए कि उसे कोई प्यार करने वाला है। चकवा पक्षी जो है उसके लिए चन्द्रमा एक जलती अँगीठी है और वही चन्द्रमा चकोर पक्षी के लिए शीतल जल से भरा घड़ा है। वही महात्मा गाँधी लाखों–करोड़ों के प्रिय थे और उन्हीं को किसी ने नफ़रत से गोली मारकर ख़त्म कर दिया। कहने का मतलब यह है कि यदि आपने किसी से प्रेम किया है तो यह मत समझिए कि वह व्यक्ति कोई आदर्श और सोलह कला सम्पूर्ण व्यक्ति है, जिसके लिए आप मर–मिटने को तैयार है, बल्कि बात इतनी ही है कि आपके अन्दर उसके लिए प्रेम है और यह आपके ऊपर निर्भर है कि आप कितना प्रेम करें।

*समय–समय सुन्दर सभी, रूप, कुरूप न कोय।*
*मन की रुचि जैसी करो, वैसी वह छबि होय।।*

हमारे साहित्य में कई लघु कथाएं हैं, जो एक बात का उपदेश ऐसे उदाहरण से देती हैं कि वही उदाहरण किसी अन्य प्रसंग में ग़लत हो जाता है। आपने सुना होगा कि एक पेड़ को आग लग गयी, तो उस पर बैठे पक्षी उड़े नहीं और बोले–

*"फल खाये इस वृक्ष का, गंदे किये हैं पात।*
*यही हमारा धर्म है, जलें वृक्ष के साथ।।"*

अब आप इस उदाहरण पर ध्यान दीजिए। यदि वह पक्षी जान–बूझकर उड़ते नहीं और जल मरते हैं तो भी उस वृक्ष को क्या लाभ हुआ। कुछ भी नहीं। वह तो राख के ढेर में बदल गया। अगर पक्षियों की कुरबानी से उसे कुछ फ़ायदा होता, तो पक्षियों के जलकर मरना सार्थक भी होता।

कहते हैं कि प्रेम अन्धा होता है। अगर प्रेम अन्धा होता है, तो क्या आप अपने प्रेमी या प्रेमिका की ख़ातिर अपनी आँखों में सुईयां चुभोकर अपने–आपको अन्धा कर सकते हैं? नहीं न! वैसे मैं प्रेम के ख़िलाफ़ नहीं हूँ। आप सुबह से शाम तक अपने प्रेमी/प्रेमिका से गले मिलकर प्यार कीजिए, लेकिन कभी भी अपने विवेक से नाता मत तोड़िए। अपने प्रेम के लिए आप त्याग करना भी सीखिए, वो भी इस ढंग से नहीं कि आपका त्याग किसी को भी आपका बेवकूफ़ी वाला काम हरगिज़ न जान पड़े।

असल में कुछ चीज़ें सभी के प्रेम करने के लायक होती हैं और कुछ केवल निजी प्रेम के लायक और वह जो निजी प्रेम लायक वस्तु होती है उसी से हमें प्रेम हो सकता है, तब उस वस्तु के न मिलने पर हमें दुःख होता है। यह भावना भी वही बचपन की खिलौना लेने वाली भावना का वयस्क आयु में चालू रहना है–केवल खिलौने का रूप–रंग बदल गया है पर उसको पाने की स्वार्थी भावना वैसे ही बनी हुई है, तभी तो न मिलने से दुःख होता है। लेकिन सुखी प्रेम तो स्वार्थ की भावना को छोड़कर ही मिलता है। इसलिए यदि आप प्रेमजाल में फँसे हुए हैं और दुःखी हैं तो अपने मन से प्रेम के बदले में प्रेम पाने की स्वार्थ की भावना छोड़ दीजिए, और फिर देखिए कि आपका प्रेम कितना पवित्र और सुखमय हो जाता है।

यदि आप यह जानना चाहते हैं कि आपको प्रेम क्यों नहीं मिला तो आप अच्छी तरह से निष्पक्ष मन से अपने बारे में सोचिए कि आप स्वयं किस लायक हैं, दूसरा कोई आपसे कितना प्रेम कर सकता है। प्रेम पाने के लिए प्रेम के योग्य बनना पड़ता है। क्या आप हैं? क्या आप प्रेम के बदले में प्रेम देते हैं? कहीं आप अपने आपको उच्च कोटि का समझकर अपने आपसे ही अधिक प्यार तो नहीं करते, जिससे कि दूसरे आपके सामने टिक नहीं पाते? क्या आपका बोलचाल का तरीक़ा रूखा तो नहीं? क्या आप अत्यधिक भावुक तो नहीं कि प्रेम के शुरू में ही आपको ग़लतफ़हमियां आ घेरती हैं? सोचिए, क्या आपकी भावनाएँ अस्वस्थ तो नहीं, जैसे कि क्रोध, घृणा, स्वार्थ, भय, सन्देह, घमंड, ईर्ष्या, जलन, प्रतिशोध, नीरसता इत्यादि, जिनकी जगह पर होनी चाहिए स्वस्थ भावनाएँ जो आपको प्रेम पाने के योग्य बनाती है जैसे कि आत्म–नियन्त्रण, प्रेम, दया, विश्वास, श्रद्धा, नम्रता, दूसरे को समझने का दृष्टिकोण, सन्तोष, क्षमा, अभिलाषा इत्यादि? क्या आप एक अच्छा साथी बनने की योग्यता रखते हैं? आप अपने आपको प्रेम के योग्य बनाइए, फिर देखिए कि आपको प्रेम ही प्रेम मिलगा।

हम मानव लोग जहाँ किसी से प्रेम कर बैठते हैं, वहाँ किसी से घृणा भी कर बैठते हैं। जैसे हम कहते हैं कि प्रेम हो जाता है किया नहीं जाता, वैसे ही कई बार घृणा हो जाती है, की नहीं जाती। खैर! घृणा बहुत ख़तरनाक भावना है, और ख़तरनाक उसी के लिए जो घृणा करता है। घृणा करने वाला उस समय यह नहीं जानता कि वह अपने ही विचारों को दूषित कर रहा है और अपने ही शरीर के अन्दर विष घोल रहा है। घृणा करने वाला अपने ही मन को विचलित करता है। इसलिए यदि आपको किसी से घृणा हो गयी है तो अपने लिए ही आप घृणा की भावना को छोड़ दीजिए। हो सकें तो दूसरे व्यक्ति में कुछ गुण ढूँढ़ने की कोशिश कीजिए। कम से कम इतना तो अवश्य याद रखिए कि वह व्यक्ति भी अपने परिवार और परिस्थतियों की उपज है जो उसे विरासत में मिली है। शायद उन हालात में हम भी कुछ वैसे ही घृणित होते, वैसे भी तर्क से भी विचारिए, तो आप पायेंगे कि घृणा करने से आप को कोई लाभ तो कदापि हो नहीं सकता है ठंडे जल से अग्नि शान्त होती है वैसे ही घृणा की भावना सहानुभूति तथा स्नेह की भावना से शान्त होती है।

आपको कई बार क्रोध आता होगा। स्वाभाविक ही है। क्रोध आना आवश्यक है। महाराज भ्रतहरिजी अपने नीति शतक में लिख गये है कि जो व्यक्ति क्रोध से नहीं डरता उसकी बातों का दूसरों पर बहुत कम प्रभाव पड़ता है। थोड़ा क्रोध करना और दर्शाना तो समय–समय पर आवश्यक है, परन्तु क्रोध करने की भी सीमा होती है। कवि बाणभट्ट ने हर्ष चरित में लिखा है कि 'अति क्रोधी मनुष्य आँख वाला होते हुए भी अन्धा ही होता है।' यह तो सब जानते हैं कि आजकल के युग में कई लोग अति क्रोध के आवेश में आते ही हार्ट फेल होने से या दिमाग़ की कोई नस फट जाने से मृत्यु पा जाते हें। वाल्मीकि रामायण में लिखा है कि 'क्रोध प्राणों को लेने वाला शत्रु है। क्रोध मित्र के रूप में आने वाला शत्रु है। क्रोध अत्यन्त तीक्ष्ण तलवार के समान है। क्रोध सर्वनाश की ओर ले जाने वाली राह है।' इसलिए समझदार लोग क्रोध नहीं करते विशेषकर इसलिए कि क्रुद्ध व्यक्ति कभी भी इस बात की परवाह नहीं करता कि क्या बोलना चाहिए और क्या नहीं?

इसके अलावा गुस्से का हमारी सेहत पर बुरा असर पड़ता है। कहते हैं कि क्रोधी आदमी के खून की एक बूँद यदि खरगोश के जिस्म में प्रवेश कर दी जाये, तो वह खरगोश दूसरे खरगोश को फाड़ खाता है और कभी–कभी तो खुद भी मर जाता है। गुस्से से बचने का केवल एक ही रास्ता है कि हम यह बात अच्छी तरह से जान लें कि हर आदमी की तबीयत और आदतें दूसरे आदमी से बिलकुल भिन्न होती है। ऐसे हालात में सभी हमारी ख़्वाहिशों के अनुसार ही हो, ऐसा कैसे हो सकता है? फिर ये गुस्सा क्यों? और किसके लिए?

क्रोध के बारे में मैं तुम्हें एक बात और बताता हूँ। क्रोध की छोटी बहन ईर्ष्या होती है। वैसे इस शब्द के मायने शब्दकोश में देखे जाये, तो डाह व स्पर्धा हैं। सच पूछिये तो स्पर्धा बुरी नहीं, क्योंकि इसी से तो उन्नति करने की प्रेरणा मिलती है। आप जानते ही हैं कि ईर्ष्या भी कभी–कभी स्वाभाविक होती है...और होनी भी चाहिए क्योंकि सही ढंग से ईर्ष्या आप में एक रक्षात्मक प्रवृत्ति जगाती है, जैसे कि मान लीजिए कि कोई आपका जान–पहचान का आदमी आपके घर में आकर आपकी पत्नी से दोस्ती बढ़ाने की कोशिश करे और आपकी पत्नी उसकी ओर झुकने लगे तो आपको उस आदमी से ईर्ष्या होने लगेगी और आप अपनी हरसम्भव कोशिश करेंगे कि आप अपनी पत्नी को उस दोस्त के प्रभाव से बचायें, जिससे कि आपके घर में सुख–शान्ति रहे और आपका दाम्पत्य जीवन बेकार के झंझट में न उलझ जायें।

अब देखना यह है कि अमुक परिस्थिति में आपकी ईर्ष्या कितनी कम या ज़्यादा है, जिससे इस बात के नतीजे पर पहुँचा जा सके कि आपकी ईर्ष्या सामान्य है या असामान्य। मान लीजिए कि आपकी पत्नी किसी से हँसकर बात कर लेती है और आपको यह बुरा लगता है तो आप अधिक ईर्ष्यालु हैं, क्योंकि आप में ज़रूरत से ज़्यादा हीनता की भावना है। खैर, ईर्ष्या की हर एक समस्या अलग–अलग ढंग से होती है और हमें इससे अपनी गहरी सूझ–बूझ से निपटाना चाहिए।

ईर्ष्या का एक अन्य रूप होता है पड़ोसियों से या अपनी जान–पहचान वालों से बराबरी की भावना। अगर हमारे पड़ोसी या जान–पहचान वाले के पास नई कार है और हमारे पास पुराना स्कूटर, तो इसमें जलन कैसी। अगर उसका घर तीन मंजिल का बना है और हम छोटे से फ़्लैट में रह रहे है, तो इसमें किस बात की जलन। मतलब तो हमें केवल एक छत से है, जो कि हमारे पास है और हमारे पड़ोसी के पास भी। ज़्यादा छतें लेकर हमने करना ही क्या है, इन छतों को हम अपने साथ मरने के बाद ऊपर तो ले जाने से रहे। अगर हम अपने पड़ोसी से जलन या ईर्ष्या न करके उससे प्रेम भाव बनाये रखेंगे, तो हम यक़ीनन सुख के झूले में चौबीसों घण्टे झूलते रहेंगे।

जैसे थोड़ी–बहुत ईर्ष्या स्वाभाविक है, वैसे हो आदमी का भयभीत होना भी स्वाभाविक है। आपने कभी ऐसा आदमी देखा हे जो डंके की चोट पर कहता हो कि वह किसी से नहीं डरता। अगर आदमी, आदमी है, तो उसे किसी न किसी से डर तो लगेगा। कहने का मतलब है कि डर की भावना भी स्वाभाविक है। हम इनसान है। किसी न किसी चीज़ से हमें डर लगेगा ही।

यहाँ मैं जापान की एक लोक कथा का जिक्र करता हूँ। किसी मनुष्य को एक डरावना जिन दिन–रात सताया करता था। एक दिन उस आदमी ने उस जिन से पूछा–"तुम मुझे क्यों सताते हो? मैंने तुम्हारा क्या बिगाड़ा है, जो तुम न दिन देखते हो और न ही रात और मुझे डराने आ जाते हो?"

इस पर जिन मुस्करा कर बोला–"मेरे आका! मैंने तो आपको न कभी डराया है और न कभी सताया है। अपने डर के ज़िम्मेदार तो आप हो क्योंकि आप ही ने तो मुझे बनाया है।"

अब मैं आपसे एक सवाल पूछता हूँ। आप उस जिन का नाम बता सकते हैं? मेरे ख़्याल से आप सोच–विचार में डूब रहे हैं। चूँकि यह उदाहरण मैंने आपको 'भय' की भावना के बारे में समझाने के लिए लिखा है, इसलिए मैं आपका समय बर्बाद न करते हुए उस जिन का नाम खुद ही बता देता हूँ। उस जिन का नाम है 'भय'। जी हाँ, भय। वास्तव में यह भय आपके मन की ही खेती है। आप स्वयं ही भय के जिन या भूत की रचना करते हैं और फिर उसी भय के आगे थर–थर काँपना शुरू कर देते हैं।

जब हम यह जान गये है कि हम स्वयं ही अपने भय की रचयिता हैं, तो हमें यह भी जान लेना चाहिए कि हम इस भय का विनाश कैसे कर सकते हैं। मनोविज्ञान कहता है कि हम तभी भयभीत होते हैं, जब हम जाने–अंजान में अपने अवचेतन मन (Subconcious) को भयभीत होने की आज्ञा दे देते है। जब हम अपने मन को वश में न रखकर खुला छोड़ देते हैं, तभी वह भय का शिकार बन पाता है। याद रखिए 'भय' कभी भी हमारी इच्छा के विरुद्ध हमारे मन में घुसपैठ नहीं कर सकता।

भय के बारे में मैं आपको एक सच्ची बात और बताता हूँ। अगर आप किसी से पूछेंगे कि क्या वह डरता है? तो वह झट से कहेगा, "नहीं, मैं किसी से नहीं डरता।"

लेकिन यहाँ ग़ौर करने वाली बात है कि आपने अकसर लोगों से यह कहते सुना होगा–"दोस्त, मुझे डर है कि मैंने अपने बिज़नेस में पैसा तो खूब लगा दिया, अगर कल को व्यापार न चला तो?"

"दोस्त, मैंने मेडिकल एन्ट्रेन्स की तैयारी अच्छी तरह से की है। मुझे डर है कि अगर में एन्ट्रेन्स एग्ज़ाम पास नहीं कर पाया, तो मेरे डॉक्टर बनने का सपना कैसे पूरा होगा?"

"दोस्त, आज ठण्ड बहुत है। मुझे डर है कि मुझे ठंड न लग जायें"

अब आप ही बताइए कि लोग डरते हैं कि नहीं?

वास्तव में जो लोग ऐसी छोटी–छोटी बातों में डर, भय, आशंका, ख़तरा आदि का इस्तेमाल करते हैं तो वे तब–तब अपने मन में ग़लत भावनाओं को जन्म देते हैं और अपने आपको भय के हमले के लिए खुला छोड़ देते हैं। आप तो जानते ही हैं कि प्रत्येक विचार से एक तरंग पैदा होती है। जब कोई आपके पास आकर भय, निराशा, आशंका की बातें करता है तो आपके मन में ऐसी ही तरंग पैदा कर देता है। इसलिए हमें चाहिए कि ऐसे शब्दों का प्रयोग ही न करें और इनको अपने जीवन के शब्दकोश में से मिटा ही दें।

मनुष्य को सबसे भयंकर डर जो सताता है, वो मृत्यु का है। यह भय तभी सताता है, जब आप इसकी ओर ध्यान देते हैं। यदि आप बलि के बकरे की बात याद रखें तो जीवन के अन्तिम दिनों तक आपको मृत्यु का भय नहीं होगा, वह बात है कि बलि के लिए बकरा दो प्रकार से दिया जाता है–(पहला) उस स्थिति में जब कि जंगल में शेर का शिकार करने के लिए बकरे को बाँधा जाता है और जब रात को शेर की दहाड़ सुनकर और शेर को आता देखकर बकरा शेर के भय से थर–थर काँपता हुआ मरणासन्न हो जाता है। (दूसरा) उस स्थिति में जबकि देवता के सामने बलि के लिए बकरा लाया जाता है और उसे खिलाया–पिलाया और सजाया जाता है, सहलाया जाता है और वह बकरा क्रीड़ा करते हुए खाते–पीते हुए अपने बधिक (बलि देने वाला) के हाथ तक चाटता रहता है, जब तक कि उसका सिर कटकर उसके धड़ से अलग न हो जायें बकरा ऐसा इसलिए करता है क्योंकि उसे अपनी मृत्यु का आभास ही नहीं होता। भविष्य में क्या होने वाला है इस बात का अज्ञान ही तो परमात्मा की सबसे बड़ी कृपा है। इसलिए यह जानते हुए भी कि भविष्य में हम एक दिन नहीं रहेंगे, हमें देवता के समाने बलि के बकरे की तरह अन्तिम समय तक खुशी से रहना चाहिए। जब कोई यह बात मान ले भाग्य का लिखा एक–एक अक्षर इधर का उधर नहीं हो सकता, तो फिर भविष्य के बारे में जानने से क्या लाभ? हाँ, केवल भय से हानि ही होगी। यह तो आप जानते ही है कि लोग इस बात से भयभीत नहीं होते कि उनकी मृत्यु होगी, बल्कि उन्हें इस बात से डर लगता है कि उनकी मृत्यु कब होगी?

आप फौजी सिपाहियों को ही देखिये, लडाई के समय जब उनको विश्वास होता है कि अब उनके सामने मृत्यु है तो वे भयभीत नहीं रहते। इसलिए जितनी जल्दी हम अटल मृत्यु को मानकर उसे भूल जायें, तो उतनी जल्दी ही हम शक्तिहीन कर देने वाले भय से मुक्त हो जायेंगे।

इस बार में किसी ने क्या खूब लिखा है–"यह बात कोई महत्त्व नहीं रखती कि आदमी मरता कैसे है, बल्कि यह महत्त्व रखती है कि आदमी जीता कैसे है।"

जीने के लिए हम सब सपने देखते हैं, कुछ जागते हुए और कुछ सोते हुए। ज्योतिषी कहते हैं कि आप हमें अपने सपने बताइए और हम आपका भविष्य बतायेंगे, जबकि मनोवैज्ञानिक कहते हैं कि आप हमें अपने सपने बताइए और हम आपको आपके आजकल की परेशानियों और चिन्ताओं के बारे में बतायेंगे। क्या वास्तव में ऐसा हो सकता है? जी, हाँ। बिलकुल हो सकता है। आधुनिक मनोविज्ञान सपनों के रूप से मानसिक कष्टों के कारण जानने और इलाज कर सकने में समर्थ हो गया है। हमारे अपने सपने हमें हमारी छिपी हुई रहस्य की बातें बताते हैं, हमारा भय, प्रेम, चाहतें, घृणाएँ तथा हमारी चिन्ता–परेशानियों के बारे में बताते हैं, जिनका ज़िक्र आगे इसी पुस्तक में किया गया है।

यह बात पूरी तरह से सच है कि हमारे भीतर हमारे दो रूप मौजुद होते हैं–एक भगवान का और दूसरा शैतान का। नींद के जहान में जब हम अपने जीवन के सामाजिक, धार्मिक तथा घरेलू, सब बन्धनों से मुक्त हो जाते हैं और हमारा मन स्वछन्द होकर वह इच्छाएँ पूरी करने के सपने लेने गाता है, जो जागते हुए हम पूरी नहीं कर पाते या करना नहीं चाहते। हम सपने में अपनी छिपी भावनाओं के नशे में मस्त हो जाते हैं।

"मैं सपने नहीं देखता।" आप कह सकते हैं। लेकिन यह आपकी सच बात नहीं है, क्योंकि बिना सपने देखे सोया नहीं जा सकता। उसी प्रकार जैसे बिना साँस लिए भी सोया नहीं जा सकता। हमारा मन हर समय काम करता रहता है और हमें नींद के जहान में तरह–तरह के अच्छे–बुरे सपने दिखाता रहता है।

सपने आने का एक मुख्य उद्देश्य होता है मन की दबी हुई इच्छाओं की पूर्ति। युवक और युवतियाँ अपने प्रिय फ़िल्म स्टारों के साथ सपने में क्या से क्या रासलीला रचाकर सुख ले लेते हैं, जो वह जागते हुए सोच भी नहीं सकते। किसी ने सच ही कहा है, "जो–जो सुख तक़दीर में नहीं होते, मिल जाते हैं सोते–सोते।"

सपनों का दूसरा रूप है बीते हुए सुखों के संसार में लौट जाना। तीसरा रूप वह होता है, जिसमें हम अपने जागृत जीवन के बन्धनों को सपनों में तोड़–फोड़ फेंकते हैं और स्वछन्द होकर सपनों में उस प्रकार जीते हैं, जैसे कि हमारी गुप्त भावनाएँ हमें जीने के लिए कहती हैं। चौथा रूप होता है, जिसमें हम बुरे सपने देखते हैं, जैसे–श्री भारती साहब ने देखा। भारती साहब का अपने पड़ोसी से किसी बात को लेकर झगड़ा हो गया। झगड़ा जबरदस्त था, इसलिए भारती साहब कुछ न कर पाये और घुट कर रह गये। रात को सपने में भारती साहब ने देखा कि उसके पड़ोसी का एक्सीडेन्ट हो गया है, जिससे कि उसकी मृत्यु हो गयी है। दरअसल यह भारती साहब का सपना उनके पड़ोसी के प्रति घृणा की भावना का प्रतीक था, जो कि उन्हें वास्तव में उससे थी। जागृत अवस्था में भारती साहब कुछ न कर सके, लेकिन अपने सपने में उन्होंने अपने पड़ोसी की हत्या कर दी, परन्तु क्योंकि वह हत्या का पाप अपने ऊपर नहीं लेना चाहते थे, इसलिए उन्होंने सपने में ऐक्सीडेन्ट के रूप में अपने पड़ोसी को मार डाला।

पाँचवा रूप वह होता है, जिसमें सपने देखने वाला बार–बार एक जैसे सपने देखता है। जैसे–गिरने के सपने देखना, आत्महत्या के सपने देखना। बार–बार भयानक सपने देखना यह बताता है कि हम चिन्ता और भय को

अपने मन में बसाये बैठे हैं जो सपनों में साकार हो जाती है। आप स्वयं देखिये कि आपके सपने निम्नलिखित 22 प्रकार के सपनों में ही होंगे।

## सपनों की तालिका

| | *सामान्य सपने* | *सपनों के अर्थ* |
|---|---|---|
| 1) | धन पाने का सपना देखना। | ग़रीबी और धन के अभाव आदि परिस्थितियों के ऊपर जीतने की इच्छा। |
| 2) | प्रेम के सपने देखना। | प्रेम करने की भूख। |
| 3) | गिरने के सपने देखना | समाजविरोध या अपनी अन्तर्रात्मा के विरुद्ध काम कर बैठने का डर। |
| 4) | मृत सम्बन्धी से बातें करने के सपने देखना। | उनको मृत न मानने अथवा उनके पास जाने की इच्छा। |
| 5) | किसी सम्बन्धी के जीवन काल में ही उसकी मृत्यु का सपना देखना। | उस सम्बन्धी से मन ही मन धृणा की भावना। |
| 6) | यात्रा करने के सपने देखना। | वास्तविकता से दूर भागने की इच्छाएँ मन में होना। |
| 7) | स्त्रियों में देर हो जाने, गाड़ी या बस छूटने के सपने देखना। | प्रेम–सम्बन्धों के लिए उत्साहहीन होना। |
| 8) | लूटे जाने के सपने देखना। | धन की असुरक्षा का डर होना। |
| 9) | बूढ़े लोगों का बचपन के सपने देखना। | फिर से युवावस्था पानी की इच्छा तथा मृत्यु का भय मन में होना। |
| 10) | जंगली जानवरों के हमले के सपने (स्त्रियों में) देखना। | पुरुषों द्वारा बलात्कार का भय होना। |
| 11) | अकस्मात या बीमारी से मरने के सपने देखना। | मानसिक अपराध भी भावना (अपने आपको सज़ा देने अथवा आत्महत्या की इच्छा)। |
| 12) | आग से जलने के सपने। | वासना के साथ–साथ भय की भावना। |
| 13) | बड़े लोगों के सम्पर्क के सपने देखना। | सामाजिक हीनता से बचने की इच्छा। |
| 14) | ज़िन्दा जलाए या दफ़नाए जाने और शवयात्रा के सपने देखना। | मृत्यु का भय होना। |
| 15) | दुविधा, अनिश्चय, सन्देह आदि के सपने देखना। | अपने में विश्वास की कमी तथा भविष्य का भय होना। |
| 16) | असफलताओं तथा प्रसिद्धि के सपने देखना। | हीनता की भावनाएँ। |
| 17) | नंगे दिखने के सपने देखना। | अपने उच्च नैतिक आदर्शों से मुक्ति की इच्छा। |
| 18) | डराये जाने या संकटग्रस्त होने के सपने देखना। | निकट भविष्य की भय होना। |
| 19) | चोरी करने, लड़ने–झगड़ने मारपीट आदि के सपने देखना। | अपराध प्रवृति को दबाना। |
| 20) | जिससे प्रेम हो उसी को कष्ट देने के सपने देखना। | उसके प्रति प्रेम और घृणा की मिली–जुली भावना। |
| 21) | क़ैद हो जाने अथवा क़ैद से छूट भागने के सपने देखना। | परस्पर विरोधी भावनाएँ। |
| 22) | पागलपन के सपने देखना। | ऐसा काम कर बैठने का भय जिसके लिए ज़िम्मेदार न ठहराया जा सके। |

अब हम आते हैं नींद न आने से होने वाली चिन्ता के विषय पर। कई लोग पूरी नींद नहीं पा सकते, क्योंकि वे ऐसा सोचते हैं कि उनको नींद कम आती है। क्या हम नहीं जानते कि व्यक्ति को कितने घण्टों की नींद आवश्यक होती है? कुछ लोगों को दूसरों के मुकाबले में अधिक निद्रा चाहिए। लेकिन एक बात स्पष्ट है कि अनिद्रा के बारे में चिन्ता करना अनिद्रा से अधिक बुरा है, क्योंकि इससे आदमी सुबह अपने–आपको थका तथा अस्वस्थ पाता है। यदि कभी आपको नींद न भी आये तो बिस्तर पर लेटे रहिए और अपने आपसे कहिए कि कोई परवाह नहीं यदि नींद नहीं आती। मन को शान्त रखकर आराम से लेटे रहने से भी शरीर अपने–आपको स्वस्थ बना लेता है। याद रखिए कि शरीर को अनिद्रा से हानि बहुत ही कम होती है, बल्कि अनिद्रा की चिन्ता से रोग उत्पन्न हो जाते हैं।

जो लोग अपने–आपको उस परमपिता परमात्मा की शरण में छोड़कर सो जाते हैं, उन्हें उस सुरक्षा की भावना से गहरी नींद आती है। दूसरा तरीक़ा यह है कि आप लेटे हुए अपने शरीर के हर भाग को ढीला छोड़ दें और अलग–अलग अंगों से बातें करें और उसे विश्राम करने के लिए कहें। तीसरा तरीक़ा यह है कि आप अधिक शारीरिक परिश्रम करें, ताकि नींद पूरी तरह से आ जाये। सैर–सपाटे से अथवा शारीरिक व्यायाम करने से भी नींद अच्छी आती है।

प्रकृति ही ऐसी है कि वह हमें सोए बिना अधिक समय नहीं जागने देती। एक व्यक्ति को नींद न आने की बहुत चिन्ता रहती थी और वह हारकर आत्महत्या करना चाहता था। किसी ने उसे समझाया कि अगर उसने मरना ही है तो वह इतना चले कि उसके प्राण निकल जाये। उस व्यक्ति ने ऐसा ही किया। वह चलता रहा और नतीजा यह हुआ कि चलते–चलते और थक गया और उसे नींद आ गयी। सुबह होते ही आत्महत्या का विचार उसके दिलोदिमाग़ से पूरी तरह निकल गया।

असल में पूरी नींद पाना भी एक विलास है। अच्छी नींद लेने से आप अगली सुबह खुद को पूरी तरह से तरोताज़ा महसूस करते हैं। नींद में सोए–सोए आपकी उलझनें सुलझने लगती हैं। नींद से आपके शरीर के विषालु तत्व नष्ट होते हैं और आपके स्नायु फिर से शक्तिमान बनते हैं। जब भी आप सोना चाहें तो सच्चे मन से नींद के गुणों को दोहराइए। जब आपका मन विश्वस्त होकर सोना चाहे और आप बिस्तर पर लेट जायें तो अपने सारे शरीर को, शरीर के अंगों को ढीला छोड़कर अपने मन में उस आनन्ददायक स्थिति की कल्पना कीजिए, जो उस व्यक्ति की होती है, जिसे पूरे आराम की नींद मिली हो। फिर अपने श्वास लेने का ढंग अपनाइए, जो एक सो रहे व्यक्ति का होता है। अपनी आँखों को हल्के से पलकों से कई बार दबाइए, जिससे आँखों की दिनभर की थकान और खिंचाव दूर हो जाये। यदि आप इन विधियों का सरलता से प्रयोग में लायें तो कोई कारण नहीं कि आप दो या तीन मिनटों में सुख से न सो जायें। ज़रा भी फ़िक्र मत कीजिए। आपको नींद ज़रूर आयेगी। ज़रा सोचिए कोई इनसान ऐसा पैदा हुआ है, जो अपने जीवन में कभी सोया न हो।

- कोई भी इनसान किसी को दिलोजान से प्यार करे, लेकिन उसे उसके प्यार में अन्धा नहीं होना चाहिए।
- प्रेम में समझदारी बरतें, कहीं ठगे न जायें। कभी भी अपने–आपको हीन न समझें।
- घृणा से कोई लाभ नहीं, बल्कि अनेक हानियाँ हैं।
- जहाँ आवश्यक हो, वहाँ क्रोध भी करना चाहिए, क्योंकि किसी भी जंगल में सीधे खड़े पेड़ ही सबसे पहले काटे जाते हैं।

- ईर्ष्या उस ढंग से कीजिए कि वह स्पर्धा बनकर आपकी प्रगति में सहायक बने। छोटी–छोटी बातों में ईर्ष्या करना बचपना है।
- भय हमारे मन की उपज है। भय, आशंका, निराशा आदि शब्दों का प्रयोग छोड़िए। तथ्यों का मूल्यांकन कीजिए।
- हमारे सपने हमारी भावनाओं के अनेक रूप होते हैं। हमें अपने सपनों के जरिये अपने मन को जानना चाहिए।
- शरीर को अनिद्रा से हानि बहुत कम होती है, बल्कि अनिद्रा की चिन्ता से रोग उत्पन्न ज़रूर हो जाते हैं निद्रा लाने के लिए उपायों का प्रयोग करना चाहिए।

## यह भी याद रखें

*हम कितनी ही जल्दी लोगों की भावनाओं का अनुमान लगा सकें, उतना ही दुनिया की भलाई के लिए एक अच्छा काम होगा।*

*–डॉ. राधाकृष्णन*

*भावना से कर्तव्य ऊँचा है।*

*–अज्ञात*

# 8

## व्यवहारकुशल

मनुष्य एक सामाजिक प्राणी है। समाज में ही वह जन्म लेता है, यहीं उसका पालन–पोषण होता है तथा समाज में ही रहकर वह दूसरों के सहयोग से अपना जीवन व्यतीत करता है। मनुष्य के जीवन की सफलता इस बात पर निर्भर करती है कि अधिक से अधिक लोगों का सहयोग उसे मिले। दूसरों से सहयोग प्राप्त करने के लिए व्यवहारिक होने की आवश्यकता होती है।

जो व्यक्ति जितना दूसरों का सहयोग करता है, उसे उतना ही सहयोग दूसरों से मिलता है। जो जितना सम्मान दूसरों का करता है उतना ही सम्मान उसे दूसरों से मिलता है। जो व्यक्ति दुःख–दर्द में जितना दूसरों के हित में मदद करता हे, उतनी ही मदद दूसरों से उसे वक़्त पड़ने पर मिलती है।

आपने कभी सोचा है कि आपके कितने मित्र हैं? कभी विचार किया है कि आपने कितने लोगों को अपना शत्रु बना लिया हे? आपके बारे में लोग क्या सोचते हैं? आपके व्यक्तित्व के, रहन–सहन, बोल–चाल और व्यवहार के विषय में आपके परिचितों की राय कैसी है? इन प्रश्नों पर आप विचार करेंगे, तो आपको अपने बारे में पता चल जायेगा। अपने बारे में जब यह पता चल जाये कि लोग आपके विषय में क्या राय बनाते हैं, तो मनन करें कि जो कमी है, वह कैसे दूर हो सकती है। उन सब कमियों और दोषों को दूर किये बिना आप प्रशंसा के पात्र नहीं बन सकते हैं

प्रशंसा का पात्र बनने के लिए समाज में लोकप्रिय होने के लिये, सबसे पहले आपको मिलनसार बनना पड़ेगा। आप मिलनसार होंगे, दूसरों का सहयोग करेंगे तभी लोग आपको सहयोग देंगे। दूसरों के सहयोग के बिना जीवन में सफलता सम्भव नहीं है। मिलनसारिता ही एक ऐसा गुण है, जिसमें अनेक गुण होते हैं। इस गुण के बल पर तो बुरे एवं धूर्त लोग भी आपके मददगार बन जाते हैं। अच्छे लोगों में व्यवहारकुशलता का गुण है, इसी कारण उनका महत्त्व और शक्ति बढ़ती जाती है।

वास्तव में मिलनसारिता का गुण सभी को अपनी ओर आकर्षित करता है, चुम्बक की तरह सभी खिंचे चले आते हैं। हँसते–मुस्कराते, दूसरों का आदर करने वाले व्यक्ति से कौन व्यक्ति प्रभावित नहीं होगा? व्यवहारकुशल

लोगों के सभी काम बनते चले जाते हैं, कोई भी काम नहीं रुकता। एक व्यवहारकुशल व्यापारी दूसरों की अपेक्षा अधिक धन कमाता है। एक व्यवहारकुशल राजनेता अपनी जीत सुनिश्चित करता है तथा व्यवहारकुशल किसान के सभी मददगार हो जाते हैं व्यवहारकुशल छात्र औरों से ज़्यादा सफलता प्राप्त करते है। व्यवहारकुशल शिक्षक छात्रों के आदर्श बन जाते है। व्यवहारकुशलता बड़े महत्त्व की कला है, जो व्यक्ति के स्तर को उन्नत करती चली जाती है।

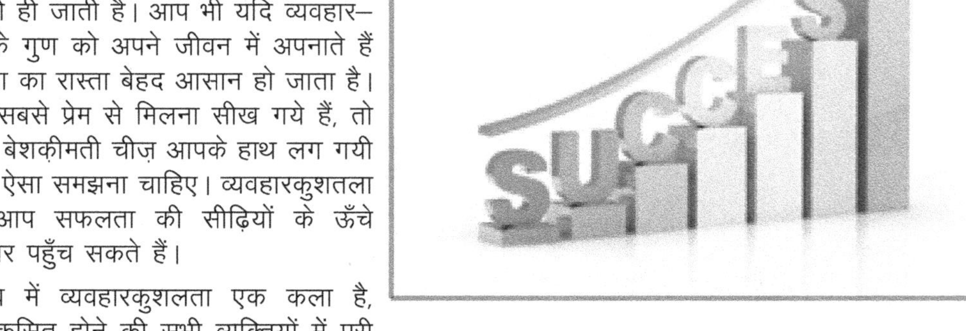


व्यवहारकुशल व्यक्ति मृदुभाषी, नम्र और सहयोगी होता है। इस कारण उसकी लोकप्रियता निरंतर बढ़ती जाती है। सभी उसकी प्रशंसा करते हैं। इस तरह व्यवहारकुशल व्यक्ति की धाक और साख बढ़ती ही जाती है। आप भी यदि व्यवहार–कुशलता के गुण को अपने जीवन में अपनाते हैं तो सफलता का रास्ता बेहद आसान हो जाता है। आप यदि सबसे प्रेम से मिलना सीख गये हैं, तो दुनिया की बेशक़ीमती चीज़ आपके हाथ लग गयी है, आपको ऐसा समझना चाहिए। व्यवहारकुशतला के द्वारा आप सफलता की सीढ़ियों के ऊँचे पायदानों पर पहुँच सकते हैं।

वास्तव में व्यवहारकुशलता एक कला है, जिसके विकसित होने की सभी व्यक्तियों में पूरी संभावना है, क्योंकि सभी के पास बुद्धि है, जो अपने भले और बुरे का निर्णय ले सकती है, अपने हित और अहित की पहचान सभी को होती है। इसलिए यदि आप अपना हित देखना चाहते हैं तो आपको व्यवहारकुशलता की कला सीखनी ही चाहिए। सभी के पास सम्वेदनशील ह्रदय है। सभी चाहते हैं कि दूसरे उन्हें महत्त्व दे, प्रेम और सम्मान दें। यदि आप भी दूसरों से प्रेम और सहयोग चाहते हैं, तो आपको व्यवहारकुशलता में माहिर होना चाहिए। जो आप दूसरों से चाहते हैं, वह आप दूसरों को दें।

यदि आप अपने जीवन में सफलता चाहते हैं तो व्यवहारकुशल बनिये। यदि आप आत्म–केन्द्रित हैं, एकाकीपन पसन्द करते हैं, गुम–सुम रहते हैं, किसी से मिलते–जुलते नहीं है, तो आज ही से आप एकाकीपन को त्याग दीजिये। अपने मित्रों और परिचितों का दायरा बढ़ाइये। अधिक–से–अधिक लोगों से आप मिलते हैं, तो आपको लोगों को जानने और परखने का अवसर मिलेगा। संसार में प्रत्येक मनुष्य के पास कोई न कोई विशेष गुण, कला या योग्यता होती है। सभी से कुछ न कुछ सीखा जा सकता है। आप जितने अधिक लोगों से मिलेंगे, उतना अधिक आपको जीवन को जानने और सीखने का मौक़ा मिलेगा।

लोगों का मनोविज्ञान जानकर, उनसे सही ढंग का व्यवहार करने वाला व्यवहारकुशल व्यक्ति ही सफल हो सकता है। यह भी ध्यान रखने की बात है कि सभी परिस्थितियों में सभी लोगों से एक ही तरह का व्यवहार नहीं किया जा सकता। देश, काल, परिस्थिति और व्यक्ति को देखकर उचित व्यवहार किया जाना ही व्यवहार की कुशलता है।

एक बात हमेशा याद रखें कि हर व्यक्ति अपना महत्त्व स्थापित करना चाहता है। आप भी तो अपना महत्त्व स्थापित करना चाहते हैं। आपको भी तो अपनी तारीफ़ सुनना पसन्द है। इसलिए आपको दूसरों की खुले दिल से तारीफ़ करनी चाहिए। दूसरों की प्रतिभा को प्रोत्साहित करना व्यवहारकुशलता है। इससे आपके गुणों को भी लोग प्रोत्साहित करेंगे। इस एक अच्छाई से आपके लिए स्वस्थ वातावरण बनेगा जो आपकी सफलता में सहायक होगा। आपको किसी व्यक्ति के सहयोग की आवश्यकता है और वह आत्म प्रशंसा सुनकार प्रसन्न होता है तो आप स्पष्टवादी बनकर उसका विरोध क्यों करते हो? ऐसा करके आप फिर कैसे उसका सहयोग प्राप्त कर सकते हैं।

आप सभी के प्रति यही भाव रखें कि सब अच्छे हैं। हर आदमी में कुछ अच्छाइयाँ, कुछ बुराइयाँ होती है, हम में भी हैं। हमें तो गुणों का ग्राहक बनना चाहिए। अपने भीतर के गुणों को विकसित करना चाहिए तथा दूसरे के गुण जानकर कुछ सीखना चाहिए। इसलिए सभी के प्रति यह भाव रखें कि सब अच्छे हैं। सभी को प्रेम और आदर पाने की भूख है। अतः आप सभी को खुश करने और प्रेम से बोलने का प्रयास करें। आप जिससे भी मिले, उसमें अच्छाइयाँ तलाश करें और फिर उन अच्छाइयों को हमेशा के लिए अपना लें। यदि आप हँसते मुस्कराते हैं, मिलनसार प्रवृति के हैं तो लोग आपको बहुत पसन्द करेंगे। जब इस तरह के मधुर व्यवहार से चारों ओर आपका गुणगान होगा तो इससे आपको प्रसन्नता के साथ–साथ सफल होने के लिये एक नई ऊर्जा, नये विश्वास की उपलब्धि भी होगी। आपका उत्साह बढ़ेगा फिर तो आपके इस गुण का और विकास होगा। आप और भी अधिक लोकप्रिय होंगे। आपको पसन्द करने वालों की संख्या निरन्तर बढ़ती जायेगी, यही सफलता का रहस्य है।

दूसरों के दोष देखना, उनकी आलोचना करना, चुगली करना, दूसरों की निन्दा में रस लेना बहुत बुरी आदतें है, इससे आदमी के बेकार में शत्रु बन जाते हैं। दूसरों की निन्दा या आलोचना करके व्यक्ति अपनी बुराईयों पर परदा डालता है, वह अपने जीवन में सकारात्मक बदलाव की ज़िम्मेदारी से बचना चाहता है, ऐसे व्यक्ति जीवन में सफल नहीं हो सकते। नकारात्मक सोच तथा दूसरों की आलोचना करने से व्यक्ति का जीवन बरबाद होता है। ऐसे व्यक्तियों को दूसरों का आदर–प्यार और सहयोग भी नहीं मिलता है। दूसरों की व्यर्थ आलोचना करने से व्यक्ति स्वयं अपनी सफलता के मार्ग में अवरोध पैदा करता है। यदि हम किसी के ग़लत कार्यों की निन्दा केवल निन्दा करने के उद्देश्य से ही करते हैं तो उससे उस व्यक्ति में सुधार तो आता नहीं है बल्कि वह अकारण हमारा शत्रु और बन जाता है। यदि आप सचमुच में ही किसी में सुधार लाना चाहते हैं तो पहले स्वयं में सुधार लायें तथा प्यार से दूसरों को समझाएं, इस तरह बिना विद्वेष के सकारात्मक बदलाव लाया जा सकता है।

आप जब दूसरों के गुण देखने का अभ्यास करेंगे तो आप पायेंगे कि आप में सफल होने के लिये जिन गुणों की आवश्यकता है, वे गुण आपमें अभी विकसित ही नहीं हुए है, जबकि दूसरों में वे मौजूद है। इसी कारण वे आपसे ज़्यादा सफल है। अपने परिचितों से कर्त्तव्यपरायणता, लग्न से निरन्तर परिश्रम करने तथा निरन्तर अपने लक्ष्य के लिए संघर्ष करने की नई–नई कलायें सीखने को मिलेंगी। जिन्हें अपनाकर आप भी सफलता की ओर बढ सकते हैं। आप जितने अधिक लोगों के निकट जायेंगे, सच्चे दिल से उनका आदर करेंगे, उनके गुणों की प्रशंसा करेंगे तो आपके भीतर की अच्छाइयाँ अपने आप प्रकट होने लगेगी। यह व्यवहार कला बड़ी अनूठी है। व्यवहारकुशल व्यक्ति निरन्तर उत्साहित रहता है, सकारात्मक कार्यों में लगा रहता है तथा व्यवहारकुशलता के कारण उसे दूसरों का भरपूर सहयोग मिलता है, जिसके बल पर उसकी सफलता की मंज़िल आसान होती चली जाती है।

जीवन में सफल होने के लिए आप इस बात को भी गांठ बाँध लें कि आपकी सफलता दूसरों के सहयोग पर निर्भर करती है। दूसरे व्यक्ति आपको तभी सहयोग करेंगे जब आप दूसरों के लिए उपयोगी होंगे तथा प्रिय होंगे।

प्रसिद्ध विचारक डेल कारनेगी ने अपनी पुस्तक–'लोक–व्यवहार' में लोगों को प्यारा बनने की छः व्यावहारिक विधियाँ बतायी हैं। आप भी उन विधियों को अपनाकर लोगों के प्रिय बन सकते हैं तथा लोगों से भरपूर सहयोग प्राप्त कर सकते हैं। डेल कारनेगी के अनुसार लोगों का प्यारा बनने के 6 नियम निम्न प्रकार हैं।

1. दूसरों में दिलचस्पी लीजिए।
2. सदैव मुस्कराते हुए लोगों से मिलिये।
3. लोगों से मिलने पर आदर से उसका नाम लीजिए। मिलने वालों के नाम याद रखिए। यह ध्यान रखिए कि मनुष्य का अपना नाम उसकी भाषा में उसके लिए सबसे मधुर और सबसे महत्त्वपूर्ण शब्द है।

4. दूसरों की बात ध्यान से और धैर्यपूर्वक सुनिये अर्थात् अच्छा श्रोता बनिये।
5. जो बात दूसरों को भी अच्छी लगे वही बात अधिकांशतः बोलनी चाहिए।
6. दूसरे व्यक्ति को भी महत्त्वपूर्ण अनुभव कराइये और सच्चे हृदय से कराइये।

डेल कारनेगी द्वारा लोगों को प्यारा बनने के 6 नियमों का लोगों ने अपने व्यावहारिक जीवन में प्रयोग किया है। ये नियम मनोविज्ञान के नियमों की तरह खरे उतरे हैं। आप भी यदि लोकप्रिय बनना चाहते हैं तो इन नियमों को अपने जीवन में उतार कर लोकप्रिय बन सकते हैं तथा लोगों से भरपूर सहयोग ले सकते हैं।

दूसरों में दिलचस्पी लेने के लिए आप कम बोलिये तथा उनकी ज़्यादा सुनिये। दूसरों को उत्तर देना हो तो स्पष्ट और शालीन भाषा में उत्तर दीजिये। आपको कुछ पूछना हो तो बड़ी सादगी, मिठास और नम्रता से प्रश्न करिये। इस तरह के मधुर व्यवहार से आप दूसरों का दिल जीतते चले जायेंगे।

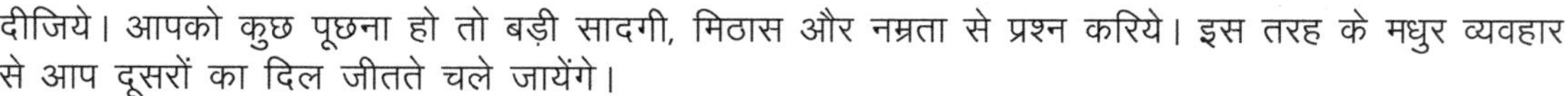

यह संसार एक रंगमंच है। इस रंगमंच पर निरन्तर नाटक चल रहा है। आप भी इस नाटक के पात्र हैं। नाटक बदलता है तो आपका पद भी बदल जाता है। अतः देश, काल और परिस्थिति का ध्यान रखते हुए अपने पात्र को कुशलता से निभाते चले जाइये। कुशल अभिनेता ही दर्शकों को रिझाते हैं, आकर्षित करते हैं। आप भी कुशल अभिनेता बनिये।

सच बोलना अच्छी बात है, लेकिन जब सच को गलत ढंग से बोला जाये, तो वह अप्रिय लगेगा। आप किसी विकलांग व्यक्ति से यदि यह पूछे कि आपकी टाँग कैसे टूट गयी? तो उसे बुरा लगेगा। हालाँकि बात सच्ची है, किन्तु पूछने का ढंग ठीक नहीं है। यदि आप पूछे कि भाई साहब आपकी टाँग में तकलीफ़ कैसे हो गयी? इस पर वह बड़े प्रेम से सारी घटना का वर्णन कर देगा। यह बोलने की कुशलता है। वाक्पटुता में वृद्धि का उपाय यही है कि आप लोगों के आसपास आये–जायें, अपनी कहें। समय आने पर मंच पर भाषण भी दें। अगर आपको भाषण नहीं आता तो आइने के सामने खड़े होकर भाषण दें। धीरे–धीरे आप भाषण में भी प्रवीण हो जायेंगे।

आप समाज में जितना मेलजोल बढ़ाते चले जायेंगे, उतना ही समाज में आपका सम्मान बढ़ता जायेगा। आप लोगों से प्रेम करेंगे तो बदले में आपको भी प्रेम मिलेगा। जो आप बाटेंगे, वही आपको प्राप्त होगा। आप प्यार बाटेंगे, तो प्यार मिलेगा। आप देखेंगे कि आपके चारों ओर मधुरता ही मधुरता है। आप दूसरों में दिलचस्पी लीजिए। आप पायेंगे कि लोग आप में दिलचस्पी लेने लगे है। जब आप दूसरों की सुनेंगे तो वे भी आपकी सुनेंगे, यही व्यवहार का नियम है।

आपका व्यापार हो या सरकारी सेवा, कृषि हो या व्यवसाय, हर क्षेत्र में सफलता व्यवहारकुशलता द्वारा ही सम्भव है। जीवन में सफलता पाने के लिए प्रसन्नचित्त होना भी ज़रूरी है। प्रसन्नता धन से नहीं ख़रीदी जा सकती। सकारात्मक सोच रखकर, मनोविकार ईर्ष्या, द्वेष और अहंकार से युक्त रहकर भी कोई प्रसन्नचित्त रह सकता है। प्रसन्नचित्त व्यक्ति को सभी लोग पसन्द करते हैं। जो व्यक्ति उदास चेहरा लेकर निराश घूमता रहता है, व्यर्थ की बातें करके हताशा को फैलाता है, उससे सभी दूर रहना चाहते है। यदि आपको सफल होना तो मुस्कराना सीखिये। प्रसन्नता से लोगों से मिलिये। खुशियाँ बाँटिये और खुशियाँ बटोरिये।

ऐसे लोगों की संसार में कमी नहीं है, जिन्हें यही पता नहीं है कि उनके असन्तुष्ट और दुःखी होने का कारण क्या है? वे केवल यही कहते रहते हैं कि वे दुःखी हैं, वे अभागे हैं, वे खुश नहीं हैं। परन्तु वे यह नहीं बता सकते कि वे खुश क्यों नहीं है?

बहुत से लोग प्रसन्नता को बाहर ढूँढ़ते हैं। संसार भर में खुशियों की तलाश करते हैं पर प्रसन्नता उन्हें नहीं मिलती। प्रसन्नता बाहर की वस्तु नहीं है यह तो भीतर पैदा होने वाली एक मनोदशा है आप किसी वस्तु को पाने के लिये जी तोड़ मेहनत करते हैं, परन्तु उसे पाने के बाद भी खुश नहीं रह पाते है। फिर कोई और इच्छा आ घेरती है। मन की इच्छाओं का अन्त नहीं है। सच्ची तृप्ति तो उपलब्ध साधनों से संतुष्ट होने और उनका सदुपयोग करने से मिलती है। सच्ची प्रसन्नता तो ईर्ष्या, द्वेष, क्रोध और अहंकार को त्यागकर, चित्त की निर्मलता से मिलती है। अनेक धनी लोगों के पास धन वैभव के अपार साधन होते हुए भी वे दुःखी देखे जा सकते हैं, क्योंकि उन्हें सच्चा प्यार करने वाला कोई नहीं होता है। वे अहंकार के कारण किसी को प्यार नहीं कर पाते हैं इसी कारण कोई उन्हें प्यार नहीं करता, इसी वजह से वे दुःखी रहते हैं।

विज्ञान और मनोविज्ञान ने मानव के सामने नया जीवन दर्शन प्रस्तुत किया है। यह जीवन में प्रसन्नता को ही सब कुछ मानता है, जो भविष्य को छोड़कर वर्तमान जीवन को अधिक महत्त्व देते हैं। प्रसन्नतापूर्वक जीवन बिताना, सबसे प्यार करना तथा रचनात्मक कार्यों में लगे रहकर लोगों की सेवा ही आपके व्यक्तित्व विकास का एक सोपान है, जो आपको सफलता की सीढ़ी के शीर्ष पर एक न एक दिन पहुँचा ही देता है।

## यह भी याद रखें

*अनुचित उचित काज कछु होऊ। समुझि करिय भल कह सब कोऊ।*
*(उचित अथवा अनुचित जो भी काम हो उसे खूब सोच–विचार कर करना चाहिए। सब लोग ऐसे व्यवहार को अच्छा कहते हैं।)*
*–गोस्वामी तुलसीदास*

*चिथड़े का निरादर मत करो, क्योंकि उसने भी किसी समय किसी की लाज़ रखी थी।*
*–शेख सादी।*

*अपने प्रति दूसरों के जिस व्यवहार को तुम पसन्द नहीं करते, वैसा व्यवहार स्वयं भी दूसरों के प्रति मत करो।*
*–कन्फ्यूशियस*

*व्यवहार वह दर्पण है, जिसमें प्रत्येक का प्रतिबिम्ब देखा जा सकता है।*
*–गेटे*

*जो मिट्टी से भी सोना बनाते हैं, वही व्यवहारकुशल हैं।*
*–डिसरैली*

## निराशा पर विजय कैसे पायें?

कहते हैं कि ठोकर खाकर गिरने में कोई अपराध नहीं, लेकिन गिरकर न उठने में महान् अपराध है। अनेक बार जीवन में निराशा आ घेरती है, परन्तु इस निराशा में फँसे रहना और उससे न निकल पाना मनुष्य की सबसे बड़ी हार है। अंग्रेज़ी में निराशा एवं विषाद की स्थिति को 'डिप्रेशन' व 'मेलन्कोलिया' कहा जाता है। यह एक मानसिक बीमारी है, जो लोग इस बीमारी को भी भोगकर स्वस्थ हो जाते हैं, वे कहते है कि चार हड्डियों भले ही टूट जायें, लेकिन इनसान को डिप्रेशन कभी न हो।

हमें जीवन में कई बार निराशा, दुःखों और महान् कष्टों से लड़ना पड़ता है, परन्तु उस निराशा के समय हम यह भूल जाते हैं कि 'काली घटा के पीछे आशा का सूर्य भी चमकता है।' जब कोई व्यक्ति निराशा या विषाद में फँसा होता है, तो वह किसी तात्कालिक कारण को ही बताता है। परन्तु सचाई तो यह है कि उस तात्कालिक कारण से पहले ही अन्य मूल कारणों से व्यक्ति निराशा में फँसा होता है। उदाहरण के लिए कोई विशेष अभाव–जैसे कि प्रेम का, सौन्दर्य का, प्रशंसा का, स्वास्थ्य का, धन का, मित्रता का, प्रतिभा का, उद्देश्य का अभाव इत्यादि। अतः आप अपनी निराशा का मूल कारण समझने का प्रयत्न करें।

हम अपने जीवन में बुरे कर्म करने का निर्णय तब लेते हैं, जब हम निराश होते हैं। संसार के हर दो मिनट में निराशा के कारण एक व्यक्ति आत्महत्या करता है। फिर भी निराशा और विषाद में लोग फँसते ही रहते हैं ब्रिटेन के प्रधानमन्त्री विन्स्टन चर्चिल निराशा को 'काला कुत्ता' कहते थे। उनको भी एक समय निराशा के इस काले कुत्ते ने घेर लिया था। कलाकार, व्यापारी, लेखक, राजनीतिज्ञ, स्त्री–पुरुष, बड़े लोग, छोटे लोग, सभी इस भयंकर रोग में आ फँसते हैं। हम सब निराशा और विषाद की स्थिति का अनुभव कर चुके हैं, क्योंकि यह कभी न कभी सबको अपने चंगुल में घेर लेती है। पागलखानों में तो सब रोगों से अधिक रोगी इसी बीमारी के होते हैं परन्तु अधिकांश लोग इस रोग में फँसने पर भी पुनः स्वस्थ हो जाते हैं।

मनोविज्ञान कहता है कि व्यक्ति जैसी आशा करता है, उसका वैसा 'मूड' अर्थात् 'चित्तवृति' हो जाती है और इसी भविष्य की कल्पनाओं को प्रिय और अप्रिय बनाने से मानसिक स्वास्थ्य और रोग की स्थिति बनाई जा सकती है। इसलिए निराशा तथा विषाद से बचने के और इलाज के लिए 'कल्पना' की विधियों को प्रयोग में लाया जाता है। मनोविज्ञान ने विषाद को जीनते के लिए मानसिक कल्पना की विधियों का सफलता से प्रयोग किया है। सभी जानते हैं कि शब्दों में, विचारों में, मान्यताओं में, मूल्यों में, चित्तवृतियों में, दृष्टिकोण में, सभी में कल्पनाएँ भरी होती है। जैसी कल्पना होगी वैसा ही व्यवहार हो जायेगा। स्वादिष्ट भोजन की कल्पना हो तो मुँह में पानी भर आयेगा।

### विषाद दूर करने के मानसिक उपाय

1) चिन्तन का सुख–आप लोग बीस ऐसे विषयों, वस्तुओं, कार्यों इत्यादि की लिखित सूची बनाइए, जिनको करने में आपकी रुचि हो, सन्तोष होता हो, उत्तेजना मिलती हो, प्रोत्साहन मिलता हो। यह ऐसे कार्य भी हो सकते हैं, जैसे– घर को सजाना, गीत गाना, चुटकले सुनाना, डायरी लिखना, भोजन बनाना, घूमने जाना, लोगों से मिलना और खेल खेलना इत्यादि।

अब आप आराम से शान्त वातावरण में लेट जाइए और तनाव–मुक्त हो जाइये

जब आप तनाव–मुक्त हो जायें तो अपने प्रिय कार्यों को करने की कल्पना कीजिए और ऐसी स्पष्ट कल्पना करते जाइये कि जैसे आप वह प्रिय कार्य कर रहे हों। जितना अधिक वास्तविक हो सके, वैसी कल्पना कीजिए। जिस प्रिय विषय को आप लें उस पर दस से पन्द्रह मिनट लगायें। यह सम्पूर्ण विधि दिन में कम–से–कम दो बार प्रयोग में लायें। अपने मन को उड़ान भरने दीजिये। यदि अचानक मन फिर दुःख से भर जाये, तो चौकन्ने होकर अपने आपसे कहिए 'रुक जाओ', फिर विश्राम में आकर और थोड़ा रुककर शान्त होकर फिर अपनी प्रिय कल्पना में पहुँच जाइए। जितना आनन्द मिल सके उतना कल्पना से उठाइए। जो आदमी विषाद में फँसकर अपना आत्मविश्वास खो बैठते है, उनको कल्पना के माध्यम से पुनः सुख मिलने से आत्मविश्वास लौटने लगता है।

2) सक्षमता से कल्पना– निराश व्यक्तियों में यह भ्रम भरा होता है कि वे अपनी मुश्किलों से नहीं जीत सकते। मनोविज्ञान ने निराश व्यक्ति को साहस और शक्ति देने के लिए यह उपाय निकाला है कि वह पहले अपनी सक्षमता की कल्पना करें।

आप उन छोटे–छोटे कार्यों की सूची लिख लीजिए जो आप विश्वास से कर सकते हैं,, जैसे कि घर की छोटी–मोटी मरम्मत, कपड़े सीना, पत्र लिखना, कहानी पढ़ना, बाज़ार से कुछ ख़रीदकर लाना इत्यादि। कल्पना कीजिए कि आप यह सारे काम एक–एक करके सफलतापूर्वक कर रहे हैं–और आपके निकट सम्बन्धी भी आपके इन कामों की प्रशंसा कर रहे हैं। आपकी कल्पना सजीव, प्रबल सशक्त होनी चाहिए। इस कल्पना शक्ति को फिर से अपना आत्मविश्वास जगाने में सहायता करने दीजिये। यह उपाय एक सफल है। इसके महत्त्व को आप कम मत समझिए। इसका दोहरा प्रभाव यह है कि पहले तो आपको नकारात्मक विचारों से बचाता है, जिससे निराशा कम होती है, और दूसरे, इससे आपको ठीक होकर जो वास्तविक काम करना है उसका मानसिक पूर्वाभ्यास हो जाता है।

3) विरोधाभास रचना–हर बात के पक्ष और विपक्ष होते हैं। इस कारण जब कोई व्यक्ति विषाद में फँसा हो तो उसके विचार नकारात्मक होने से सकारात्मक पक्ष सामने नहीं आ पाता। अतः उसे विषाद से निकालने के लिए उसके मन में ही सकारात्मक पक्ष की समझ पैदा करनी पड़ती है, जिससे वह यही ही न कहता रहे कि मुझ से नहीं हो सकता, मैं यह नहीं कर सकता आदि। विधि इस प्रकार है कि एक चौड़े काग़ज़ को लेकर उस पर बीच में लाइन खींचकर दो कॉलम बना लें। पहले कॉलम में वह बातें लिखें, जिनको आप अपने विषाद का कारण मानते हैं, जबकि आप विषाद में हों, जैसे कि आपका विचार है, 'मैं निकम्मा हूँ', 'मैं सुन्दर नहीं हूँ', 'मैं अपना क़र्ज़ नहीं उतार सकता', 'मैं कभी ठीक नहीं हो पाऊँगा', 'मेरी नौकरी बहुत मुश्किल है', 'मैं वातावरण के साथ सुलह नहीं कर सकता' इत्यादि।

यह सब नकारात्मक विचार आपके लिए स्वाभाविक थे, जब आप दुःख में फँसे हुए थे। परन्तु समय बीत जाने पर जब आप उन्हें फिर से देखते हैं तो आप पाते हैं कि उन विचारों का औचित्य बहुत ही कम अथवा नहीं था।

जब आपने अपने नकारात्मक विचार लिख लिये हों, तो आप फिर विचार करें। यों समझिए कि वह नकारात्मक विचार आपके नहीं, वरन् किसी और के हैं। वह व्यक्ति आपसे सलाह माँग रहा है आप स्वस्थ मन से उस पर विचार करके आप उसके सामने दूसरे कॉलम में उचित निष्पक्ष भाव लिखिये। उदाहरण के लिए एक युवक दुःखी था कि उसके तीन मित्रों ने उसका निमन्त्रण पत्र स्वीकार न करके उसकी उपेक्षा की है, परन्तु जब उसे पता चला कि उसके तीनों दोस्त उस दिन शहर से बाहर गये थे, तो उसने अपने नकारात्मक विचारों को सकारात्मक बना लिया और उस विषाद से निकल गया कि उसकी उपेक्षा नहीं की गयी थी।

4) यह भी हो सकता है कि आपका विषाद इस आधार पर हो कि अमुक काम आप नहीं कर पाते–जैसे कि कोई विद्यार्थी कठिन परीक्षा पास नहीं कर पाता अथवा कोई व्यक्ति बेकारी में नौकरी नहीं ढूढ पाता या कोई माँ–बाप अपने बिगड़े हुए लड़के को क़ाबू नहीं कर पाते। ऐसे कारणों में विधि यह है कि आप लिखकर एक–एक वह कारण समझें, जो अपनी परिस्थिति में आप उठाना चाहेंगे। जल्दी मत कीजिए, क्योंकि जल्दी से आपको निराशा ही होगी। शान्ति से कुछ कारण लिख लेने के बाद आप उनको आसान और मुश्किल कारणों में छाँटिए और फिर उनको एक–एक करके व्यवहार में लाइये। इस विधि द्वारा कोई भी गम्भीर व मुश्किल समस्या टुकड़ों में बाँटे जान से सरल हो जाती हैं।

5) कई बार निराशा और विषाद से न निकल पाने का कारण होता है बार–बार वही उपाय करना जो सहायक नहीं हो पाता। परन्तु आप उसे ही आदतन अपनाते चले जाते हैं। आपको तो तब नई युक्ति चाहिए और इसके लिए आप दूसरे लोगों से बात कीजिए कि उन्होंने आपके जैसी परिस्थिति में कैसे सफलता पायी थी। यह मत समझिए कि दूसरे सहायता इसलिए नहीं कर सकते, क्योंकि वे आपसे कम समझदार और कम होशियार हैं। हो सकता है इस विशेष परिस्थिति में उन्होंने अधिक सफलता पाने में विजय पा ली है।

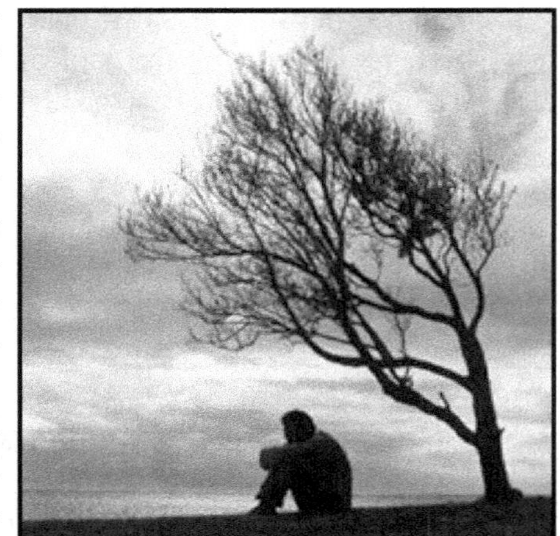

6) निराशा और विषाद से निकलने की अन्य विधि यह है कि आप अपनी इच्छापूर्ति और तृप्ति को बढ़ाएँ। जितना अधिक आनन्द और सन्तोष मिल सके, वह अवश्य प्राप्त करें। जिन बातों को करने से आपको पहले सुख मिलता था, उन कम–से–कम बीस बातों की सूची लिखकर बनायें। यह आसान और सरल काम हों तो भी अच्छा है, जैसे कि साइकिल चलाना, शतरंज खेलना, संगीत सुनना, फ़िल्म देखना, अच्छे रेस्तराँ में खाना खाना, किसी मित्र के साथ मॉल मे शॉपिंग करने जाना इत्यादि। इस सूची में से सरल बातें एक तरफ़ कर लें और कठिन बातें दूसरी तरफ़। अब प्रत्येक दिन इनमें से कोई दो कार्य करके सन्तोष और आनन्द पायें। इस बात की फ़िक्र न करें कि आपको तुरन्त लाभ नहीं हो रहा इसकी आशा भी मत कीजिए। आप यन्त्रवत् अपने कार्यों की सूची के कार्य करते चलिये, क्योंकि उद्देश्य यह है कि आपकी उदासी और आल्सय की आदत छूटे और आप कार्यरत हो जायें, जिससे निराशा थोड़ी–थोड़ी हटती जायेगी।

7) यह भी मज़ाक़ नहीं कि विषाद को दूर करने के लिए लोगों को परामर्श दिया जाये कि कोई प्रिय जानवर पाल लें जैसे कि कुत्ता, बिल्ली, खरगोश, तोता, घोड़ा, यहाँ तक सफ़ेद चूहे भी। लोग ऐसे पालतू जानवरों से भी थोड़ा प्यार और खुशी पा सकते हैं। भारत में तो निराशा में फँसे लोगों को चींटियों को आटा डालने की सलाह भी दी जाती है।

8) कोई सामाजिक कार्य प्रतिदिन कीजिए। कम–से–कम किसी मित्र या पड़ोसी के साथ चाय पीजिये और बातें कीजिए। इस दैनिक प्रवृति से भी आप आंशिक रूप से विषाद से बाहर निकलेंगे।

9) शारीरिक आनन्द प्राप्त कीजिए। अधिक–से–अधिक आनन्द प्राप्त कीजिए। याद रखिए कि आप विषाद में फँसे हैं निराशा में फँसे हैं और आपको इस दुःख से निकलना है। अच्छा भोजन कीजिए, अच्छे कपड़े पहनिये, अच्छे सौन्दर्य प्रसाधन शैम्पू, खुशबू आदि का प्रयोग कीजिए। स्नान का आनन्द लीजिए, और जो भी कार्य आपको अच्छा लगे, वो कीजिए। इन छोटी–छोटी बातों से थोड़ी–थोड़ी देर के लिए ही सही आप अवश्य अपना विषाद भुलाने का प्रयत्न कर सकेंगे।

10) व्यक्ति दुःखी होते हुए भी अपने आपको मुक्त नहीं कर पाता। उसे अपने–आपको दृढ़ और आगे बढ़कर अपनी बात कहने और करने वाला बनना पड़ेगा। छोटे–से–छोटा अवसर भी हाथ से मत जाने दीजिये जब आप कुछ कर सकें। जैसे कि किसी को चाय, काफ़ी, पानी देना, पत्राचार करना, किसी को धन्यवाद कहना, किसी के कपड़ों की तारीफ़ करना, किसी का छोटे–से–छोटा भी हो उपकार करना और भी अच्छा हो यदि आप कुछ नई बात कर सकें–नया प्रोग्राम, नया अनुभव। कुछ चमत्कार तो नहीं होगा, परन्तु इन बातों से हज़ारों लोग विषाद से निकल गये है, आप भी निकल आयेंगे।

11) जो व्यक्ति निराशा में फँसा हो उसे उस समय अन्य दुःखी लोगों के सम्पर्क में नहीं रहना चाहिए। जहाँ तक हो सके सुखी, प्रसन्न, उत्साही, लोगों के सम्पर्क में रहिए।

12) डिप्रेशन में आये लोग समझते हैं कि अब उनका कोई भविष्य नहीं। जी, हाँ। इसका मतलब यही होता है कि अब उनका कोई उद्देश्य नहीं। सच मानिये, उद्देश्य बनाने से ही जल्द से जल्द डिप्रेशन से बाहर निकला जा सकता है। आप भी लगभग पाँच सात उद्देश्य ही अपनी नोट बुक में नोट कर लीजिए। जैसे कि खाने पर किसे बुलाना है, घर की सफ़ाइ करके पुराना कबाड़ बेचना है, पूजा करने के लिए मन्दिर जाना है, कुछ नया काम सीखना है, अपनी योग्यता बढ़ाना इत्यादि। आप अपने किसी प्रियजन से भी इस बारे में खुलकर बात कर सकते हैं।

**यह भी याद रखें-**

*मनुष्य के लिए निराशा के समान दूसरा कोई पाप नहीं है, इसलिए मनुष्य को इस निराशा को समूल हटाकर आशावादी बनना चाहिए।*

*–हितोपदेश*

*निराशा और आशा मन के खेल है। निर्विकार रहकर कार्य करना ही मनुष्य का धर्म है।*

*–मनुस्मृति*

*निराशा का गहरा धक्का मस्तिष्क को वैसा ही शून्य बना देता है, जैसा कि लकवा शरीर को।*

*–ग्रेविल*

*निराशावादी व्यक्ति हमेशा संदेहशील और आशंकित रहता है। उसके दिल और दिमाग़ में भरा सन्देह उसे कायर बना देता है, उसकी देखने और सोचने समझने की ताक़त छीन लेता है। वह अपने सामने पड़े सुगम मार्ग को भी नहीं देख पाता।*

*–स्वेट मार्डेन*

## अपने शत्रुओं से सावधान

क्या आप जानते हैं कि अपने जीवन में सफल न होने का कारण कोई और नहीं आप स्वयं ही होते हैं। यह पूरी तरह से सच है और इसलिए है कि आपके बाहरी शत्रुओं से ज़्यादा शक्तिशाली आपके भीतरी शत्रु आपमें विराजमान हैं। आपके ये भीतरी शत्रु आपको हमेशा हानि पहुँचाते हैं। अपनी असफलताओं को आप दूसरों को

दोषी ठहराते हैं। जब आप अपनी सफलता का श्रेय स्वयं को देते है तो फिर असफलताओं के लिए अन्य दोषी कैसे हो सकते हैं?

अपनी विफलताओं को कम करने, उनसे मुक्ति पाने तथा सफलताओं की ओर बढ़ने के लिए आपका निम्न शत्रुओं से सावधान होना बेहद ज़रूरी हैं।

- नकारात्मक विचार और वातावरण
- आलस्य
- अनावश्यक प्रशंसा द्वारा चढ़ाने (उकसाने) वाले संगी–साथी
- ''मुझे सब मालूम है''...... (सोच)
- ''मैं अच्छा हूँ और आप बुरे''
- ''मैं बुरा हूँ आप भी बुरे हैं''
- क्रोध

## नकारात्मक विचार और वातावरण

अपने अन्दर के नकारात्मक भावों और विचारों से तथा असफल व्यक्तियों (जो हमेशा दूसरों को निरुत्साहित करते हैं) से हमेशा दूर रहना चाहिए। वास्तव में ऐसे लोग अपने नकारात्मक विचारों से वातावरण को इतना दूषित कर देते हैं कि एक आम आदमी का साँस लेना भी दूभर हो जाता है। ऐसे लोगों को आपको अपने क़रीब नहीं आने देना चाहिए।

जब भी आपकी सोच में या किसी कार्य के प्रति नकारात्मक भाव पैदा हों, तब आप अपनी अन्तरात्मा से बात करते हुए यह कहें , "मेरी सफलता मेरे कार्य पर निर्भर करती है और मेरा कार्य मेरे प्रयास पर। मुझे नेक इरादे और सच्ची लगन के साथ अपने कार्य करने हैं। मेरे पास इसके अलावा कोई और रास्ता नहीं है। नकारात्मक विचारों को अपने मन पर प्रवाहित न होने दें। साथ में प्रेरणादायक सुविचार अच्छा पढ़ने की आदत डाले।

## आलस्य

आलस्य एक मानसिक अवस्था है। जब आप स्वयं से कहते हैं कि आज आराम कर ले, आज कोई काम नहीं है, आज कहीं नहीं जाना है, तो आपका शरीर ढीला पड़ जाता है। इसके विपरीत जब आप स्वयं से कहते हैं कि आज मुझे जल्दी जाना है। तब स्वयं ही स्फूर्ति का संचार हो जाता है और आप सारे काम करने के लिए फ़ौरन तैयार हो जाते है। वास्तव में आलस्य से बचने का सबसे आसान तरीक़ा यह है कि सोने से पहले अगले दिन का कार्यक्रम तय कर लें या फिर अपनी पॉकेट बुक में नोट कर लें।

### आस्तीन के साँप

देखा गया है कि इस दुनिया में ऐसे लोग भी होते हैं, जो दूसरों के गर्म तवे पर अपनी रोटियाँ सेंकते हैं, ऐसे लोग चापलूस होते हैं और ये कहीं और नहीं आपकी आस्तीन में साँप बनकर रहते हैं। आपको ऐसे लोगों का साथ हमेशा के लिए छोड़ देना चाहिए, क्योंकि आपकी सफलता की राह में सबसे बड़ी बाधा आस्तीन के साँप ही होते हैं।

### ''मुझे सब मालूम है''... सोच

आपके व्यक्तित्व विकास तथा जीवन में सफलता की ओर बढ़ने के रास्ते में आपकी सबसे बड़ी बाधा आपकी यह सोच है कि ''मुझे सब मालूम है।'' इस शत्रु से बचने का रास्ता है कि अपनी ज्ञानेन्द्रियों को सदैव खुला रखने के साथ अपने मस्तिष्क को यह सन्देश निरन्तर देते रहें कि ''मेरा ज्ञान बहुत तुच्छ है, मुझे अभी और बहुत कुछ सीखना है, जितना में सीखता हूँ, उतना ही मुझे अपने ज्ञान की कमी का एहसास होता।'' यह बात आप बार–बार दोहराएँ।

### ''मैं अच्छा और आप बुरे''

आपकी यह सोच कि आप हमेशा से सही हैं तथा अन्य ग़लत, आपके विकास के सभी रास्तों को बन्द कर देती है। आमतौर पर ऐसे विचारों वाले अत्यधिक अभिमानी होते हैं और उनमें धैर्य की बहुत कमी होती है। वे कभी खुले दिमाग़ से नहीं सोच पाते हैं। उनमें व्यवहार कुशलता के लिए आवश्यक सम्वेदनशीलता भी नहीं होती।

वास्तव में विकास और सफलता के लिए आवश्यकता होती है ठंडे दिमाग़ की, धैर्य की, दूसरों की बात सुनने और समझने की, विवेकपूर्ण ढंग से निर्णय लेने की। इसलिए ''आप भला तो जग भला'' कहावत के भावार्थ को समझें तथा व्यवहार में लाने की आदत डालें।

### ''मैं बुरा हूँ, आप भी बुरे हैं''

इस अवस्था में व्यक्ति में अत्यधिक निराशा तथा हीनता की भावना घर कर जाती है। उसे चारों तरफ़ अविश्वास तथा नकारात्मकता ही दिखायी देती है। इस स्थिति से निकलने के लिए किसी योग्य, अनुभवी मनोचिकित्सक से सलाह लेनी चाहिए।

### क्रोध

क्रोध आपकी बुद्धि और विवेक को खा जाता है। आपके मानसिक सन्तुलन को बिगाड़ देता है। क्रोध आने पर आपकी सोचने और समझने की शक्ति खो जाती है। ऐसे में आप जो भी निर्णय लेंगे या कार्य करेंगे, वह ग़लत होगा, अनुचित होगा और बाद में आपको पछताना होगा।

क्रोध आपके बने–बनाये काम एक पल में चौपट कर सकता है। क्रोध आपका सबसे बड़ा शत्रु है। इसलिए बेहतर तो यही है कि इसे आप अपने पास ही न आने दें। अगर मानव स्वभाव के कारण आपको क्रोध आ भी जाता है, तो उस पर नियन्त्रण रखें। क्रोध एवं क्रोध के बुरे परिणामों से बचने के कुछ उपाय हैं, जैसे–मुस्कराने, हँसने और

प्रसन्नचित्त रहने की आदत डालें, अपने अहम् को नीचे रखें, धैर्य एवं संयम की मात्रा बढ़ाएँ। क्रोध आने पर समझदारी से काम लेते हुए बात को टाल दें और अनायास ही पानी पीने लगे या किसी और काम में व्यस्त हो जायें।

**यह भी याद रखें-**

*अपनी इन्द्रियाँ ही अपनी शत्रु हैं, परन्तु यदि वे जीत ली जाये तो वे मित्र हैं।*

*–शंकराचार्य*

*न कोई किसी का मित्र है, न कोई किसी का शत्रु। शत्रुता और मित्रता केवल व्यवहार से ही होती है।*

*–हितोपदेश*

*आलस्य ही मनुष्य की देह में रहने वाला सबसे बड़ा शत्रु है, उद्यम के समान मनुष्य का कोई बन्धु नहीं है–जिसके करने से मनुष्य कभी दुःखी नहीं रहता।*

*–भर्तृहरि*

*हित करने वाला शत्रु भी मित्र होता है और अहित करने वाला मित्र भी शत्रु होता है। अपनी देह से उत्पन्न हुआ रोग भी शत्रु है और वन में उत्पन्न औषधि मित्र है।*

*–महाभारत*

## अन्त में....

हम आशा करते हैं कि प्रस्तुत पुस्तक से आपकी पर्सनैलिटी इम्प्रूव करने हेतु संपूर्ण जिज्ञासाओं का समाधान हो गया होगा। इस बारे में अपनी अन्य जिज्ञासाओं के समाधान हेतु आप हमारे यहाँ से प्रकाशित कोई अन्य पुस्तक लेकर अपने ज्ञान में वृद्धि कर सकते है।

# क्षेत्रीय भाषा

## बंगला भाषा

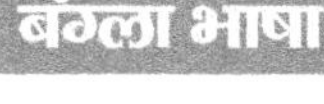

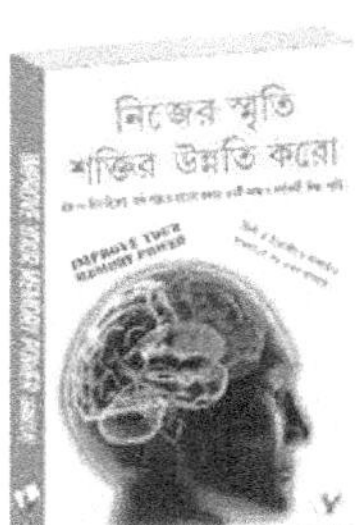

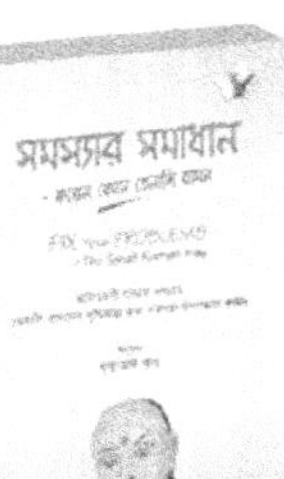

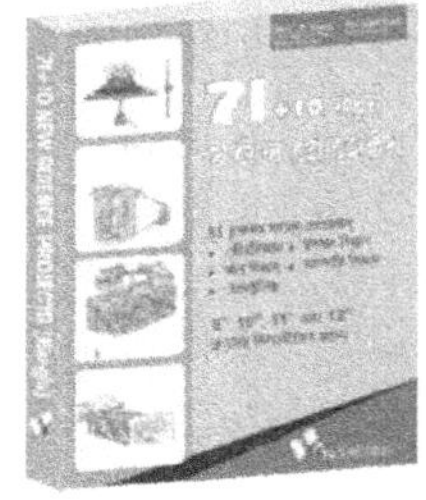

## कन्नड़ भाषा

## तमिल भाषा

## गुजराती भाषा

**Learn in Gujrati 1. Chanakya's ways of mana-ging public administration**

**2. How to Sharpen Your Memory**

## मराठी भाषा

हमारी सभी पुस्तकें www.vspublishers.com पर उपलब्ध हैं

## लोकप्रिय विज्ञान

## हास्य

## बच्चों के ज्ञानकोश

# CHILDREN'S ENCYCLOPEDIA

## THE WORLD OF KNOWLEDGE

## उपन्यास, कथा साहित्य

हमारी सभी पुस्तकें www.vspublishers.com पर उपलब्ध हैं

www.ingramcontent.com/pod-product-compliance
Lightning Source LLC
Chambersburg PA
CBHW080520090426
42734CB00015B/3115

*9789350576526*